古代歷史文化研究輯刊

十八編

王明蓀 主編

第8冊

楊吳政權家族政治研究

胡耀飛 著

國家圖書館出版品預行編目資料

楊吳政權家族政治研究／胡耀飛 著－初版－新北市：花木
蘭文化事業有限公司，2017〔民106〕
目 4+250 面；19×26 公分
（古代歷史文化研究輯刊 十八編：第 8 冊）
ISBN 978-986-485-187-4（精裝）
1. 家族 2. 五代史
618   106014294

ISBN-978-986-485-187-4

9 789864 851874

古代歷史文化研究輯刊
十八編　第 八 冊　　　　　　ISBN：978-986-485-187-4

楊吳政權家族政治研究

作　　　者　胡耀飛
主　　　編　王明蓀
總 編 輯　杜潔祥
副總編輯　楊嘉樂
編　　　輯　許郁翎、王筑　美術編輯　陳逸婷
出　　　版　花木蘭文化事業有限公司
社　　　長　高小娟
聯絡地址　235 新北市中和區中安街七二號十三樓
　　　　　　電話：02-2923-1455 ／傳眞：02-2923-1452
網　　　址　http://www.huamulan.tw 信箱 hml 810518@gmail.com
印　　　刷　普羅文化出版廣告事業
初　　　版　2017 年 9 月
全書字數　222884 字
定　　　價　十八編 18 冊（精裝）台幣 36,000 元

楊吳政權家族政治研究

胡耀飛 著

作者簡介

胡耀飛，浙江德清人，1986年生。陝西師範大學歷史文化學院講師，中國民主同盟盟員，中國唐史學會、中國宋史研究會會員。先後就讀於中央民族大學（歷史學學士）、陝西師範大學（歷史學碩士）、復旦大學（中國史博士），主攻隋唐・五代・宋範圍內的各類專題研究。已出版譯著兩種（王賡武《五代時期北方中國的權力結構》，與尹承合譯，上海：中西書局，2014年；譚凱《中古中國門閥大族的消亡》，與謝宇榮合譯，北京：社會科學文獻出版社，2017年）、古籍整理一種（《錢惟演集》，杭州：浙江古籍出版社，2014年），在《漢學研究》、《文史哲》、《唐史論叢》、《魏晉南北朝隋唐史資料》、《唐研究》、《中國社會歷史評論》等刊物發表論文、書評60餘篇。

提　要

　　本書是對五代十國時期楊吳政權（902～937）時期的家族政治進行研究的著作。其中「家族」是指相對於綿延十幾世的中古士族（世族）、宋以後宗族（紳族）而言，僅在政治上存續五代以內的仕宦家族。這些短期政治家族幾乎遍佈於整個中國古代，但相對集中於唐宋之際。隨著士族社會的崩潰，以及宗族社會的尚未完全建立，政治上的動盪局面，造就了這些歷時僅數代的政治家族。而所謂「家族政治」，即由這些家族而造就的政治現象。但這種家族政治，並不像中古時期門閥那樣有所特指，而是隨著家族類型的不同而有所區別。此外，由於唐宋之際各類割據政權的存在，這些短期政治家族與這些政權的關係十分密切，也隨著政權的不同而各有特點。在本書中，所謂楊吳政權的家族政治，就是不同類型短期仕宦家族與楊吳政權政治之間的各種結合。

　　在第一章中，筆者結合心理史學來探究參與政治事件的主要人物之心理變化過程，並採取統計方法梳理楊行密元從群體的政治態度。但對於家族史研究而言，還需要適闢家族史的研究方法。故而在第二章中，筆者重點分析了楊吳權臣家族東海徐氏的發展歷程，包括成員世系、命運、信仰。另外，還透過洪州大安寺鐵香爐的銘文，來探究徐氏家族內部在養子徐知誥取代徐溫之後，其他徐溫親子的心理狀態。本書第三章，則從北方和南方之間進行「空間轉移」的沙陀武將家族來看楊吳政權（兼及南唐）的家族政治。除了權臣家族、沙陀武將家族，還有其他類型的家族與楊吳政治產生聯繫。在第四章，筆者即從政權嬗代視角，考察了「亡國子孫」及其家族，以及晉陵姚氏家族兩個個案。

楊吳（883～938）年表

廟號	諡號	陵號	姓名	年號	建元	備　註
太祖	武帝	興陵	楊行密	（中和）	881 七	883 三，廬州刺史
				（光啓）	885 三	
				（文德）	888 二	888 二，淮南留後
				（龍紀）	889 正	889 六，宣歙觀察使
				（大順）	890 正	
				（景福）	892 正	892 八，淮南節度使
				（乾寧）	894 正	
				（光化）	898 八	
				（天復）	901 四	902 三，吳王
				（天祐）	904 閏四	
烈宗	景帝	紹陵	楊渥	（天祐）		905 十一，弘農郡王
高祖	宣帝	肅陵	楊隆演	（天祐）		908 五，弘農郡王 912 九，吳王
				武義	919 四	919 四，吳國王
		睿帝		楊溥	武義		920 六，吳國王
				順義	921 二	927 十一，吳皇帝
				乾貞	927 十一	
				大和	929 十一	
				天祚	935 九	937 十，禪位於齊王
			讓皇楊溥	（昇元）	937 十	938 十二，卒於丹陽宮

說明：1、年號括號者爲使用唐、齊年號。2、年份以阿拉伯數字爲西曆，漢字爲農曆。

目

次

圖　標

表　標

緒　論

　　毛漢光（1937～）的《中國中古社會史論》﹝註1﹞和《中國中古政治史論》﹝註2﹞雖然一名「社會」，一名「政治」，而前者其實通篇所論皆爲「家族」、「士族」、「氏族」；田餘慶（1924～2014）的成名著《東晉門閥政治》﹝註3﹞，也是將「門閥」與「政治」合而觀之。叵以說，中古史的研究，離不開「家族」與「政治」兩大主題。因此，本書也聚焦於楊吳政權的「家族」與「政治」。當然，筆者史才遠不及兩位大家，亦不敢涉足前輩學者深耕已久的魏晉南北朝隋唐史，只能就唐宋之際的五代十國加以關注。

　　近年來，由於中古士族研究遭遇瓶頸，許多年輕學者奮起尋求突破之道。其中最卓著者要數范兆飛（1978～）、仇鹿鳴（1981～）二位。范兆飛本人曾在博士期間翻譯了美國學者伊沛霞（Patricia Buckley Ebrey，1947～）早年的中古士族研究著作《早期中華帝國的貴族家庭：博陵崔氏個案研究》﹝註4﹞，此後仇鹿鳴借〈士族研究中的問題與主義〉﹝註5﹞這一書評闡釋了其關於士族研究的理論思考。仇鹿鳴在博士論文基礎上修改而成的《魏晉之際的政治權

﹝註1﹞ 毛漢光：《中國中古社會史論》，臺北：聯經出版事業公司，1988 年；簡體版，上海：上海書店出版社，2002 年。

﹝註2﹞ 毛漢光：《中國中古政治史論》，臺北：聯經出版事業公司，1990 年；簡體版，上海：上海書店出版社，2002 年。

﹝註3﹞ 田餘慶：《東晉門閥政治》，北京：北京大學出版社，1989 年；增訂版，北京：北京大學出版社，2012 年。

﹝註4﹞ 伊沛霞著，范兆飛譯：《早期中華帝國的貴族家庭：博陵崔氏個案研究》，上海：上海古籍出版社，2010 年。

﹝註5﹞ 仇鹿鳴：〈士族研究中的問題與主義——以《早期中華帝國的貴族家庭：博陵崔氏個案研究》爲中心〉，《中華文史論叢》，2013 年第 4 輯，第 287～317 頁。

力與家族網路》〔註6〕出版後，范兆飛也借〈史料批評、文本解讀與中古士族政治史研究〉〔註7〕這一書評闡釋了他對於士族政治史的理論思考。此後，范兆飛在其博士論文基礎上出版的《中古太原士族群體研究》〔註8〕則將其理論具體加以實踐。

至於中古政治史的研究，雖然近年來遭到社會史乃至新社會史取徑的衝擊，依然保持其旺盛的生命力。特別是在墓誌材料的推動下，在歷史書寫、史料批判等諸多研究視角的助力之下，對傳統政治史結論不斷有新的突破。〔註9〕自然，其中也包括將家族史和政治史重新結合起來的嘗試。最突出的就是新近出版的陸揚（1965～）《清流文化與唐帝國》一書所收諸文〔註10〕，試圖揭示唐後期逐漸形成的一股清流勢力，以及在暗流中湧動的官僚化宦官勢力。這兩股勢力不僅都按照家族式進行傳承，更深刻影響了唐後期朝政局勢。

一、楊吳家族、政治史研究現狀

那麼，在唐宋之際的五代十國，家族、政治之間的互動又是如何的呢？這是本書嘗試討論的問題，本節先來梳理學界對於楊吳史研究的現狀。

所謂楊吳（902～937）政權，即由吳王楊行密（852～905）在淮南藩鎮的基礎上建立並由其諸子先後統治的獨立政權。其正式初建年代，可追溯至唐昭宗（867～904，888～904 年在位）天復二年（902）三月，左金吾大將軍李儼（？～918）代表唐昭宗在揚州拜楊行密為吳王；後楊行密之子楊隆演（897～920）於天祐十六年（919）四月即吳國王位，建元武義；至

〔註6〕 仇鹿鳴：《魏晉之際的政治權力與家族網路》，上海：上海古籍出版社，2012年。

〔註7〕 范兆飛：〈史料批評、文本解讀與中古士族政治史研究——以《魏晉之際的政治權力與家族網路》為中心〉，《中國史研究》，2013 年第 4 期，第 187～202頁。

〔註8〕 范兆飛：《中古太原士族群體研究》，北京：中華書局，2014 年。

〔註9〕 關於墓誌的史料價值，參考陸揚：〈從墓誌的史料分析走向墓誌的史學分析——以《新出魏晉南北朝墓誌疏證》為中心〉，《中華文史論叢》，2006 年第 4輯，第 95～127 頁；收入氏著《清流文化與唐帝國》，北京：北京大學出版社，2016 年，第 305～332 頁。關於中古史史料的批判視角，參考孫正軍：〈魏晉南北朝史研究中的史料批判研究〉，《文史哲》，2016 年第 1 期，第 21～37 頁。

〔註10〕 陸揚：〈唐代的清流文化——一個現象的概述〉、〈9 世紀唐朝政治中的宦官領袖——以梁守謙和劉弘規為例〉，氏著《清流文化與唐帝國》，第 213～263、87～164 頁。

楊行密另一子楊溥（901～938）順義七年（927）十一月，更進一步稱帝，建元乾貞。但在楊隆演、楊溥時期，楊吳政權已經先後被徐溫（862～927）、徐知誥（888～943，後更名李昇，建立南唐政權）養父子所掌控，故而在不久之後的天祚三年（937）八月，楊溥即讓位於徐知誥，從而結束了短短30多年的楊吳政權。

由於繼承楊吳政權的南唐（937～975）政權在文化方面的燦爛奪目，導致後人往往將楊吳政權予以忽視，或視作南唐的前奏。因此，學界的專題研究並不多，迄今尚無專著問世。大體而言，大陸學界對於楊吳政權的研究歷程，主要分以下幾個階段：

（一）二十世紀八十年代及以前

二十世紀八十年代對於楊吳史的研究，可以先提及兩部整體關注五代十國史的著作。即陶懋炳（1923～1992）《五代史略》（1985）〔註11〕和鄭學檬（1937～）《五代十國史研究》（1991）〔註12〕，其中後者雖出版於1991年，但作者後記所署時間為1988年4月。在這兩部著作中，陶書涉及到楊吳政權的僅有第二章第一節第二小節「吳和南唐的嬗替」，鄭書涉及到楊吳政權的僅有第二章第五節第四小節「楊行密、徐溫、李昇的治國方略」。可見，陶書僅關注楊吳政權和南唐政權之間的嬗替，鄭書僅關注楊吳政權建立者楊行密和楊吳政權中期權臣徐溫的治國之術。

事實上，早在二十世紀五十年代，即有卞孝萱（1924～2009）〈五代時期南唐代吳的研究〉（1957）〔註13〕從政治史角度梳理吳唐禪代之事，韓國磐（1920～2003）〈五代時期南中國經濟發展及其限度〉（1958）涉及到楊吳、南唐的經濟發展，又有梁濟海（1930～）〈「韓熙載夜宴圖」的現實意義〉（1958）〔註14〕考察南唐名畫「韓熙載夜宴圖」與南唐政治的關係。此外，隨著南唐二陵（烈祖欽陵、元宗順陵）的發掘，除了出版曾昭燏（1909～1964）總編

〔註11〕陶懋炳：《五代史略》，北京：人民出版社，1985年。

〔註12〕鄭學檬：《五代十國史研究》，上海：上海人民出版社，1991年。

〔註13〕卞孝萱：〈五代時期南唐代吳的研究——兼評李煜詞討論集中的一個有關的歷史論點〉，《學術論壇》，1957年第3期，第30～34頁。卞氏另有〈五代時期南方諸國與契丹的關係〉一文，刊於《山西師範學院學報》，1957年第3期，後分四篇收入氏著《冬青書屋筆記》，上海：東方出版中心，1999年，第72～83頁。

〔註14〕梁濟海：〈「韓熙載夜宴圖」的現實意義〉，《文物》，1958年第6期，第28～31頁。

輯的《南唐二陵發掘報告》（1957）〔註15〕外，也有一些單獨的研究，比如馮漢驥（1899～1977）〈論南唐二陵中的玉冊〉（1958）〔註16〕等，是為考古學界對南唐史研究的開始。

　　進入八十年代，楊吳、南唐史研究得到更多發展，特別是對吳唐之際的關注逐漸增多。其中，任爽（1953～2012）〈吳唐禪代發微〉（1986）〔註17〕一文，繼續討論吳唐禪代。此外，還有諸葛計（1939～）〈南唐先主李昪行事述略〉（1983）和在此基礎上擴充而成的《南唐先主李昪年譜》（1987）〔註18〕，以及王永平（1962～）〈略論南唐烈祖李昪〉（1988）〔註19〕等論著對李昪生平予以綜合考察。當然，對吳唐嬗代或李昪的重視，都反映的是對南唐史的特別關注，並非專門針對楊吳史。唯一例外的是孫永如（1954～）〈略論楊吳開國的客觀條件〉（1989）〔註20〕一文，首次關注楊吳政權的開國條件。

（二）二十世紀九十年代及二十一世紀初

　　進入二十世紀九十年代和二十一世紀，大陸學界先後出版了四部南唐史專著：任爽《南唐史》（1995）〔註21〕、杜文玉師（1951～）《南唐史略》（2001）〔註22〕、鄒勁風（1968～）《南唐國史》（2000）〔註23〕、何劍明（1952～）《沉浮：一江春水──李氏南唐國史論稿》（2007）〔註24〕。其中最後一部屬於論文集，但按照專著體例進行了編排。在這幾部著作中，基本都有一定的篇幅討論到了楊吳政權，特別是與南唐開國有密切關係的徐溫、徐知誥（李昪）養父子，但都不是專門針對楊吳政權的專著。雖然不能說這幾位作者對楊吳

〔註15〕　南京博物院編，曾昭燏總編輯：《南唐二陵發掘報告》，北京：文物出版社，1957年；再版，南京：南京出版社，2015年。

〔註16〕　馮漢驥：〈論南唐二陵中的玉冊〉，《考古通訊》，1958年第9期，第89～98頁。

〔註17〕　任爽：〈吳唐禪代發微〉，《求是學刊》，1986年第4期，第107～111頁。

〔註18〕　諸葛計：〈南唐先主李昪行事述略〉，《學術月刊》，1983年第12期，第55～62頁；諸葛計：《南唐先主李昪年譜》，南京：江蘇古籍出版社，1987年。

〔註19〕　王永平：〈略論南唐烈祖李昪〉，《揚州師院學報》，1988年第2期，第149～154、148頁。

〔註20〕　孫永如：〈略論楊吳開國的客觀條件〉，《揚州師範學院學報》，1989年第4期，第104～106頁。

〔註21〕　任爽：《南唐史》，長春：東北師範大學出版社，1995年。

〔註22〕　杜文玉：《南唐史略》，西安：陝西人民教育出版社，2001年。

〔註23〕　鄒勁風：《南唐國史》，南京：南京大學出版社，2000年。

〔註24〕　何劍明：《沉浮：一江春水──李氏南唐國史論稿》，南京：南京大學出版社，2007年。

政權的歷史地位沒有較高認識，但確實在書名上難以體現楊吳政權的存在意義。

　　當然，通過這幾部南唐史專著，我們還是可以獲取學界對楊吳歷史的一些認識。其中最重要的，就是對南唐歷史發展進程所起到的鋪墊作用。比如杜文玉師《南唐史略》對於楊行密的功勞總結爲：1、「在政治上，楊行密深知人才的重要性，因而不斷地羅致人才」；2、「楊行密還重視保境息民，不輕易發動戰爭，滋事惹人」，「楊行密對於鄰道也基本上能貫徹少滋事端、和平相處的方針」；3、「楊行密對江淮安定局面的最大貢獻，乃是阻止了朱溫對這一地區的摧殘」。〔註25〕又如鄒勁風《南唐國史》總結道：1、「楊行密所到一地，即著手撫卹飽受戰爭創傷的百姓」；2、「楊行密採取措施積極發展生產，使江、淮間的經濟迅速恢復」；3、「爲解決迫切的財政困難和物資短缺，楊行密聽從其手下建議，充分發揮商業作用」；4、對於小股地方武裝力量，「楊行密部將施以嚴刑峻法，力求迅速安定鄉里」；5、「楊行密選賢任能，且阻止貪將對百姓的掠奪騷擾」，並「多方尋覓人才」。〔註26〕楊行密的這些政策都能被徐溫、徐知誥所繼承，爲南唐的建國打下了基礎。

（三）二十一世紀初以來

　　大陸學界楊吳史研究的第三階段，可以從安徽大學丁貞權（1968～）的碩士論文《五代時期的楊吳政權》（2004）〔註27〕開始算起。此文首次以楊吳政權爲專門研究對象，雖然在內容方面稍有不足，對學術史的梳理也較匱乏，但創始意義值得肯定。在這篇論文中，作者分三章討論了楊吳政權，分別是：第一章「楊行密與楊吳政權的建立」、第二章「楊吳政權的嬗變」、第三章「楊吳政權與中原王朝及周邊政權的關係」。其中第一章第四節「楊行密的統治政策及其評價」基本延續了前一階段幾部南唐史專著的內容；第二章「楊吳政權的嬗變」則是卞孝萱先生以來的傳統議題；第三章稍具新穎，討論了楊吳政權與中原王朝、周邊割據政權的關係，卻僅有六頁篇幅，不足以言其心得。

　　在此前後，楊吳史研究走出了從南唐史角度進行的追溯式研究，在單篇論文方面日漸豐富，涉及到政治制度、城市、軍事、社會、人物等更多領域。

〔註25〕杜文玉：《南唐史略》，第15～16頁。
〔註26〕鄒勁風：《南唐國史》，第37～40頁。
〔註27〕丁貞權：《五代時期的楊吳政權》，安徽大學碩士論文，2004年。

這方面的相關論著，筆者已經有專門的梳理〔註 28〕，其中楊吳部分可以參看附錄一。本書也會在具體涉及到相關論點時，隨時加以引用。遺憾的是，至今未有一部專門研究楊吳政權的專著。

（四）日本和臺灣的研究

大陸以外對於楊吳史的研究，雖然數量上不如大陸地區，但就水平而言，或有過之。

起步較早的日本學界，主要有清木場東（1943～）、西川正夫、畑地正憲、鳥谷弘昭（1953～）、伊藤宏明（1947～）等學者。整體而言，日本學界對楊吳史的研究主要在 1970 年代至 1980 年代末這一時間段，相關研究十分細緻，並特別注重地域集團的研究，對於地域性軍事集團對地方的統治，以及在此基礎上建立的政權特性、結構等問題頗為關注。需要說明的是，雖然筆者進行了對於日本學者的相關論著目錄之整理〔註 29〕，但許多文章限於年代久遠和交流不便等因素，迄今未能見到原文。又由於研究主旨的差異，本書的利用也十分有限，故此處不再具列相關題目，詳參本書附錄一。

臺灣學者對楊吳、南唐政權的研究，早期僅有阮廷卓（1936～1993）《李後主之死》（1957）〔註 30〕、林瑞翰（1926～2015）《南唐之經濟與文化》（1964）〔註 31〕、王吉林（1938～）〈契丹與南唐外交關係之探討〉（1966）〔註 32〕等論文，但這些都與楊吳政權關係不大。直至中國文化大學何永成（1956～）博士論文《十國創業君主個案研究——楊行密》（1992）〔註 33〕問世，方有起

〔註 28〕 胡耀飛整理：〈五代十國研究中文論著目錄〉（上），賈二強、拜根興主編《中國唐史學會會刊》，第 31 期，2012 年 11 月，第 32～56 頁；胡耀飛整理：〈五代十國研究中文論著目錄〉（中），賈二強、拜根興主編《中國唐史學會會刊》，第 32 期，2013 年 12 月，第 54～88 頁；胡耀飛整理：〈五代十國研究中文論著目錄〉（下），賈二強、拜根興主編《中國唐史學會會刊》，第 33 期，2014 年 12 月，第 43～83 頁。

〔註 29〕 胡耀飛整理：《唐末五代宋初日人論著綜合目錄（初稿）》，包偉民主編《宋史研究通訊》，第 65 期，2015 年 6 月，第 27～92 頁。

〔註 30〕 阮廷卓：〈李後主之死〉，《大陸雜誌》，第 14 卷第 1 期，1957 年 1 月，第 18～23 頁。

〔註 31〕 林瑞翰：〈南唐之經濟與文化——五代政治、社會、經濟、文化研究之一〉，《大陸雜誌》，第 29 卷第 6 期，1964 年 9 月，第 7～14 頁。

〔註 32〕 王吉林：〈契丹與南唐外交關係之探討〉，《幼獅學誌》，第 5 卷第 2 期，1966 年 12 月，第 1～16 頁。

〔註 33〕 何永成：《十國創業君主個案研究——楊行密》，中國文化大學博士論文，1992 年。

色。在此文中，何永成討論了楊行密及其軍事集團的結構，這應該是受到了陳寅恪（1890～1969）關隴集團學說的影響。不過該文也僅止於此。此後，臺灣學者關注楊吳政權者，當屬十幾年後曾嚴奭（1975～）在其博士論文基礎上修改而成的專著《南唐先主李昪研究》（2009）〔註34〕一書，其對李昪在楊吳時期經歷的探討，雖不直接針對楊吳政權，也十分有益後來者。此外，何永成〈楊行密傳位研究〉（1997）〔註35〕、曾嚴奭〈五代時期吳國徐溫的死因之謎：兼論徐知誥與徐溫的關係〉（2010）〔註36〕兩文分別討論了楊行密、徐溫之死及他們的權力繼承問題，可見臺灣學者對於政治史中權力傳承的偏好。

　　列出以上論文，並不是說其他論文不涉及，而是試圖揭示直接以楊吳為研究對象的論文其實屈指可數，對於楊吳政權的系統性研究也十分缺乏。當然，本書其實也並不能算作對楊吳政權的系統性研究，而只是就一個方面進行考察。無論是大陸學者，還是日本、臺灣學者，都沒有直接涉及到楊吳政權的家族與政治的關係。因此，本書即聚焦於此，擬通過一些個案來揭示楊吳政權的「家族政治」。

二、本書章節安排及思考

　　通過對楊吳史研究學術史的梳理，可以看到，最大的關注點在吳唐禪代這一環節。也就是說，研究楊吳史，離不開南唐史的視野。事實上，楊吳歷史的發展，也確實在一定程度上可稱之為南唐史的前傳。無論是楊吳政權中期徐溫掌權，還是後期徐知誥掌權，都因為徐知誥的稱帝而使楊吳中、後期歷史成為了書寫南唐史所必需提及的內容。楊吳史研究的另一個關注點則是對於楊行密及其開國功臣集團的關注，比如何永成和日本學者的相關論文。但明顯不如吳唐禪代更受人關注。

　　那麼，在這兩大關注點之間，是否還有能夠將二者聯繫起來的內容呢？這是我們後來者需要進一步思考的問題。就此，本書試圖從「家族政治」這一議題來對此加以探索。

〔註34〕　曾嚴奭：《南唐先主李昪研究》，臺北：花木蘭文化出版社，2009年。

〔註35〕　何永成：〈楊行密傳位研究〉，《第三屆中國唐代文化學術研討會論文集》，中國唐代學會，1997年6月，第551～564頁。

〔註36〕　曾嚴奭：〈五代時期吳國徐溫的死因之謎：兼論徐知誥與徐溫的關係〉，《修平人文社會學報》，第14期，2010年3月，第67～90頁。

　　所謂「家族」，在本書中是相對於中古時期的士族（世族）、宋代以後的宗族（紳族）而言的，指的是不同於士族、宗族等綿延十幾世的世代仕宦家族，而僅僅在政治上存續三四代的仕宦家族。從時間上看，這些短期政治家族幾乎遍布於整個中國古代，但唐宋之際是一個相對集中的時期。在這一時期，隨著中古士族社會的崩潰，以及近世宗族社會的尚未完全確立，加之政治上的動盪局面，造就了這些歷時僅數代的政治家族。他們基本在士族社會衰亡之際起於平民，在數代輝煌之後，由於政治動盪和自身門風建設的衰遲而無法形成宗族，故又消失於平民。從類型上看，這些短期政治家族可以包括唐後期的宦官家族、藩鎮武將家族，唐末興起於地方社會，且部分建立割據政權的地方豪族，以及五代宋初因科舉而興但又未能持久的新興科舉家族。從時間上看，這類家族普遍存續時間在五代人以內。

　　而所謂「家族政治」，即由這些家族而造就的政治現象。但這種家族政治，並不像中古時期的「門閥政治」那樣有所特指，而是隨著家族類型的不同而有所區別。此外，由於唐宋之際各類割據政權的存在，這些短期政治家族與這些政權的關係十分密切，也隨著政權的不同而各有特點。總之，本書所謂「家族政治」，並無一個明確的概念特指，而是將「家族」和「政治」相結合的一種較為鬆散的政治現象。這與家族本身政治生涯的短期性有關，也與當時動盪政治局勢密不可分。

　　在本書中，所謂楊吳政權的家族政治，就是不同類型短期仕宦家族與楊吳政權政治之間的各種結合。對於楊吳政權家族政治的探討，也因此而分不同章節：

　　本書第一章，是對關係到楊吳政權三次重要政治事件的探究，分別是天祐五年（908）楊渥（886～908）之死所引發的繼嗣危機，天祐十五年（918）朱瑾殺徐知訓事件，天祚三年（937）吳唐禪代。在這三次事件中，前兩次分別確立了徐溫、徐知誥在楊吳政權中的政治地位，後一次則是徐知誥最終取代楊氏皇族，建立自己的政權。綜觀這三次事件，多與家族政治密切相關。第一次事件關係到楊氏家族在楊吳政權的核心地位，因楊行密元從將領各自在外鎮守，中央政治在楊渥死後被掌控於衙軍將領張顥、徐溫手中，並最終在徐溫殺張顥後，被徐溫一人把持。此後，徐溫作為權臣，開始其政治統治。至於第二次事件，則是身為徐溫養子的徐知誥借助同情楊氏的北方南下將領朱瑾所發動的政變，開始代替徐溫掌控楊吳政治。第三次，即徐知誥在取代

徐溫，並隨著楊行密元從將領漸次消亡後，全面掌控楊吳政權並成功完成嬗代。

　　在第一章中，筆者主要結合心理史學來探究參與政治事件的核心人物之心理變化過程，並採取統計方法梳理楊行密元從群體在吳唐禪代之前的政治態度。但對於家族史研究而言，還需要適合家族史的研究方法。故而在第二章中，筆者重點分析了楊吳權臣家族東海徐氏的發展歷程，包括成員世系、命運、信仰。另外，還透過洪州大安寺鐵香爐的銘文，來探究徐氏家族內部在養子徐知誥取代徐溫之後，其他徐溫親子的心理狀態。

　　本書第三章，則從另一種類型的家族來看楊吳政權（兼及南唐）的家族政治。眾所周知，唐宋之際也是一個民族交融的重要時段，這在政治上首先體現在以沙陀人為主的代北集團活躍於北方，由李克用、李存勗父子統領，甚至取代後梁，建立後唐王朝，並一直延續至後晉、後漢，形成所謂「沙陀三王朝」。而在南方，也有零星沙陀人因各種原因從北方南卜定居，從而一定程度上影響了南方政權的政局。在楊吳、南唐政權，即活躍著這樣一群沙陀武將，並各自形成武將家族。但由於地域、政權的空間差異，沙陀武將在北方和南方之間的「空間轉移」頗為艱辛，也因此而消減了這一類型家族對楊吳政治的影響。

　　除了權臣家族、沙陀武將家族，還有其他類型的家族與楊吳政治產生聯繫。在第四章，筆者即從政權禪代視角，考察了兩類家族。第一類，是那些從被楊吳、南唐政權所滅的割據政權，或從其他政權投奔而來的「亡國子孫」及其家族。這些政治上失意的家族，是研究唐宋之際家族政治的絕佳對象。雖然他們曾經在自己的原居地建立起割據統治，或擁有上層政治地位，但終因軍事實力不濟，或政治鬥爭失敗而流亡鄰國。鄰國統治者同樣身為短期政治家族，對這些亡國子孫的安置政策，頗能反映出各類家族之間的政治合作關係。第二類，主要是通過〈姚嗣駢墓誌〉為個案，來探討同一政權內部在嬗代之際的變遷，而晉陵姚氏家族在吳唐嬗代之際，作為本地中下層家族如何通過自身的仕宦和聯姻，對政治產生影響，並在嬗代之際保持家業，是為可考察之個案。

　　本書對楊吳政權家族政治的考察，並不一定全面，但基本把重要的政治事件和政治家族進行了梳理。通過對楊吳時期短暫存續，旋起旋落的政治家族的考察，可以看出家族與政治之間的關聯性，這對進一步考察唐宋之際其他地區、其他類型的家族政治，希望能夠起到拋磚引玉的作用。

第一章 家族政治與楊吳政權的興亡

第一節 家族政治與楊氏繼嗣危機

　　唐天祐二年（905）十一月二十六日，淮南節度使楊行密病卒，其長子楊渥嗣立。〔註1〕天祐五年（908）五月八日，楊渥為其屬官淮南節度使府左衙指揮使張顥所殺。第二日，楊渥之弟楊渭以次得立。〔註2〕十七日，張顥為右衙指揮使徐溫所殺。此後，徐溫開始長期專政楊吳政權。從楊渥繼承其父楊行密的權力開始，到張顥被殺，一共兩年半時間。對於九世紀末十世紀初的楊吳政權來說，這期間的一系列事件，是其延續的危機，更是重要轉折點。直接影響了楊吳政權在楊氏統治下的繼續存在，和楊氏成為徐氏父子專權下的傀儡。從長遠來看，這也避免了江淮地區重新陷入戰亂的局面，並在一定程度上轉變了楊吳政權以武立國的基調，為南唐時期右文政策開了風氣。〔註3〕

〔註1〕據司馬光（1019～1086）等《資治通鑑》（北京：中華書局，1956年）卷二六五，唐昭宣帝天祐二年十一月條，楊行密死於十一月庚辰日。而諸史料對於楊行密之死期頗有差異，具體參見此條下司馬光「考異」，第8652頁。關於楊行密去世前培養楊渥和去世後楊渥治國情況，參見何永成：〈楊行密傳位研究〉，第551～564頁。

〔註2〕參見《資治通鑑》卷二六六，梁太祖開平二年五月條，第8697～8699頁。

〔註3〕這種風氣的轉變，體現在兩個方面，一是對武將的普遍輕視，二是對文官的集體重視。對於前者，隨著疆域大小的固定和軍事作用的弱化，它是一個漸進過程；對於後者，雖然也是一個漸進過程，但其具體表現則以科舉為起點。據《資治通鑑》卷二六七，梁太祖開平三年（909）四月條：「淮南初置選舉，

正確認識這段歷史，不僅能加深對楊吳政權的瞭解，更可體會九到十世紀南方政權文武轉變的過程，以及整個南方地區社會演變的大格局。然而，國內學界對此段歷史尚無深入分析。﹝註4﹞故筆者不憚淺陋，欲以基礎史料爲基礎，以對楊渥、張顥、徐溫三人的敘述爲重點，在依次羅列各自人生履歷，並揭示其特殊性格和行爲的過程中，分析三人在這次政權危機中的表現，從而揭示這兩年半的時間內楊氏吳國政權的高層變動。

一、楊渥之死：十世紀初吳國的政權延續危機

楊行密的英年早逝，是楊吳政權的一場地震，而楊渥以冠字之齡即位，更加劇了這次危機。因此，對於楊渥的觀察，是瞭解這次危機的重要手段。

（一）立嗣選擇

唐末五代是藩鎮割據遍佈全國的時期，如何延續自身，是每位藩帥與應對外來武力侵犯並重的問題。隨著藩帥在藩鎮內勢力的增長，基於「親親」的傳統觀念和家族利益之考慮，晚唐時期出現了大量父死子繼爲特徵的節度使權力繼承模式。﹝註5﹞到了唐末五代，隨著自立藩鎮在全國範圍內的蔓延，各地豪強以及藩鎮流亡軍人紛紛攫取地方權力，並在南方形成了十數個以父死子繼爲權力繼承模式的政權。身爲廬州豪強的楊行密，在取得了淮南節度使的職位後，對於繼承人的選擇，也以自己的子嗣爲首先考慮的對象。

以駱知祥掌之。」胡三省（1230～1302）注云：「喪亂以來，選舉之法廢，楊氏能復置之，故書。」第 8709 頁。這一年剛好是政權延續危機穩定下來的第二年，漸進過程於此日甚一日。

﹝註4﹞ 在任爽《南唐史》、杜文玉《南唐史略》、鄒勁風《南唐國史》、何劍明《沉浮：一江春水——李氏南唐國史論稿》等著作中，僅以之爲南唐立國的背景知識而一筆帶過。何永成《十國創業君主個案研究——楊行密》並未涉及楊行密死後的楊吳政治。丁貞權《五代時期的楊吳政權》在論述到這一系列事件時（第 22～24 頁），雖然涉及到了相關問題，但並未深入其中以揭示左、右衙的關鍵作用。需要說明的是，何永成〈楊行密傳位研究〉一文主要討論了楊渥不堪大用的情況，但在筆者寫成此節之後數年方得拜讀，故其中主要論著頗有重合。唯本節所論不止楊渥，且立論並非強調楊渥不堪大用，而是楊渥本人在當時背景之下努力掌權但又失敗之情形，故仍可參看。

﹝註5﹞ 父死子繼較爲常見，此外尚有兄終弟及現象，集中體現於馬楚政權，參見彭文峰：〈馬楚政權兄終弟及繼承制度述論〉，《船山學刊》，2008 年第 4 期，第 38～41 頁。

　　然而，當楊行密於天祐二年去世時，享年五十四歲，尚未步入老年階段；其長子楊渥卻只有二十歲。〔註6〕以二十歲未經戰陣之青年識見，繼承五十四歲飽經烽火洗禮之盛年遺產，楊渥所受的壓力可想而知。慶幸的是，楊行密已能從兩方面來考慮：一是對能力尚未成熟的長子進行培養；二是對藩鎮內部僚屬進行籠絡。

　　就第一點來說，對楊渥的培養，從讓他獨當一面開始。天祐元年（904）八月，「宣州觀察使臺濛卒，楊行密以其子牙內諸軍使渥爲宣州觀察使」。〔註7〕此年楊渥十九歲，由於宣州觀察使臺濛（855～904）的去世，楊行密不派遣其他得力的將領，卻讓自己長子繼任，無疑是想對其進行培養。且宣州本是唐朝宣歙道觀察使的治所，當年楊行密便是在這裡積蓄力量一舉消滅孫儒（？～892）勢力，從而乘勝進入揚州。〔註8〕如此看來，楊行密的預期目的很明顯。〔註9〕

　　第二點體現在楊行密去世前對繼承人的安排問題正式提上了議程，並詢問親近人員對擇嗣問題的看法：

> 楊行密長子宣州觀察使渥，素無令譽，軍府輕之。行密寢疾，命節度判官周隱召渥。隱性戇直，對曰：「宣州司徒輕易信讒，喜擊毬飲酒，非保家之主；餘子皆幼，未能駕馭諸將。廬州刺史劉威，從王起細微，必不負王，不若使之權領軍府，俟諸子長以授之。」行密不應。左、右牙指揮使徐溫、張顥言於行密曰：「王平生出萬死，冒矢石，爲子孫立基業，安可使他人有之！」行密曰：「吾死瞑目矣。」

〔註6〕 按古人慣例，本書所涉年齒皆是虛歲。

〔註7〕 《資治通鑑》卷二六五，唐昭宣帝天祐元年八月條，第8636頁。何永成也認爲「此舉或可視爲行密欲由此重鎮開始令其歷練」，參見何永成：〈楊行密傳位研究〉，第554頁。

〔註8〕 參見歐陽修（1007～1073）：《新五代史》卷六一〈吳世家〉，北京：中華書局，1974年，747～751頁；歐陽修、宋祁（998～1061）：《新唐書》卷一八八〈楊行密傳〉，北京：中華書局，1975年，5452～5453頁。

〔註9〕 另外一點是，直到不久之前的天復三年（903）十二月楊行密平定叛亂爲止，宣州作爲楊行密元從大將田頵（858～903）鎮守之地達十一年之久。平定叛亂的功臣臺濛在接任宣州八個月之後去世，實在措手不及。如此，讓楊渥以長子身份鎮守宣州，不僅具有培養接班人的意義，也是一種安定宣州人心的政治措施。參見路振（957～1014）：《九國志》卷三〈田頵傳〉，傅璇琮（1933～2016）等主編《五代史書彙編》第六冊，杭州：杭州出版社，2004年，第3262～3263頁；同書卷一〈臺濛傳〉，第3223頁。

隱，舒州人也。他日，將佐問疾，行密目留幕僚嚴可求；眾出，可
求曰：「王若不諱，如軍府何？」行密曰：「吾命周隱召渥，今忍死
待之。」可求與徐溫詣隱，隱未出見，牒猶在案上，可求即與溫取
牒，遣使者如宣州召之。〔註10〕

在性格戇直的節度判官周隱（？～905）看來，對於品行不端的楊渥是否能夠
勝任節度使是懷疑的，因此他推薦宿將劉威（857～914）。〔註11〕但作為左、
右牙指揮使的張顥、徐溫，由於控制了當時各個藩鎮中通常是處於左右權力
地位的牙軍力量〔註12〕，且迎合了楊行密希望立己子的意願，又在幕僚嚴可
求（？～930）的幫助下，最終使得楊渥能夠順利繼承權位。

於是，天祐二年十月十六日，楊渥自宣州抵達揚州，「行密承制授檢校太
尉、同中書門下平章事、淮南節度留後」。天祐二年十一月二十六日，在宣諭

〔註10〕《資治通鑑》卷二六五，唐昭宣帝天祐二年九月條，第8648頁。對於此事的
記載，亦見《九國志》卷三〈徐溫傳〉（第39頁）、陳彭年（961～1017）《江
南別錄》（《五代史書彙編》第九冊）「義祖徐氏」條（第5131頁）、《新五代
史》卷六一〈吳世家〉（第752頁）、《新唐書》卷一八八〈楊行密傳〉（第5459
～5460頁）、馬令《南唐書》（《五代史書彙編》第九冊）卷八〈徐宣祖傳〉（第
5316頁）。諸書互有異同，而以《資治通鑑》所載為最詳。

〔註11〕作為父親，楊行密對楊渥的性格並非不瞭解，乾寧二年（895）三月，當楊行
密打算收養以後成為南唐開國皇帝的徐知誥時，就因為顧慮到楊渥不能相
容，轉而賜予了徐溫。（參見《資治通鑑》卷二六○，唐昭宗乾寧二年三月條，
第8467頁）筆者認為，楊行密之所以要讓周隱招楊渥，是想讓楊渥得到周隱
的認可。而周隱戇直的性格卻說出了讓劉威繼承的話，楊行密失望之餘，只
能以沉默回答了。

〔註12〕張其凡（1949～2016）《五代禁軍初探》（廣州：暨南大學出版社，1993年）
對五代中原地區的禁軍的各種名目進行了全面梳理；而楊適菁《五代禁軍與
政權更迭之關係》（中國文化大學碩士論文，2001年）對五代禁軍的起源及作
用進行了全面研究；堀敏一（1924～2007）〈藩鎮親衛軍の權力構造〉（《東洋
文化研究所紀要》，第20冊，1959年11月；中譯本題〈藩鎮親衛軍的權力結
構〉，索介然譯，收入劉俊文主編《日本學者研究中國史論著選譯》第四卷〈六
朝隋唐〉，第585～648頁）以晚唐河北藩鎮親衛軍勢力對節度使廢立的影響
為例進行研究。谷霽光（1907～1993）〈泛論唐末五代的私兵和親軍、義兒〉
（《歷史研究》，1984年第2期，第21～34頁）和王育民〈論唐末五代的牙兵〉
（《北京師範學院學報》，1987年第2期，第54～60頁）皆綜合論述了牙兵勢
力在唐末五代各藩鎮中的作用。另外，葛煥禮（1971～）、王育濟（1957～）
〈魏博牙兵與唐末五代政局變動〉（《河北學刊》，2003年第1期，第157～161
頁）是北方五代的個案研究成果；而何勇強（1971～）〈養子、內牙軍與吳越
國中期政局〉（《杭州師範學院學報》，2002年第6期，第77～81頁）是南方
十國的個案研究成果。

使李儼（？～918）的主持下，「承制授（楊）渥兼侍中、淮南節度副大使、東面諸道行營都統，封弘農郡王」。〔註13〕

（二）治國能力

楊渥看似順利地繼承了其父親的權力，但畢竟是幼主，對權力的控制尚無足夠能力。況且，在楊行密面前極力穩定其儲君地位的張顥、徐溫，本身擁有牙軍，一定程度上掌握了廢置的權力。這樣，楊渥不得不需要依靠自身的力量，特別是原來在宣州的勢力，以鞏固地位。史載：

> （楊）渥之入也，多輦宣州庫物以歸廣陵，（王）茂章惜而不與，渥怒，命李簡以兵五千圍之，茂章奔於錢塘。〔註14〕

這裡包含兩件事：一是楊渥向繼掌宣州的王茂章（？～913）求取舊物，並在得到王茂章的拒絕後，發兵攻之；二是在李簡（861～929）前往宣州之後，王茂章乾脆逃奔錢塘，去投靠當時的吳越王錢鏐（852～932）。

如此，楊渥從一上任就讓吳人失望了。此事結果，重要的並非楊渥最終是否拿回了原來的舊物，而是他失去了一員甚至為北方朱溫（852～912）所贊許的大將。〔註15〕另外，據《九國志・陶雅傳》所載，在與吳越國中段邊疆問題上的較量之失利，也事關國運。〔註16〕

楊渥鞏固權力的第二步是主動開疆拓土，以顯示自己的武功不比其父親差。而江西觀察使鍾傳（？～906）的死，以及他的兩個兒子在繼承權問題上的爭執，恰好給了楊渥一個機會。史載：

〔註13〕《新唐書》卷一八八〈楊行密傳〉，第5460頁。

〔註14〕《新五代史》卷六一〈吳世家〉，第752頁。

〔註15〕《新五代史》卷二三〈王景仁傳〉敘述朱溫之語云：「使吾得此人為將，天下不足平也！」第238頁。何永成亦為王茂章辯誣，認為《新唐書》卷一八八〈楊行密傳〉所載楊行密臨終謂渥之語「左衙都將張顥、王茂章、李遇皆怙亂，不得為兒除之」（第5460頁）為徐溫掌權後史家曲筆厚誣王茂章、李遇二人，誠然可疑。參見何永成：〈楊行密傳位研究〉，第562頁。

〔註16〕《九國志》卷一〈陶雅傳〉云：「會宣州王茂章叛奔越，雅虜（筆者按：此處疑為『慮』字之誤）茂章伏兵斷其歸路。乃令大將軍金師會領睦州事，遂班師新安，而越兵大至，衢、睦、婺三州覆沒。」第3220頁。此三州雖經反覆，最終還是歸於吳越國所有。何永成即謂：「行密臨終前仍極力經營，圖謀發展之浙東衢、婺、睦三州，於此時盡為浙人所取，造成楊氏霸業最嚴重之打擊；此事楊渥應負全責。」見何永成：〈楊行密傳位研究〉，第561頁。

> 天祐三年（906）……四月，江西鍾傳卒，其子匡時代立，傳養
> 子延規怨不得立，以兵攻匡時。渥遣秦裴率兵攻之。[註17]

秦裴（856～914）是楊行密時期的宿將，雖曾在光化元年（898）與吳越國的交手中有上佳表現，但從未作爲統帥獨當一面。[註18] 爲了增加秦裴的實力，楊渥以原來在宣州時的心腹作爲輔助。當然，最終洪州的攻克跟秦裴本身的智勇也是分不開的。[註19]

　　對於這一點，有必要說明的是，在諸多敘述秦裴攻克江西洪州的史料中，並未直接提及楊渥的心腹。[註20] 當天祐四年（907）楊渥被張顥、徐溫排擠之時，才因爲其心腹在秦裴帳下被張、徐的使者給殺害而提及：

> 渥之鎮宣州也，命指揮使朱思勍、范思從、陳璠將親兵三千；
> 及嗣位，召歸廣陵。顥、溫使三將從秦裴擊江西，因戍洪州，誣以
> 謀叛，命別將陳祐往誅之。[註21]

此處據司馬光的看法，似乎是張顥、徐溫爲了除去楊渥的心腹而讓三將隨秦裴進攻江西。筆者以爲，與其說張、徐排擠三將，也有可能楊渥主動讓三將跟隨秦裴出征，這樣既可以腹心的身份增強君威，又可以與前線隨時保持聯繫。最重要的是，讓原本一直待在宣州沒有實戰經歷的三將磨練一下，爲以後增強自身政治勢力做準備。當然，三將最終被殺的命運，並非楊渥所能預見。

　　對於楊渥能夠順利除去王茂章，並促使秦裴與三將合作最終攻下洪州的能力，還可以從以下一些事實中得到答案。

　　首先是對當初在楊行密面前貶低自己舉薦他人的判官周隱的報復。《新唐書·楊行密傳》云：「渥召周隱曰：『君嘗以孤爲不可嗣，何也？』隱不對，遂殺之。」[註22] 如果沒有絕對的權力，楊渥即使想隨便殺人也是不可能的，何況周隱是楊行密時期的老臣。

〔註17〕《新五代史》卷六一〈吳世家〉，第 752 頁。

〔註18〕《九國志》卷一〈秦裴傳〉，第 3226 頁。

〔註19〕《九國志》卷一〈秦裴傳〉：「至蘄州，時軍欲限水爲柵，裴不聽。匡時果遣將劉楚據之，諸將相顧失色，俱咎裴。裴曰：『城中驍銳惟楚耳，若令總衆拒守，此城何由卒破？吾固留此要害，以謀致之。』既而分軍晨出，盡銳破柵。既擒楚，方傳城下，未幾城陷。擒匡時以獻，諸將皆服其智。」第 3226～3227 頁。

〔註20〕《資治通鑑》卷二六五，唐昭宣帝天祐三年四月條，第 8659 頁。

〔註21〕《資治通鑑》卷二六六，唐昭宣帝天祐四年正月條，第 8667～8668 頁。

〔註22〕《新唐書》卷一八八〈楊行密傳〉，第 5460 頁。

其次是建立以自己爲核心的軍事力量，據《九國志‧徐溫傳》記載：「渥既嗣位，憤大臣擅權，政非己出，乃置東院馬軍，置立親信，以爲心腹。」〔註23〕這裡的「東院馬軍」，明顯是另一支牙軍，以對抗張顥、徐溫的左、右牙軍。而且，也正是在這支牙軍的輔助下，楊渥才得以恣其所欲。所謂「景王（楊渥）所爲不道，居父喪中，掘地爲室，以作音樂。夜然燭擊毬，燭大者十圍，一燭之費數萬。或單馬出遊，從者不知所詣，奔走道路。」〔註24〕

（三）性命難保

楊渥在其任內的行爲，與其說是爲了攫取權力，不如說是自掘墳墓。對國內宿將的過份打壓，不僅造成了一些重要將領的出走鄰邦，也增加了反對勢力。對於前者，除了上面提及的王茂章奔吳越國以外，還有呂師周（？～934／935／936）奔楚國〔註25〕。對於後者，則是張顥、徐溫最後的發難。

張顥與徐溫身爲左、右牙指揮使，對吳國的權力具有一定的制約作用，這是晚唐五代藩鎮的普遍現象。在楊行密時代，由於左、右牙建立不久〔註26〕，其權力也來源於君主，故而不可能對政事進行干涉〔註27〕。到了楊渥時期，由於楊渥對左、右牙的排擠，甚至建立東院馬軍以制約之，張顥和徐溫出於自身前途的考慮，才開始利用左、右牙進行自保，左、右牙也因此顯示出了其自身的重要性。天祐四年（907）正月：

〔註23〕《九國志》卷三〈徐溫傳〉，第3266頁。

〔註24〕《江南別錄》「義祖徐氏」條，第5131頁。

〔註25〕呂師周受到楊渥的疑忌而投奔楚國事發生於楊渥即位之初，見《資治通鑑》卷二六六，唐昭宣帝天祐四年正月條，第8666～8667頁。《九國志》卷一一〈呂師周傳〉記載受疑忌是楊行密之時，而奔楚發生在梁太祖開平初年（第3354頁），則一事分爲二，初無預楊渥也。《新五代史》卷六六〈楚世家〉則徑直書其於楊行密之時受疑忌而奔楚，第823頁。然據何永成考證，楊行密之時尚未據洪州，呂師周亦不得屯上高，故其奔楚當在楊渥時，可從。參見何永成：〈楊行密傳位研究〉，第560頁。

〔註26〕筆者愚見關於吳國左、右衙最早的記載見《九國志》卷一〈李神福傳〉：「景福二年（893），廬州刺史蔡儔叛，遣何璯來寇，神福迎擊於青斗山，大破之，遂傳城下。賊平，遷左衙都校。未幾，授舒州刺史。」第3222頁。

〔註27〕在楊行密預立楊渥的過程中，張顥和徐溫與周隱形成反對意見，支持立楊渥爲嗣，只是說明左、右牙對於迎合楊行密意願的成功，以及堅定了楊行密立楊渥爲嗣的信心。

　　　　左、右牙指揮使張顥、徐溫泣諫，渥怒曰：「汝謂我不才，何不

　　殺我自爲之！」二人懼。渥選壯士，號「東院馬軍」，廣署親信爲將

　　吏；所署者恃勢驕橫，陵蔑勳舊。顥、溫潛謀作亂。〔註28〕

這是張、徐二人有謀反之心的開始。但是，身爲左、右牙指揮使，若能如意
地指揮牙軍爲己所用，才能顯示出權力的好處。楊渥在擴大自身權力過程中
的一個錯誤決定，恰好給張顥、徐溫提供了一個機會：

　　　　渥父行密之世，有親軍數千營於牙城之內，渥遷出於外，以其

　　地爲射場，顥、溫由是無所憚。〔註29〕

這個舉動無疑是給張顥、徐溫以方便，胡三省於此條下注曰「史言楊渥自去
其爪牙」，便是指此。

　　在張、徐二人泣諫的過程中，楊渥說：「汝謂我不才，何不殺我自爲之？」
這句話一方面是楊渥對自身能力的自信，因爲已經用諸多擴張自身權力的事
實證明了他可以有所爲；另一方面，也揭露了張顥、徐溫眞實動機。如此，
不僅在指揮牙軍時方便許多，由於沒有了心理障礙〔註30〕，張顥、徐溫更是
要加緊行動。

　　天祐四年（907）正月，二人從誅殺楊渥親信、心腹開始：

　　　　秦裴下豫章，時宋思勍、范師從、陳鐇以兵戍之。鐇等皆渥

　　之腹心也，張顥忌焉，令祐以渥命往誅之。三校皆勇士也，顥既

　　遣祐行，甚憂之。祐逾險，輕行六日，至豫章。微服懷短兵，入

　　秦裴帳下，裴驚其來，具告之故。因責裴以不能制三帥，而令有

　　異謀，裴懼。未及對，祐乃令召思勍等宴會，及至則祐已與裴飮

　　矣。三校入見祐，皆色變。俄而酒三行，祐數其罪，悉叱而斬之

　　以歸。〔註31〕

當初出於培養目的被派往江西跟隨秦裴出征的三將，最終成爲了張顥、徐溫
的刀下鬼。而楊渥身邊的親信日子也不好過：

　　　　景王（楊渥）晨興視事，（張）顥擁百餘人，持長刀直進。景王

〔註28〕《資治通鑑》卷二六六，唐昭宣帝天祐四年正月條，第 8667 頁。

〔註29〕《資治通鑑》卷二六六，唐昭宣帝天祐四年正月條，第 8667 頁。

〔註30〕張、徐二人想要做這樣一件弒君的事情，是需要正當理由的，而楊渥本人行
　　　　爲的不端正，正好給了他們二人以口實。

〔註31〕《九國志》卷二〈陳祐傳〉，第 3254 頁。亦見《新唐書》卷一八八〈楊行密
　　　　傳〉，第 5460 頁。

驚曰：「爾等果殺我耶？」顥曰：「非敢殺王，殺王之左右不忠良者。」
殺數十人而止。諸將非其黨者，相次被誅。〔註32〕

另外，此年六月，由於吳國軍隊在瀏陽口敗於楚國，不僅喪失了兩位優秀的
將領，更讓張顥、徐溫抓住藉口，誅殺了楊渥的另一親信許玄膺（？～907）。
〔註33〕

　　至此，楊渥的主要親信已經基本被誅殺完畢，那麼離楊渥自己的大限之
期也就不遠了。天祐五年五月「戊寅，顥遣其黨紀詳等弒王於寢室，詐云暴
薨」〔註34〕。

　　從最初的出鎮宣州，到儲位不穩，然後順利繼任，在極力鞏固自身權力
的同時，卻最終命喪黃泉。楊渥在這個過程中得到了成熟，更因此而過早地
失去了性命。楊渥所面對的，是兩位比他年長一輩的宿將，這讓人不能過份
苛責其人。

二、張顥之敗：兼論吳國衙軍體制的興衰

　　天祐五年（908）五月八日，張顥以自己所掌握的淮南左衙兵殺害淮南節
度使楊渥；十七日，張顥自己又被掌握淮南右衙兵的徐溫所殺害。從此，徐
溫專權，左、右衙也被合併到一起。〔註35〕如果說楊渥統治時期，是吳國歷
史上的一個過渡時間段的話，那麼從五月八日到十七日這一共十天的時間，
則是對這個時間段進行後事處理的時間點。對於張顥來說，更是大起大落，
由得志到喪命的巨大反差。因此，當要瞭解爲什麼會發生這些事的時候，就
不得不考察一下張顥。

（一）反覆之人

　　考察一個人，首先要瞭解他的出生背景和成長經歷。但筆者所見關於張
顥早期經歷的史料，只有兩條。第一條見於《新唐書·楊行密傳》：

〔註32〕《江南別錄》「義祖徐氏」條，第5131頁。《新五代史》卷六一〈吳世家〉指
　　　　名其所殺之人有陳璠、范遇，第753頁。
〔註33〕《資治通鑑》卷二六六，梁太祖開平元年六月條云：「許玄應，弘農王之腹心
　　　　也，常預政事，張顥、徐溫因其敗，收斬之。」第8682頁。許玄應即許玄膺，
　　　　《新唐書》卷一八八〈楊行密傳〉云：「渥好騎射。初與許玄膺爲刎頸交，及
　　　　嗣位，事皆決之，諸將莫敢忤。」第5460頁。
〔註34〕《資治通鑑》卷二六六，梁太祖開平二年五月條，第8697頁。
〔註35〕《九國志》卷三〈徐溫傳〉云：「遂兼左、右衙，事無大小，皆專斷。」第3266
　　　　頁。

　　　　蔡儔以盧州叛附朱全忠，納孫儒將張顥，而倪章據舒州，與儔
　　連和。（楊）行密遣李神福攻儔，破其將。儔堅壁不出。顥超堞降，
　　行密以隸袁積軍，積請戮之，行密愛其勇，更置於親軍。未幾，儔
　　自殺。行密先冢皆爲儔發掘，吏請夷發儔世墓，不許。表劉威爲刺
　　史。〔註36〕

第二條稍詳，見於《資治通鑑》，景福二年（893）四月：

　　　　李神福圍盧州；甲午，楊行密自將詣盧州，田頵自宣州引兵會
　　之。初，蔡人張顥以驍勇事秦宗權，後從孫儒，儒敗，歸行密，行
　　密厚待之，使將兵戍盧州。蔡儔叛，顥更爲之用。及圍急，顥逾城
　　來降，行密以隸銀槍都使袁積。積以顥反覆，白行密，請殺之，行
　　密恐積不能容，置之親軍。積，陳州人也。〔註37〕

胡三省在此處注云：「爲張顥殺楊渥張本。」則司馬光的用意，是在此處追敘
張顥的身份背景，從而避免在之後張顥與徐溫殺楊渥時事顯突兀。

　　這兩段話字數不多，卻提供了大量信息。以下筆者試圖一一解剖：

　　首先，《新唐書》和《通鑑》都提到了張顥原屬於孫儒軍隊，後者更說明
了在歸屬孫儒之前，其爲秦宗權（？～889）手下非常驍勇之人，且籍貫爲蔡
州。故可以肯定，張顥的出身是蔡州軍將。蔡州軍將在晚唐五代的中原大地
上發揮了異常重要的作用，不僅體現在其作爲一個軍人集團，充當了歷任蔡
州節度使對外擴張的馬前卒〔註38〕，更表現在以秦宗權爲核心的勢力解體
後，眾多蔡州軍人四散各地，極大地影響了當地的政治與軍事結構。〔註 39〕
對於後一種作用來說，張顥便是其中的一個代表人物。如此，從張顥眾多同
鄉的表現中，就可以理解他今後在楊吳政權中不甘沉默的原因了。成長環境
對一個青少年來說，是最爲重要的性格形成因素。

〔註36〕《新唐書》卷一八八〈楊行密傳〉，第 5454 頁。

〔註37〕《資治通鑑》卷二五九，唐昭宗景福二年四月條，第 8444 頁。

〔註38〕以秦宗權爲代表，他在黃巢之後反唐，並四處擴張勢力的情況，參見曾現江
　　　　（1976～）：《唐後期、五代之淮蔡軍人集團研究》，四川大學碩士論文，2002
　　　　年。

〔註39〕以孫儒最爲活躍，而以馬殷（852～930）和王建（847～918）最爲成功，前
　　　　者創建楚國，後者創建蜀國。當然還包括其他各國的一些淮蔡軍人集團，如
　　　　吳國的「黑雲都」和吳越國的「武勇都」。關於「武勇都」，可參見何勇強：〈唐
　　　　末兩浙的武勇都與武勇都之亂〉，《中國史研究》，1999 年第 3 期，第 96～104
　　　　頁。

其次，據《新唐書》記載，張顥是直接從孫儒軍投奔到蔡儔（？～893）軍裏的；據《通鑑》記載則是先歸屬楊行密，得其賞識，然後被派往盧州蔡儔帳下。又根據《新唐書》所云「行密愛其勇」及兩書皆提到安置他於「親軍」，則《通鑑》當為更詳細的說法。即在楊行密擊敗孫儒之後，張顥從孫儒集團來到楊行密集團，然後因為受到賞識而被派往蔡儔所在的盧州。也可以理解為什麼當楊行密圍攻蔡儔時，張顥「逾城來降」了。然而，張顥從秦宗權到孫儒〔註40〕，又從孫儒到楊行密，復追隨蔡儔反叛楊行密，最後再從蔡儔陣營回到楊行密陣營，這種反覆的行為，受到了將領袁襲的輕視，並且不欲收容之。不過，張顥每次基於保全自身利益而反覆的行為，正好豐富了他的性格特點。

從以上兩點看，張顥此人的性格，作為潛在的內涵，是不甘沉默，作為顯在的表現，則是行事反覆。這只是性格方面。

另外，從這兩條材料中可知，楊行密最終把張顥安置在「親軍」，跟隨左右。胡三省注曰「為張顥殺楊渥張本」，則張顥從此得以親軍的身份接近楊行密，甚而參預國事了。

因此，從這一年（景福二，893年）開始，一直到天祐五年（908），張顥作為楊行密的親軍，以其所受之信任，最終擁有了廢立君主之權。

（二）廢立之權

所謂廢立之權，體現在張顥聯合徐溫殺楊渥，並預立楊渭的事上。之所以能夠掌握這種權力，與張顥和徐溫所居左、右衙都指揮使的位置不無關係。楊行密的衙軍名號，其來源無法從淮南節度使府的政治結構中去尋求〔註41〕，而是直接承自他早年起兵盧州之時的州府衙軍，實際上追隨楊行密起兵盧州的所謂「三十六英雄」〔註42〕，或多或少皆有「牙將」的背景。

〔註40〕孫儒從秦宗權集團分離出去，張顥也許是被迫的，但未必沒有自身的逆反心理，也許正是這一次造就了以後的多次。參見《新唐書》卷一八八〈孫儒傳〉，第 5466～5467 頁。

〔註41〕淮南節度使的名號在楊行密之前是高駢所有，但史料中沒有關於高駢設立左右衙軍的記載，故而筆者認為楊行密的左右衙軍沒有直接的制度來源。高駢時期的使府體制，可參考山根直生（1973～）：〈唐末における藩鎮体制の変容——淮南節度使を事例として〉，《史学研究》，第 228 號，2000 年 6 月，第 26～49 頁；中譯本題〈唐朝軍政統治的終局與五代十國割據的開端〉，《浙江大學學報》（人文社會科學版），2004 年第 3 期，第 71～79 頁。

〔註42〕歐陽修：《新五代史》卷六一〈徐溫傳〉，第 760 頁。三十六之數，未必確實，此處僅代稱楊行密的元從將領。關於楊行密的元從將領，或稱之為「楊行密

現將筆者所見徐溫殺張顥併兼領左右衙之前，楊行密軍中牙將具體任命情況列舉如下：

表1.1：楊吳政權早期左右衙將領表

時　間	人物	史　料	來　源
光啓三年（887）	李宗禮	牙將李宗禮	《資治通鑑》卷二五七
景福元年（892）	徐溫	奏授衙內右直都將	《九國志》卷三〈徐溫傳〉
景福二年（893）	李神福	遷左衙都校	《九國志》卷一〈李神福傳〉
乾寧四年（897）	侯瓚	授瓚衙將	《九國志》卷一〈侯瓚傳〉
光化四年（901）	鄭璠	遷左衙將	《九國志》卷二〈鄭璠傳〉
天復三年（903）	崔太初	遷太初衙內都指揮使	《九國志》卷二〈崔太初傳〉
天復三年（903）	徐溫	授右衙都指揮使〔註43〕	《九國志》卷三〈徐溫傳〉
天祐元年（904）	楊渥	牙內諸軍使渥	《資治通鑑》卷二六五
天祐二年（905）	張顥	左衙都指揮使張顥	《九國志》卷三〈徐溫傳〉
天祐二年（905）	楊彪	淮南牙內指揮使楊彪〔註44〕	《資治通鑑》卷二六五
天祐二年（905）	劉權	渥襲位，補衙將	《九國志》卷二〈劉權傳〉

集團」，何永成曾製表統計了全部156位文武人物籍貫、生卒、才性、出身等，見何永成：《十國創業君主個案研究——楊行密》，第207～283頁。然其中尚有許多值得商榷之處，如沙陀人安福慶並未進入楊吳政權等情況，見本書第三章第二節。

〔註43〕或為「右衙指揮使」，見《新五代史》卷六一〈徐溫傳〉，第760頁。「指揮使」與「都指揮使」之別在於「都」字，此其含義為「都統」或「總統」數軍，也可以認為之對某一分支軍隊的專制之權。然而在楊吳政權內，指揮使與都指揮使之間並無嚴格區分：首先，對張顥、徐溫的稱呼亦有左、右衙指揮使者，如上文所引楊行密詢問張顥、徐溫關於繼嗣問題的看法時，就是如此，見《資治通鑑》卷二六五，唐昭宣帝天祐二年九月條，第8648頁；其次，史籍中並無同時提到在左、右衙指揮使張顥、徐溫之外，還有其他人分別擔任左、右衙都指揮使，反之亦無。

〔註44〕《九國志》卷二〈楊彪傳〉云：「彪，宿州人。身長七尺餘，呼聲如鐘，倜儻有武幹，善騎射。行密見而壯之，擢授衙內散指揮使。」第3253頁。

　　遺憾的是，尚不知道張顥具體被授予左衙指揮使的時間。不過，自徐溫上任為右衙都指揮使之後，「與張顥同為衙內列校」〔註45〕，兩人就經常一起行動了。可以發現，這幾個衙將在受任當時，都是未經大陣的小人物，楊渥也只是出於其父培養接班人才被授予衙職。而此時楊行密元從大將，都在外鎮守或征戰，為了順利地使繼承人接任，對於左右衙軍的依靠便加大了，客觀上造成了其權力上升。「行密疾甚，召溫與左衙都指揮使張顥同受顧託」〔註46〕，從此，徐溫和張顥開始正式干預政事。在為選擇接班人而有所顧慮時，是張顥與徐溫憑藉著左右衙的軍事力量堅定了楊行密的決心。〔註47〕

　　楊渥即位之後，一味地擴張勢力，甚至飲酒作樂，但張顥與徐溫因心中尚有的一絲忠誠之心「泣諫」〔註48〕。當然，張顥與徐溫更加看重的是權力：

　　　　初，渥之入廣陵也，留帳下兵三千於宣州，以其腹心陳璠、范
　　遇將之。既入立，惡徐溫典牙兵，召璠等為東院馬軍以自衛。而溫
　　與左衙都指揮使張顥皆行密時舊將，又有立渥之功，共惡璠等侵其
　　權。四年正月，渥視事，璠等侍側，溫、顥擁牙兵入，挾璠等卜，
　　斬之，渥不能止。由是失政，而心憤未能發，溫等益不自安。〔註49〕

不論史官的敘述有沒有出入，這段材料所反映的張顥與徐溫的真實心態是很有價值的。當兩人依次除去了楊渥自己提拔的親信之後，江山易主的想法也就提上日程了：

　　　　淮南左牙指揮使張顥、右牙指揮使徐溫專制軍政，弘農威上心
　　不能平，欲去之而未能。二人不自安，共謀弒王，分其地以臣於梁。
　　〔註50〕

有了徐溫的合作，張顥的野心就更加顯露了，直到天祐五年五月八日那一天達到頂點。而在此前，張顥已經有一次單獨的嘗試，據《九國志・李濤傳》云：

　　　　渥襲位，授和州刺史。初，行密既卒，張顥陰有異志。以都統
　　符印送宣諭使李儼行事，嗣王意未決。一日，諸將共議，四座畏顥，

〔註45〕《江南別錄》「義祖徐氏」條，第5131頁。
〔註46〕《九國志》卷三〈徐溫傳〉，第3266頁。
〔註47〕《資治通鑑》卷二六五，唐昭宣帝天祐二年九月條，第8648頁。
〔註48〕《資治通鑑》卷二六六，唐昭宣帝天祐四年正月條，第8667頁。
〔註49〕《新五代史》卷六一〈吳世家〉，第753頁。
〔註50〕《資治通鑑》卷二六六，梁太祖開平二年五月條，第8697頁。

> 無敢言者。濤曰：「都統符印，是昭皇御翰所賜，王父子承襲，用在
> 不疑。苟付他人，中外安仰？」諸將以其辭正，皆伏義。顥獨默然，
> 投袂而去。〔註51〕

此處所謂都統符印，爲楊行密生前所任東面諸道行營都統的符印，代表楊行
密有權都統唐王朝東面諸道行營。雖然這只是名義上的一個職務，但所體現
的一是軍權的整合權，二是唐朝皇帝的間接權威。因此，張顥試圖通過將都
統符印還給宣諭使李儼來限制楊渥的權力，不過遭到了另一位將領李濤的反
對，最終未能如願。

（三）生死之間

天祐五年（908）五月八日張顥殺害楊渥〔註52〕，第二天便開始想更進一
步的活動，然而卻受到了阻礙：

> 初，溫、顥之謀弒渥，約分其地，以臣於梁。及渥死，顥欲背
> 約自立，溫患之，問其客嚴可求。可求曰：「顥雖剛愎，而暗於成事，
> 此易爲也。」明日，顥列劍戟府中，召諸將議事。自大將朱瑾而下，
> 皆去衛從，然後入。顥問諸將：「誰當立者？」諸將莫敢對。顥三問，
> 可求前密啓曰：「方今四境多虞，非公主之不可，然恐爲之太速。且
> 今外有劉威、陶雅、李簡、李遇，皆先王一等人也，公雖自立，未
> 知此輩能降心以事公否？不若輔立幼主，漸以歲時，待其歸心，然
> 後可也！」顥不能對。可求因趨，出書一敕內袖中，率諸將入賀。
> 諸將莫知所爲，及出敕宣之，乃渥母史氏敕。言楊氏創業艱難，而
> 嗣主不幸，隆演以次當立，告諸將以無負楊氏，而善事之。辭旨激
> 切，聞者感動，顥氣色皆沮，卒無能爲。隆演乃得立。〔註53〕

〔註51〕《九國志》卷二〈李濤傳〉，第 3247 頁。亦見《新唐書》卷一八八〈楊行密
傳〉，第 5460 頁。

〔註52〕張顥殺楊渥之日，薛居正（912～981）《舊五代史》（北京：中華書局，1976
年）卷一三四〈楊行密傳〉繫於六月（第 1782 頁），這只是後梁政權得到消
息的時間。佚名《五國故事》（《五代史書彙編》第六冊）卷上「僞吳楊氏」
條也繫於六月，甚至把張顥殺楊渥與徐溫殺張顥的時間都寫在一天之內（第
3181 頁），明顯有誤。

〔註53〕馬令《南唐書》卷八〈徐宣祖傳〉，第 5317 頁。筆者推測，馬令在此處是把
《新五代史》卷六一〈吳世家〉（第 753～754 頁）和《資治通鑑》卷二六六，
梁太祖開平二年五月條（第 8697～8700 頁）所載雜糅到了一起，稍作詞句修
改。

此處，張顥打算自立爲節度使，但阻力不可謂不大。大致有三：第一是楊行密的舊將，雖然這些人當時大多在外鎮守，但如果聽聞張顥殺害了舊主長子並當上了節度使，那麼即使不是出於義憤，也不會甘願受制於張顥，這時候起而攻之就是最佳選擇，張顥的下場可想而知；第二是楊行密之妻、楊渥之母史氏的「敕」，不管這是否爲史氏手書，但是其激切的辭旨，確實感動了現場的諸位將領，即使張顥一意孤行，受到敕書感動的諸將當不會坐視不管，張顥顯然不能再有所動作；最後，也就是最重要的，則是嚴可求的機智策劃和無畏姿態，關鍵時刻，正是嚴可求通過上述兩個理由當面沮折張顥，使得張顥的心思隱忍不敢發。

如果說嚴可求只是氣折了張顥的話，那麼他所眞正顧忌的則是同掌衙軍的徐溫。作爲揚州城內唯一可依靠的軍事力量，左、右衙軍是張顥能夠殺害楊渥的關鍵，但畢竟分屬兩人指揮。如果徐溫不同意自己的進一步動作，除掉眼中釘就是張顥最後的選擇了：

> 顥由此與溫有隙，諷隆演出溫潤州。可求謂溫曰：「今合衙兵而出外郡，禍行至矣。」溫患之，可求因說顥曰：「公與徐溫同受顧託，議者謂公奪其衙兵，是將殺之於外，信乎？」顥曰：「事已行矣，安可止乎？」可求曰：「甚易也。」明日，從顥與諸將造溫，可求陽責溫曰：「古人不忘一飯之恩，況公楊氏三世之將，今幼嗣新立，多事之時，乃求居外以苟安乎？」溫亦陽謝曰：「公等見留，不願去也。」由是不行。行軍副使李承嗣與張顥善，覺可求有附溫意，諷顥使客夜刺殺之，客刺可求不能中。〔註54〕

這裡包含了兩個事情，第一是張顥打算以新君楊隆演的名義讓徐溫出鎮潤州，這樣不但左、右衙軍都可以歸他管，亦可控制整個揚州城。只是，這件事還是在嚴可求的智謀下圓滿解決了。第二是張顥通過前兩件事更加意識到嚴可求的立場是在徐溫一邊的，於是派刺客除掉嚴可求。而嚴可求卻奇蹟般地躲過了刺殺，保住了性命。〔註55〕

張顥在殺害楊渥之後的三次主動奪權行爲，發生在五月八日至十七日之間，但是都沒有成功，最終被徐溫加害。如果要找原因，則是他早年反覆的

〔註54〕《新五代史》卷六一〈吳世家〉，第 754 頁；亦見《資治通鑑》卷二六六，梁太祖開平二年五月條，第 8698～8699 頁，但沒有提到李承嗣勸張顥派刺客之事。

〔註55〕《資治通鑑》卷二六六，梁太祖開平二年五月條，第 8699 頁。

投敵行為養成了他行事過份小心謹慎，顧慮太多，以致於影響到了對最佳時機的把握，最終丟命。

在張顥殺人及隨後被人殺之後，最終受益者乃是徐溫。從此，左、右衙最高指揮權都歸在了徐溫的手中，所謂「（楊）隆演以（徐）溫為左、右牙都指揮使，軍府事咸取決焉」〔註56〕。但是左、右衙分開的體制仍然存在，鍾泰章就因為幫助徐溫殺張顥之功，而被「遷檢校尚書、左僕射、左衙副指揮使」。〔註57〕

張顥的失敗，是楊吳政權激烈蛻變的體現。左、右衙指揮權的合二為一隻是開端，真正的蛻變發生在徐溫主政時期。

三、徐溫之興：楊吳政權後期政治特點的確立

吳天祐五年（908）五月十七日，淮南右衙指揮使徐溫殺左衙指揮使張顥，從而攫取了這個藩鎮霸府的事實上的權力。自此之後，以徐氏家族為主體的強勢權力與以楊氏家族為主體的弱勢權力並存於楊吳政權高層，這種罕見的「二元政治」一直延續到天祚三年（937）吳唐禪代，存在近三十年整〔註58〕。作為楊吳政權後期政治特點，不得不對徐溫如何從小人物成長為大人物進行一番研究，以揭示這一足以影響後世數十年的歷史現象。

（一）不以武顯

相對於張顥之「驍勇」〔註59〕，徐溫同樣身為北方人〔註60〕，專長卻不

〔註56〕《資治通鑑》卷二六六，梁太祖開平二年五月條，第8700頁。
〔註57〕《九國志》卷二〈鍾泰章傳〉，第3248頁。由於最高指揮權在徐溫那裏，所以只是副職。另外，《九國志》卷二〈劉權傳〉載：「渭開國，以權侍衛勤肅，授左衙副校、檢校右僕射。從周本攻蘇州，回，授右衙列校。」第3255頁。也可以證明左、右衙的並存。
〔註58〕後期楊吳政權最明顯的特點，就是所謂「二元政治」。如果以張顥與徐溫為一個統一權力體的話，這種統治從張顥殺楊渥之後就開始存在了。但為了區別張顥與徐溫同時存在時雙方權力來源的不同，故以徐溫合併左右衙權力後的時間，為「二元政治」存在的階段。這種統治，從徐溫延續到其養子徐知誥，一直到徐知誥於天祚三年行禪代之禮，共存在了大約三十年。若以黃永年（1925～2007）《六至九世紀中國政治史》（上海書店出版社，2004年）第六章中所設定「李武政權」的「以李氏居虛名，以武氏掌實權」（第196頁）之情況相比附，則可以暫且稱之為「楊徐政權」，以楊氏居虛名，以徐氏掌實權。詳見本章第三節。
〔註59〕《資治通鑑》卷二五九，唐昭宗景福二年四月條，第8444頁。

在武藝方面。因此，對於徐溫的評價，不能簡單地停留在武將層面。筆者先羅列關於徐溫早年性格的幾種記錄：

1、少以販鹽爲盜，行密起合淝，隸帳下。行密所與起事劉威、陶雅之徒，號「三十六英雄」，獨溫未嘗有戰功。〔註61〕

2、初從淮南節度使楊行密起兵於廬州，漸至軍校。〔註62〕

3、少無賴，入群盜中，以販鹽爲事。中和二年，行密起合淝，遂隸帳下，爲伍長。常從行密征討，先登陷陣，敵人畏之。及平秦彥，虜趙鍠，敗孫儒，溫皆有功，奏授衙內右直都將、左長劍都虞候。〔註63〕

4、剛毅寡言，罕與人交，眾中凜然可畏，目爲「徐嗔」。吳武王時，淮南勁兵數萬，號「黑雲長劍」，義祖爲其禆將。〔註64〕

5、剛毅寡言，罕與人交，眾中凜然可畏，目爲「徐瞋」。會唐末大亂，販鹽爲盜，從吳武王楊行密起合淝。勁兵數萬，號其軍爲「黑雲長劍」，所與舉事者，劉威、陶雅之徒，號「三十六英雄」，獨溫未嘗有戰功。〔註65〕

綜合這五種記錄，可知的徐溫早年經歷及其性格如下：

首先，從「販鹽爲盜」，「入群盜中，以販鹽爲事」，「販鹽爲盜」來看，鹽販子兼盜賊的身份是可以肯定的。這種活躍於海濱地區的鹽販，一定程度上是被排除在唐王朝行政體制，以及經濟體制之外的。〔註66〕生在唐末戰亂之中，家鄉又是濱海的海州，對於徐溫來說，成爲鹽盜是一種謀生的出路。

其次，關於徐溫的性格，兩條相同的記載，謂「剛毅寡言，罕與人交，眾中凜然可畏，目爲『徐瞋』〔註67〕」。作爲一個社會底層人物，如果不和其

〔註60〕參見本書第二章。

〔註61〕《新五代史》卷六一〈吳世家·徐溫〉，第760頁。

〔註62〕《舊五代史》卷一三四〈李昇傳〉，第1784頁。

〔註63〕《九國志》卷三〈徐溫傳〉，第3265頁。

〔註64〕《江南別錄》「義祖徐氏」條，第5131頁。

〔註65〕馬令：《南唐書》卷八〈徐宣祖傳〉，第5316頁。

〔註66〕關於晚唐鹽盜的形成，參見寧欣（1953～）：〈唐朝的「江賊」與「江路」〉，《中國史研究》1996年第3期，第110～115頁，收入氏著《唐史識見錄》，北京：商務印書館，2009年，第200～210頁。

〔註67〕《江南別錄》之「徐嗔」和馬令《南唐書》之「徐瞋」，原文皆如此。查《康熙字典》（上海：漢語大詞典出版社，2002年）丑集上〈口部〉「嗔」字條引《廣韻》曰：「本作瞋，怒也。」（第130頁）可作解。

他社會底層人物打成一片的話，就會顯得格格不入。徐溫這種「剛毅寡言」的性格，在其他人看來，是很不合群的，這就是爲什麼他「罕與人交」的原因。盜賊集團中的人物，如果不合群，就會被其他人孤立並且受到攻擊。這樣考慮，便可理解徐溫爲什麼退出鹽盜行列，加入楊行密的軍隊。

再次，作爲一支想在亂世中混水摸魚的獨立武裝，楊行密自從起事之初，就擁有了廬州這個根據地〔註 68〕。當時，楊行密作爲唐王朝行政體制中的廬州刺史，對於身處盜賊中的徐溫自然更有吸引力。至於徐溫是不是所謂「三十六英雄」之一，則由於徐溫後來的顯貴，而使得很多史料的眞實性下降，在這裡討論顯然無意義。〔註 69〕對於上文第 3 條材料，即《九國志》所云「常從行密征討，先登陷陣，敵人畏之」這句話，也應重新審視。徐溫能夠考慮到身處群盜之中的危險，那麼對「先登陷陣」這種隨時會喪命的行爲，其態度可想而知。如此，「獨溫未嘗有戰功」這句話的含義便可明瞭，投身楊行密軍中的徐溫對於自身前途的計劃，也能略知一二。

（二）專以智取

進入了楊行密軍隊的徐溫，由於「罕與人交」的性格特徵，以及善於揣摩人心的處世原則〔註 70〕，其待遇自然不能和其他出生入死的武將相比。然而旁觀者的冷靜姿態，卻使其在許多行爲中，處事得體，從而贏得了應有的地位。史籍所載徐溫第一次處事得體發生在龍紀元年（889）楊行密攻破宣州之時：

> 行密入宣州，諸將爭取金帛，徐溫獨據米囷，爲粥以食餓者。
>
> 〔註 71〕

徐溫在此處又一次顯示出了不合群，這和劉邦（前 256～前 195）入關中，蕭何（前 257～前 193）獨取天下圖籍如出一轍，兩人所考慮的都是長遠的利益。胡三省注「徐溫之遠略已見於此矣」即因此而發。

〔註 68〕《資治通鑑》卷二五五，唐僖宗中和三年三月條，第 8290 頁。

〔註 69〕承陳磊師兄點撥，他認爲徐溫投靠楊行密並非一個人，也許是帶了許多人馬，即徐溫之所以有其地位，是因爲其所帶人馬壯大了楊行密的隊伍。筆者對此存疑，雖然陳師兄所說好比《水滸傳》裏某山寨頭領帶領手下將校投奔梁山，但是沒有進一步的史料來證明這一點。

〔註 70〕《新五代史》卷六一〈徐溫傳〉曰：「溫亦自喜爲智詐，尤得吳人之心。」第 761 頁。

〔註 71〕《資治通鑑》卷二五八，唐昭宗龍紀元年六月條，第 8388 頁。

　　另外，徐溫此時在楊行密軍中的任職，也有必要做一說明，因爲這是他能夠利用自身的許可權爲自己謀取利益的基礎。前文關於徐溫出身的第 3 條材料，雖然部分字句值得探討，但是對其在軍中經歷的描述還是可信的。這條材料在揭示徐溫參加歷次軍事行動之餘，最後提到「奏授衙內右直都將、左長劍都虞候」，可見徐溫早在景福元年（892）破孫儒後不久，就已經側身衙內軍。〔註 72〕當然，由於徐溫本人不以武顯的緣故，他所居的只是「都虞候」之類低於都知兵馬使的武職。〔註 73〕乾寧二年（895），徐溫「又從平濠、泗有功，授隨身都知兵馬使、檢校工部尚書」〔註 74〕，所謂「隨身」，是指其職責爲跟隨在藩帥左右以護衛安全，而都知兵馬使則已經是統軍之將〔註 75〕的資歷了。

　　因此，在以後的軍事行動中，徐溫的智謀運用得更加如魚得水：

　　　　楊行密發兵討朱全忠，……軍吏欲以巨艦運糧，都知兵馬使徐溫曰：「運路久不行，葭葦堙塞，請用小艇，庶幾易通。」軍至宿州，會久雨，重載不能進，士有饑色，而小艇先至，行密由是奇溫，始與議軍事。〔註 76〕

這是天復二年（902）的事情。在這裡徐溫不僅得到了楊行密的賛賞，更從此開始參預軍事的出謀劃策了，並且直接受命出征：

〔註 72〕　這條材料也可以作爲楊吳政權左、右衙軍起源的證據之一，但是由於不能得知徐溫受任此職的確切年月，只能暫存之。雖然說，如果以破孫儒之年繫之，要比景福二年（893），「遷（李神福）左衙都校」早一年。

〔註 73〕　藩鎮僚屬中的「都虞候」一職，可參見嚴耕望（1916～1996）：〈唐代方鎮使府僚佐考〉，收入氏著《嚴耕望史學論文集》，上海：上海古籍出版社，2009年，第 406～452 頁；張國剛（1956～）：〈唐代藩鎮軍將職級考〉，收入氏著《唐代政治制度研究論集》，臺北：文津出版社，1994 年，第 157～174 頁。

〔註 74〕　《九國志》卷三〈徐溫傳〉，第 3265 頁。

〔註 75〕　都知兵馬使的職權範圍相當於五代時期普遍存在的都指揮使，參見伊藤宏明：〈唐五代の都將に関する覚書〉（上），《名古屋大学文学部研究論集》，第113 號，1992 年 3 月，第 301～323 頁；杜文玉師：〈晚唐五代都指揮使考〉，《學術界》，1995 年第 1 期，第 32～38 頁，收入氏著《中國中古政治與社會史論稿》，西安：三秦出版社，2010 年，第 24～34 頁。也有學者從歸義軍的個案中得出了此軍職在晚唐五代完成了從都知兵馬使到都指揮使轉變這一結論，參見榮新江（1960～）：〈唐五代歸義軍武職軍將考〉，收入《中國唐史學會論文集》，西安：三秦出版社，1993 年，第 76～87 頁；收入氏著《敦煌學新論》，蘭州：甘肅教育出版社，2002 年，第 52～64 頁。

〔註 76〕　《資治通鑑》卷二六三，唐昭宗天復二年六月條，第 8577 頁。

討安仁義於京口，諸軍頻戰不勝，（楊）行密遣（徐）溫率兵援
之。溫至城下，盡易新製衣服旗幟，悉用舊者。仁義不知，如常而
陣，溫乃麾軍奮擊，遂敗之。〔註77〕

這是天復三年（903）的事情。如果說這些還僅僅是徐溫個人的謀略，那嚴可
求的加盟可畏如虎添翼了。《新五代史‧徐溫傳》云：

及行密欲殺朱延壽等，溫用其客嚴可求謀，教行密陽爲目疾，
事成，以功遷右衛指揮使，始預謀議。〔註78〕

又據《九國志‧徐溫傳》：

朱延壽入覲，行密聞其來，慮有內應，召溫歸，陰爲之備。既
殺延壽，營中軍亂，溫奮劍大呼，斬其首惡者，部分遂定。既誅三
叛，以功授尚書右僕射、廬州長使，隨授右衛都指揮使。〔註79〕

可見，嚴可求最遲在天復三年（903）已經進入徐溫門下，專門爲徐溫出謀劃
策。重要的是，「以功遷右衛指揮使，始預謀議」，這比之前的「始與議軍事」
無疑是進了一大步。

（三）終以巧勝

從楊行密病重並預感到大限之期不遠之時，到徐溫最終取張顥而代之的
四五年時間裏，楊渥與張顥的一舉一動，皆在徐溫視線之內，並通過謀士如
嚴可求的輔助，在楊渥擴張勢力以及張顥預謀自立的關鍵時刻，處處占盡先
機。在前文，筆者已經分別對楊渥和張顥的行爲進行了大致敘述，故而此處
以徐溫的角度看其運用權謀之巧。

首先是對在楊渥出鎮之前對其信任的爭取：

天祐二年，行密疾病，渥出鎮宣城。將行，溫謂渥曰：「公有病，
而令嫡嗣出外，必姦臣爲之，不可不防。他日有徵召，非王令某手
書，非某之使，幸勿應命也！」渥泣謝而行。〔註80〕

〔註77〕《九國志》卷三〈徐溫傳〉，第 3265～3266 頁。

〔註78〕《新五代史》卷六一〈徐溫傳〉，第 760 頁。

〔註79〕《九國志》卷三〈徐溫傳〉，第 3266 頁。

〔註80〕《九國志》卷三〈徐溫傳〉，第 3266 頁。對於徐溫所說之詞，《資治通鑑》卷
二六五，唐昭宣帝天祐元年八月條爲「王寢疾而嫡嗣出藩，此必姦臣之謀。
他日相召，非溫使者及王令書，慎無遽來！」第 8636 頁。與《九國志》同，
兩者都提到了徐溫使者與楊行密之令同時才能應召。而《新五代史》卷六一
〈吳世家〉記載爲「今王有疾而出嫡嗣，必有姦臣之謀，若它日召子，非溫

此處「天祚二年」當爲天祐元年（904）之誤。筆者以爲，徐溫之所以如此，是看出了楊行密培養接班人的行爲。但是，楊行密不想讓楊渥提前知道已經屬意於他，就連楊渥自己也認爲在父親生病期間把長子往外派是對他不重視。如此，徐溫就有了上述的話語，以所謂的「姦臣」之辭爲託口，轉而贏得楊渥的信任。從而，在周隱舉薦劉威的情況下，與張顥共同堅定了楊行密的決心，從宣州召回了楊渥。

其次，是當張顥謀殺楊渥之時，避免了右衙士兵參與弒逆行爲：

> 初，溫與顥謀弒威王，溫曰：「參用左、右牙兵，心必不一；不若獨用吾兵。」顥不可，溫曰：「然則獨用公兵。」顥從之。至是，窮治逆黨，皆左牙兵也，由是人以溫爲實不知謀也。〔註81〕

這裡是《資治通鑑》在徐溫已經殺了張顥之後的追敘之辭，以此表明徐溫的先見之明，且確實如此。徐溫假意提出單獨用自己的右衙兵，張顥在拒絕了這個要求後，自然只能單獨用自己的左衙兵。此時，無論是徐溫還是嚴可求，都已經認識到，先發制人是必然的選擇。徐溫殺張顥勢在必行，但又不能明目張膽，畢竟兩人分掌左、右衙兵，如果公開矛盾，影響的不僅是個人生死，更是政權穩定與否。故而只有找人刺殺張顥，方能不動聲色：

> 天祐五年，張顥弒渥，將出徐溫守潤州，以圖自立。溫與嚴可求謀，非泰章不可除顥。泰章知之，因選士三十人，夜集軍舍。椎牛享之，刺血而飲，以爲誓。溫謂曰：「吾有老母，不若且止。」泰章曰：「斯事一言既出，寧可中輟耶！」明日，泰章與姚克贍，

使者愼無應命」（第 752 頁），則忽略了楊行密的令書，必有誤。只是《新唐書》卷一八八〈楊行密傳〉云：「始，渥守宣州，押牙徐溫、王令謀約渥曰：『王且疾，而君出外，此殆姦人計。它日有召，非我二人勿應也。』」第 5460 頁。以楊行密之令爲押牙王令謀，不知何故，且存疑。何永成認爲徐溫此事爲其掌權後「無德史官僞造以取寵於徐氏者，必非實錄」，因爲在此前後沒有證據表明楊行密「寢疾」，見何永成：〈楊行密傳位研究〉，第 554 頁。無論眞實性如何，也不排除徐溫有此預先準備之意象。

〔註81〕《資治通鑑》卷二六六，梁太祖開平二年五月條，第 8700 頁。對於此事，《五國故事》卷上「僞吳楊氏」條云：「初，溫之與顥同謀害渥，實戊辰歲夏六月也。議既定，其夕將暝，顥已先入。而溫使告顥曰：『今非番直，不欲俱入。』慮其謀漏泄，請顥獨訖其事，然後見報。顥諾之，其夕既殺渥，遂召溫。溫乃詣城門大哭曰：『張顥弒逆，殺害老令公郎君矣！』軍衆皆爲之哭，其夕遂殺顥，立楊渭，渭以溫兼左右軍政焉。」第 3181 頁。雖然此處繫時有誤，且楊渥、張顥並非死於同一天，但對徐溫心計的刻畫非常成功。

殺顥於衙堂。遷檢校尚書、左僕射、左衙副指揮使。〔註82〕

為了保證刺殺行動能夠快速順利進行，徐溫欲揚先抑地激起了鍾泰章的決心，於是第二天便殺了張顥。

縱觀徐溫三次行爲，都有一個特點，就是預先爲之謀。這也是他能夠從長遠考慮的一個表現，在此後專掌楊吳政權的過程中，雖然這種品質時好時壞。但在這四五年的時間內，不是楊渥或者張顥，而是徐溫最終贏得了先機，從而改變了楊吳政權權力結構。

小　結

對於本節的三位主要人物，筆者先畫出下面這個簡單的示意圖：

圖 1.1：楊渥、張顥、徐溫關係示意圖

在楊渥看來，張顥與徐溫既是他能夠登上權力之位的功臣，又是掌握牙軍對他造成潛在威脅的眼中釘；在張顥和徐溫看來，楊渥是能力不足，易於掌控，但又年輕衝動，疑忌心很大的新君主。兩種看法之間的衝突結果，便是張顥與徐溫殺楊渥，立楊隆演。楊渥的遇害，是對自己能力的認識不足。

在張顥看來，徐溫是沒有功名，只知明哲保身，但又是實現自身野心一大障礙的人；而在徐溫看來，張顥是多年跌宕，急於實現個人野心，但又行事猶豫的人。張顥的失敗，是對對手力量的估計失誤。徐溫的勝利，則是其對自己認識，以及對對手估計的成功。

本節以楊渥爲主線從其成長到死亡，以張顥爲支線從其起家到失敗，以徐溫爲支線從其發跡到勝利。三個不同出身的人物，先圍繞著年暮的楊行密而展開，在楊行密死後數年之內互爲交織，從而極大改變了整個楊吳政權的走向。

〔註82〕《九國志》卷二〈鍾泰章傳〉，第 3248 頁。

第二節　朱瑾之變與權臣家族的興起

　　天祐十五年（918）夏，在楊吳政權首府揚州發生了一場政變。政變的發起者是當時的「平盧節度使、同平章事、諸道副都統」朱瑾（867～918）；犧牲者為「內外馬步都軍使、昌化節度使、同平章事」〔註83〕的徐知訓（？～918）。然而，「鷸蚌相爭，漁翁得利」，發起者最終也成為犧牲者。對於政變的記載，無論是官方的正史，還是民間的野史，生動的細節描寫雖然給還原當時情況提供了極大的便利，諸書作者基於立場和角度所引起的差異敘述，又讓人無法確定哪種記錄才是歷史真實。然而揭示這場政變所反映出的楊吳政權內部各個勢力群體之間的權力鬥爭，才是意義所在。

　　今人對於這場政變的觀察，單獨的個案研究並不存在，僅作為吳唐禪代〔註84〕的一部分而被粗略提及。曾嚴爽《南唐先主李昪研究》一書稍微詳細，然而分析較少。〔註85〕因此，本節的任務在於，首先盡可能地利用相關史料，大致還原政變過程；其次，逐個揭示政變參與者的個人背景及心理活動，並對諸多歷史細節的可能性進行探討，對朱瑾變亂的前前後後進行分析，從而窺得918年前後楊吳政權的一個剖面。

一、政變大致過程

　　一場政變，定有它的前因和後果，前者包含了其產生的可能性政治環境，後者包含了其對政局產生的實際影響。而對於這場頗有戲劇性的政變來說，首要任務是將其直接過程敘述清楚，以得出直觀的感受。然後再整理其前因與後果。

　　政變發生在楊吳政權的首府揚州城內〔註86〕，主要人物有三：上文已提

〔註83〕《資治通鑑》卷二七〇，梁末帝貞明四年六月條，第8827～8828頁。
〔註84〕吳唐禪代嚴格來說是指「吳齊禪代」，即天祚三年（937）徐誥（此年三月由徐知誥改名為徐誥）接受吳讓皇楊溥（901～938）的禪讓，在金陵建立大齊王朝這一政治性儀式。然而，可以從楊吳政權時期楊行密死後，徐溫的一系列謀權活動開始，到昪元三年（939）已改名為李昪的徐知誥正式建立南唐為止，把這三十多年時間視為一個整體的「吳唐禪代」時間段。具體參見本章第三節。
〔註85〕曾嚴爽：《南唐先主李昪研究》，第39～43頁。
〔註86〕朱瑾殺徐知訓於家中，朱瑾自殺於楊隆演府邸之中，不過鑑於這兩者都在揚州城內，揚州城的大範圍對政變的影響很小；且兩處宅邸在揚州城內的地理方位，以及相距里數，尚無確切概念，所以筆者暫時忽略地理因素的探討。

及之朱瑾與徐知訓，和當時在位的吳宣王楊隆演（908～920年在位）。朱瑾是唐乾寧四年（897）兵敗南投當時吳王楊行密的泰寧軍節度使（886～897年在任），曾經隨楊行密參與了著名的清口之戰。至政變當年，已經在吳國待了二十一年。徐知訓是當時吳國權臣、天祐十四年（917）出鎮金陵遙控政局的徐溫長子，天祐十二年（915）被其父親安排在吳王身邊輔政，一則監控吳王，二來鍛鍊行政能力。〔註87〕

（一）朱瑾殺徐知訓的原因

朱瑾殺徐知訓是政變的大致呈現，其原因，按照《舊五代史》：「徐溫父子恃寵專政，慮瑾不附己，貞明四年六月，出瑾為淮寧軍節度使。」〔註88〕但這種記載頗為模糊。《九國志・朱瑾傳》云：

> （楊）渭將開國，知訓患瑾位加於己，請以泗州建靜淮軍，出瑾為節度。先是，瑾因朔望，令女妓通候問於知訓。知訓淫縱，強欲私之，瑾心已不平。〔註89〕

以此可知，朱瑾與徐知訓有兩個衝突：一是徐知訓認為朱瑾的功勳比自己大，從而顧慮在楊隆演正式建立吳國時自己的地位不如朱瑾；二是徐知訓個人作風問題，無禮於朱瑾的女妓。其中前者是徐知訓對朱瑾的疏遠行為，後者是朱瑾對徐知訓的防範行為，兩者相加，導致衝突的升級。〔註90〕對於後者，當時另一種史書《五國故事》的記載頗有不同，但更為詳細。〔註91〕

另外，龍袞《江南野史》說到：

關於吳・南唐政權統治下的揚州城，參見陳雙印：〈五代時期的揚州城考〉，《中國歷史地理論叢》，2005年第3期，第101～108頁；張可輝：〈敦煌寫本《諸山聖蹟志》所載揚州城考補〉，《敦煌學輯刊》，2006年第2期，第153～157頁；陳雙印、張郁萍：〈揚州城「四面十八門」再考辨〉，《敦煌研究》，2008年第5期，第64～68頁；劉妍：《隋—宋揚州城防若干復原問題探討》，東南大學碩士論文，2009年，第15～16頁；余國江：〈唐末五代時期的揚州述略〉，揚州博物館編《江淮文化論叢》，北京：文物出版社，2011年，第128～135頁。

〔註87〕 關於徐知訓及東海徐氏家族，見本書第二章第一節。

〔註88〕 《舊五代史》卷一三〈朱瑾傳〉，第172頁。

〔註89〕 《九國志》卷二〈朱瑾傳〉，第3250頁。

〔註90〕 《資治通鑑》卷二七○，梁末帝貞明四年六月條，第8828頁；《新五代史》卷四二〈朱瑾傳〉，第451頁。

〔註91〕 《五國故事》卷上「僞吳楊氏」條，第3181頁。

　　　　未逾期而知訓爲大將朱瑾所殺。初知訓秉政，朝廷譽之爲「昌

　　華相公」，因是輕肆驕傲，辟命卿將，鎮戍藩翰，多所不道，瑾頗御

　　之。〔註92〕

可見，徐知訓對朱瑾還有另一層防範，即在朱瑾的監督下，他不能爲所欲爲。

　　陳彭年《江南別錄》提供了其他信息：

　　　　初，學兵於朱瑾，瑾悉心教之。後與瑾有隙，夜遣壯士殺瑾，

　　瑾手刃數人，埋於舍後。〔註93〕

也就是說，在朱瑾殺徐知訓之前，徐知訓已經預謀殺朱瑾，並且付諸行動，只是沒有成功。這樣，上面三種衝突的升級導致了徐知訓的率先動手，而事情沒有成功，更加強化了朱瑾的過激行爲。

　　又據《新五代史・朱瑾傳》，朱瑾「屢勸隆演誅徐氏，以去國患，隆演不能爲」，筆者以爲，促使朱瑾下定決心親自動手的直接原因，正是楊隆演的無所作爲。

（二）朱瑾殺徐知訓的過程

　　有如此想法，沒有機會也不行。而徐知訓出朱瑾爲靜淮軍節度使〔註94〕，就是一個機會。現在根據史料，以三個小的時間點分解這個過程如下：

〔註92〕 龍袞：《江南野史》卷一〈先主〉，《五代史書彙編》第九冊，第 5154～5155
　　　　頁。「昌華相公」含義不詳，疑即徐知訓所任「昌化節度使」之「昌化」，即
　　　　「昌化相公」之訛。

〔註93〕 《江南別錄》「義祖徐氏」條，第 5132 頁。與此相同的還有馬令《南唐書》
　　　　卷八〈徐知訓傳〉（第 5319 頁），並且點出了徐知訓與朱瑾「有隙」的原因，
　　　　是徐知訓向朱瑾求馬，而朱瑾不與。

〔註94〕 諸書皆認爲徐知訓出朱瑾去外藩爲節帥，朱瑾因此作亂，唯此外藩的名稱互
　　　　異。《舊五代史》卷一三〈朱瑾傳〉作「淮寧軍」（第 172 頁）；《九國志》卷
　　　　二〈朱瑾傳〉作「靜淮軍」，並指名以泗州爲節鎮（第 3250 頁）；《江南別錄》
　　　　「義祖徐氏」條則直接作「出鎮泗州」（第 5132 頁）；《五國故事》卷上「僞
　　　　吳楊氏」條作「出瑾爲歷陽」（第 3181 頁），歷陽爲和州，在長江北岸；《新
　　　　五代史》卷四二〈朱瑾傳〉則稱爲「以泗州建靜淮軍，出瑾爲節度使」（第 451
　　　　頁）；《資治通鑑》卷二七○，梁末帝貞明四年六月條也作「置靜淮軍於泗州，
　　　　出瑾爲靜淮節度使」（第 8828 頁）；馬令《南唐書》卷八〈徐知訓傳〉作「靜
　　　　淮節度使」（第 5319 頁）。其中，大部分都以「靜淮軍」爲準，並且是在泗州
　　　　建鎮的，筆者亦贊成此說。對於「淮寧軍」，朱玉龍《五代十國方鎮年表》（北
　　　　京：中華書局，1997 年）「泗州」條云：「又，《舊史・朱瑾傳》作『淮寧軍』，
　　　　名與諸書皆異，豈史避宋翼祖諱而改『靜』爲『寧』耶！」（第 654 頁）

　　首先，是徐知訓諷勸吳宣王楊隆演出朱瑾爲靜淮軍節度使後，出於禮節，在自己府中宴請朱瑾。即《舊五代史・朱瑾傳》所云「貞明四年六月，……知訓設家宴以餞瑾」〔註95〕，《九國志・朱瑾傳》亦云：「會知訓夜張祖筵，瑾中宵先起」〔註96〕，也就是《新五代史・朱瑾傳》所謂「將行，召之夜飲」〔註97〕。這三條史料表明，後梁貞明四年（918）六月，即天祐十五年夏天，徐知訓在家中爲朱瑾設夜宴餞行，並且，朱瑾亦出於防範而中途退席。

　　然後，朱瑾在夜宴之後的第二天早上，到徐知訓府上表達昨晚宴請的謝意。《舊五代史・朱瑾傳》載：

　　　　翌日，詣知訓第謝，留門久之，知訓家僮私謂瑾曰：「政事相公此夕在白牡丹妓院，侍者無得往。」瑾謂典謁曰：「吾不奈朝饑，且歸。」既而知訓聞之，愕然曰：「晚當過瑾。」瑾厚備供帳。〔註98〕

也就是說，前日晚間徐知訓送走朱瑾後，並沒有馬上結束自己的放縱生活，所以第二天早上不可能出門與朱瑾相見。而朱瑾也因爲早飯沒吃而回家了。但是，徐知訓對朱瑾來訪這一事情，還是知道的，並且打算晚上回拜。《九國志・朱瑾傳》亦謂：「詰旦，度知訓酒方困，復留刺以去。」〔註99〕然而，這卻讓朱瑾有時間回家準備。

　　當天晚上，徐知訓前往朱瑾家中，其名義是赴朱瑾宴請，以及兌現朱瑾向徐知訓承諾的獻馬一事。〔註100〕由於事後當事人都已經非正常死亡〔註101〕，筆者只能根據各種記載推比當晚大致的過程：

　　朱瑾迎徐知訓進內室，置酒開宴，一邊讓寵姬勸其喝酒，一邊答應要送馬給他。等到酒過三巡，徐知訓已經醉意朦朧時，又請妻子陶氏（或姚氏、

〔註95〕　《舊五代史》卷一三〈朱瑾傳〉，第172～173頁。

〔註96〕　《九國志》卷二〈朱瑾傳〉，第3250頁。

〔註97〕　《新五代史》卷四二〈朱瑾傳〉，第451頁。

〔註98〕　《舊五代史》卷一三〈朱瑾傳〉，第173頁。

〔註99〕　《九國志》卷二〈朱瑾傳〉，第3250頁。

〔註100〕馬令《南唐書》卷八〈徐知訓傳〉云：「瑾詣知訓別，且願獻前馬。」（第5319頁）則徐知訓急於前往朱瑾家，是爲了得到朱瑾寶馬。聯繫到馬書前文已提及的，徐知訓與朱瑾交惡的時候，求朱瑾寶馬而不成，則徐知訓確實有此意。何況，《舊五代史》卷一三〈朱瑾傳〉云：「瑾有所乘名馬，冬以錦帳貯之，夏以羅幬護之。」（第173頁）以如此愛馬之人，打算把馬送給自己，徐知訓如何不喜？反之，以如此愛馬之人，怎麼可能輕易送馬於人呢？此可推知徐知訓急於前往朱瑾家，確是愛馬之甚，一時衝動的行爲。

〔註101〕《新五代史》卷四二〈朱瑾傳〉謂「族瑾家」（第451頁），則朱瑾全族被誅。

桃氏）〔註102〕出見，徐知訓出於禮貌，當然要給陶氏還禮。於是，在其答拜時，朱瑾用笏之類的手板，應該是從身後狠狠打擊了徐知訓的脖子。脖子上的脊椎是人的軟肋，而且徐知訓此時已經醉得失去重心，無力還擊，加上朱瑾預先埋伏的壯士得到命令出來幫忙，最後人頭落地！〔註103〕

在此之前，朱瑾已在家中安排好了一切有利於動手的局面。爲了能夠順利地把徐知訓請到內室，借著夏天的條件，在外廳以降溫的名義灑滿水，使外廳無法駐足便只能進內室〔註104〕；又爲了加害時，聲音不會傳到外面，先在庭院內廊廡下栓上兩匹烈馬，動手時使其嘶鳴。〔註105〕

（三）朱瑾被迫自殺

朱瑾在自己家中殺害徐知訓後，割下其頭，出示門外等候的徐知訓部下。於是，「知訓從人數百，瑾扼臂叱之，俱辟易散去」〔註106〕。然後，朱瑾策馬前往吳王宮。

朱瑾被迫自殺的過程，根據《資治通鑑》記載：

> 瑾馳入府，以首示吳王曰：「僕已爲大王除害。」王懼，以衣障面，走入內，曰：「舅自爲之，我不敢知！」瑾曰：「婢子不足與成大事！」以知訓首擊柱，挺劍將出，子城使翟虔等已闔府門勒兵討

〔註102〕朱瑾之妻姓氏記載各異，《資治通鑑》卷二七〇，梁末帝貞明四年六月條胡三省注曰：「路振《九國志》，瑾妻陶氏，雅之女也。」（第8828頁）但《九國志》卷二〈朱瑾傳〉僅曰「妻陶氏」，而無「雅之女也」。《舊五代史》卷一三〈朱瑾傳〉曰「愛妓桃氏有絕色，善歌舞」（第173頁）。《五國故事》卷上「僞吳楊氏」條曰「愛姬姚氏」（第3181頁）。對此，劉剛等人據胡注將朱瑾之妻坐實爲陶雅之女，見劉剛（1984～）、池軍（1968～）、薛炳宏（1968～）：〈江蘇揚州楊吳李娀墓的考古發掘及出土墓誌研究——兼及徐鉉撰《唐故泰州刺史陶公墓誌銘》〉，《東南文化》，2016年第3期，第64頁。不過並無直接材料說明朱瑾妻（愛妓、愛姬）爲朱瑾同輩人陶雅之女；即便朱瑾妻（愛妓、愛姬）爲陶雅之女，也不可能據《新五代史》卷四二〈朱瑾傳〉所載，在朱瑾死後「欣然就戮」（第451頁）。此外，桃氏、姚氏亦可兩存之。
〔註103〕此爲行文方便，各種史料見：《舊五代史》卷一三〈朱瑾傳〉，第173頁；《九國志》卷二〈朱瑾傳〉，第3250頁；《江南別錄》「義祖徐氏」條，第5132頁；《五國故事》卷上「僞吳楊氏」條，第3181頁；《新五代史》卷四二〈朱瑾傳〉，第451頁；《資治通鑑》卷二七〇，梁末帝貞明四年六月條，第8828頁；馬令《南唐書》卷八〈徐知訓傳〉，第5319頁。
〔註104〕《五國故事》卷上「僞吳楊氏」條，第3181頁。
〔註105〕《九國志》卷二〈朱瑾傳〉，第3250頁；《新五代史》卷四二〈朱瑾傳〉，第451頁；《資治通鑑》卷二七〇，梁末帝貞明四年六月條，第8828～8829頁。
〔註106〕《九國志》卷二〈朱瑾傳〉，第3250頁。

之，乃自後踰城，墜而折足，顧追者曰：「吾爲萬人除害，以一身任
患。」遂自刭。〔註107〕

除此之外，尚有十種大同小異的史料記載。根據《九國志·朱瑾傳》，以及同
書《翟虔傳》，朱瑾騎著徐知訓的馬，乘衙城衛兵倉卒之時，突入府中。而在
與楊隆演交涉的過程中，根據《江南別錄》，楊隆演雖然也似乎有意與朱瑾聯
手，但是考慮到徐溫手握重兵在上游金陵，朱瑾只是孤身一人，所以沒有接
受其勸說。最後，按照《舊五代史·朱瑾傳》，則朱瑾雖然踰城傷足，但依舊
想尋找馬匹突出重圍，不果之後才自刭而死。〔註108〕

至此，這場政變的主體過程已經結束。下文，筆者將分析政變主體人物
的心理，即找出他們各自面對政變之心態。首先要展開的是上述政變主體過
程中，三位首要人物──朱瑾、徐知訓、楊隆演──的性格分析，即試圖找
出導致政變發生的原因。

二、徐知訓、朱瑾、楊隆演各自心態及互動

這場政變，看似突發，卻是長期以來楊吳政權上層各種勢力鬥爭的結果。
如果以參預政變本身三個人物的背景來看，徐知訓是新貴人物，朱瑾是楊行
密舊將集團中不滿足於現狀的邊緣人物，而楊隆演則是楊吳統治階層中在兩
者之間來回依附之人的代表。下面，筆者試圖以「瞭解之同情」分析各自的
立場，並揭示他們行爲的動機。

（一）「隻手遮天」的徐知訓

徐知訓是徐溫親長子，雖然徐溫武藝在楊行密眾多優秀將領中一點也不
突出，但畢竟也是所謂「三十六英雄」之一。徐知訓卻不像其他將領子孫一
樣隨父征戰，或者加入衙軍〔註109〕，馬令《南唐書·徐知訓傳》謂：「少學兵

〔註107〕《資治通鑑》卷二七〇，梁末帝貞明四年六月條，第8829頁。
〔註108〕十種記載分見：《新五代史》卷四二〈朱瑾傳〉，第451頁；同書卷六一〈吳
世家〉，第756頁；《舊五代史》卷一三〈朱瑾傳〉，第173頁；《九國志》卷
二〈朱瑾傳〉，第3250頁；《九國志》卷二〈翟虔傳〉，第3251頁；《江南別
錄》「義祖徐氏」條，第5132頁；《五國故事》卷上「僞吳楊氏」條，第3181
頁；《江南野史》卷一〈先主〉，第5155頁；陶岳（？～1022）《五代史補》，
《五代史書彙編》第五冊，第2479頁；馬令《南唐書》卷八〈徐知訓傳〉，
第5319頁。
〔註109〕楊行密元從功臣的子孫，長年隨父征戰沙場，大多子承父職。或代父節鎮，
如濠州刺史劉金祖孫三代鎮守其地；或進入親軍行列，如劉信之子彥英。皆

法，不能竟，尤喜劍士角抵之戲。」〔註110〕也許徐溫本身在武藝上的不出色，以及身為右衙指揮使的特殊地位，使得徐知訓養成了紈绔子弟的性格。

出於對自身地位的自負，導致了徐知訓對楊隆演的輕蔑，破壞了自身形象。這一切都體現在史書中各種版本他戲弄楊隆演的故事裏。姑舉例言之：

> 徐氏之專政也，隆演幼懦，不能自持，而知訓尤凌侮之。嘗飲酒樓上，命優人高貴卿侍酒，知訓為參軍，隆演鶉衣髽髻為蒼鶻。知訓嘗使酒罵坐，語侵隆演，隆演愧恥涕泣，而知訓愈辱之。左右扶隆演起去，知訓殺吏一人，乃止。吳人皆反目。〔註111〕

徐知訓以此來戲弄楊隆演，不僅是對吳王不敬，而且間接影響到了其父親形象，因為正是徐溫扶持楊隆演為吳王的。如果說徐溫遙鎮金陵是為了避免國人說他蓄謀篡權，那麼徐知訓對吳王的侮辱行為則是對自己父親的反辱。

徐知訓不僅侮辱吳王是其不成熟的表現，與人相處更不理智。當時，徐溫養子徐知誥正在潤州任上。促使他來到這個地方，是他在之前的昇州任上治績太突出了，以至於徐溫親自移鎮昇州，改為金陵。〔註112〕於是，對自己地位穩定性的懷疑，即個人政治能力的不自信，導致了徐知訓在徐知誥面前的自卑心理。又數次通過邀請徐知誥赴宴而企圖加害之，這種例子因為徐知誥後來是南唐皇帝而更加多。姑亦舉例言之：

> 昇事徐溫甚孝謹，溫嘗罵其諸子不如昇，諸子頗不能容，而知訓尤甚，嘗召昇飲酒，伏劍士欲害之，行酒吏刁彥能覺之，酒至昇，以手爪掐之，昇悟起走，乃免。後昇自潤州入覲，知訓與飲於山光寺，又欲害之，徐知諫以其謀告昇，昇起遁去。知訓以劍授刁彥能，使追殺之，及於中途而還，紿以不及，由是得免。〔註113〕

三次預謀，雖沒有成功，但徐知訓的陰暗心理可見一斑，甚至連其親弟徐知諫都看不下去。與朱瑾同樣是楊行密元從的李德誠，也是無可奈何，史謂：

參見各自《九國志》本傳，只有少數從事文職，如李德誠之子李建勳，以金陵巡官起家，後貴為南唐宰相。參見馬令：《南唐書》卷一○〈李建勳傳〉，第5328頁。
〔註110〕馬令：《南唐書》卷八〈徐知訓傳〉，第5319頁。
〔註111〕《新五代史》卷六一〈吳世家〉，第756頁。
〔註112〕《資治通鑑》卷二六九，梁末帝貞明三年五月條，第8815頁。
〔註113〕《新五代史》卷六二〈南唐世家〉，第766頁。

李德誠有女樂數十人，遣使求之。德誠報曰：「此等皆有所主，
又且年長，不足以接貴人。俟求少妙者進之。」知訓對德誠使者曰：
「吾殺德誠，並其妻取之，亦易耳！」〔註114〕

無怪乎朱瑾會發動政變了。

因此，同樣的思路，徐知訓才會與朱瑾之流產生矛盾，並招致朱瑾嫉恨。
而他對名貴如寶馬之類近乎偏執的佔有欲，更加速了他的敗亡。

（二）「替天行道」的朱瑾

朱瑾，宋州下邑人，史稱其「雄武倜儻，有吞噬四方之志」，明顯是北方
武人性格。光啓二年（886），年甫二十就計取兗州，隨後被任命為泰寧軍節
度使，可謂少年英雄。〔註115〕筆者以為，朱瑾發動政變，具備了三個因素，
分析如次：

首先，做為一個曾經的節帥，在其南投後，沒有被楊行密完全信任。乾
寧四年（897），朱瑾遭到中原強藩朱溫進攻，不得已南投楊行密，時年三十
一歲，正是精力旺盛的時候。楊行密也非常信任地讓他參加針對朱梁的戰役，
如清口之戰（897）、呂梁之役（899）〔註116〕，但僅此而已。從楊行密在朱瑾
來歸後一兩年內即讓他作戰來看，一定程度上利用了其對朱溫的報仇心理。
因此，當朱溫再也不南下進攻時，朱瑾的功用也就發揮殆盡了。且對於楊行
密來說，朱瑾畢竟不是從起於合淝的元從，何況曾經還雄踞一方貴為節帥。

即使天復二年（902）朱瑾曾經被任命為平盧節度使，也不過是遙領。天
復三年，楊行密「承制加朱瑾東面諸道行營副都統、同平章事」〔註117〕，則
是名義上的尊崇，實同閒職。此時朱瑾不過三十七歲。

直到徐溫控制楊吳政權後，出於拉攏需要，朱瑾才重新以武將的身份被
起用。天祐十年（913），隨從徐溫破梁將王景仁；天祐十一年，救徐州之圍。
〔註118〕然而政變發生那年，他已經五十二歲，在楊吳政權裏二十多年的壓抑

〔註114〕《江南別錄》「義祖徐氏」條，第5132頁。
〔註115〕《九國志》卷二〈朱瑾傳〉，第3248頁。
〔註116〕對於清口之戰，參見張金銑（1965～）、趙建玲（1966～）：〈唐末清口之戰及
　　　　其歷史地位〉，《安徽大學學報》，2000年第1期，第74～78頁。呂梁戰役規
　　　　模較小，參見《資治通鑑》卷二六一，唐昭宗光化二年正月條，第8522頁。
〔註117〕《資治通鑑》卷二六三，唐昭宗天復三年正月條，第8600頁。
〔註118〕破王景仁之戰參見《資治通鑑》卷二六九，梁末帝乾化三年十二月條，第8779
　　　　～8780頁；救徐州之戰參見《舊五代史》卷一三〈蔣殷傳〉，第183頁。

生活，突然因為被任命為所謂的靜淮軍節度使而要改變。這到底是好事，還是壞事呢？還要看一下做為武將的朱瑾，基於此的心理狀態。

在南投之前的朱瑾，其武將行為自然非常濃厚，但南投之後如何延續卻是一個問題。天祐五年（908），權臣張顥欲發動政變，取楊氏而代之，卻受挫於書生嚴可求。當時朱瑾也在場，經過呂梁戰役後將近十年的養尊處優，武人性格業已消磨殆盡，而嚴可求的行為則無疑是對他自身的極大諷刺。據載：

> 既罷，副都統朱瑾詣可求所居，曰：「瑾年十六七即橫戈躍馬，衝犯大敵，未嘗畏懾，今日對顥，不覺流汗，公面折之如無人；乃知瑾匹夫之勇，不及公遠矣。」因以兄事之。〔註119〕

在強悍的張顥面前，一文一武表現如此不同，在場的朱瑾無疑受到巨大刺激。但此時只是內心暫時激動，還找不到能使他的激情重新被點燃的導火索。

之後的潁州之役（917），則讓人看出了一些肇端：

> 潁川之役，（劉權）授行營都虞候。時徐知訓為帥，而軍政皆委朱瑾。梁將袁象先帥部騎救潁，瑾晨興望西北皆昏黑，知梁兵將至。召權與議，值天大寒，權幅巾錦袍而至。瑾問曰：「爾何職？」曰：「行營都虞候。」瑾曰：「是職也，動必為諸軍見。今氛興西北，陰靈閒大，此梁人至矣。爾司斥候，尚為此服，且軍禮何在？」叱左右執之就戮。知訓徒跣而往救之，僅免。時梁祖兵已至，戰少不利，乃引還。〔註120〕

作為行營將領，對部下特別是身具特殊職務人員的嚴格要求，是朱瑾的清醒識見。徐知訓當時雖為帥，軍政都由朱瑾主持，後者理應有權處置部下，卻被徐知訓救下。這不僅是將領之間的矛盾，更體現出各自身份對比，以及心理性格的矛盾。這只是矛盾的開始，之前對朱瑾與徐知訓矛盾的描寫，才是正面衝突。

最後分析朱瑾的權謀。雖說朱瑾是武人，但是如果要進行政變，時機的出現和對時機的把握同樣重要。在把握時機之後，如何做出對自己有效的號召，更可看出其權謀。而他的號召，就是在殺害了徐知訓，去見吳王的時候，說出的「為國去賊，為民除害」這句話〔註121〕。其中包含了楊氏不振和徐氏弄權

〔註119〕《資治通鑑》卷二六六，梁太祖開平二年五月條，第8697～8698頁。
〔註120〕《九國志》卷二〈劉權傳〉，第3255頁。
〔註121〕馬令：《南唐書》卷八〈徐知訓傳〉，第5319頁。

兩層含義，也點出了他具有忠義觀念：對吳王的「忠」和除掉徐知訓的「義」。當然，不能說朱瑾具備了如此高的道德水準，只是在當時情況下，想要脅迫吳王爲己所用，或者說讓世人都認可自己，不拿出一些冠冕堂皇的理由是不行的。

於是，在潛藏權力欲的驅使下，出於對自己壓抑心理的發洩，朱瑾打出忠義的旗號，開始「替天行道」。

（三）「無力迴天」的楊隆演

楊隆演（897～920）是楊行密次子、楊渥繼任，處在被徐知訓輕易侮弄，卻被朱瑾寄予希望的位置。政變當時，年僅二十一。

楊隆演與徐知訓一樣，身爲武將之子，卻不諳武藝，甚至暗懦；身爲創業君主之子，卻不懂政治，家國爲他人所左右。作爲一個父親舊將都在外鎮的君主，他身邊甚至沒有一個忠於自己的可以信任的人物。他的悲劇也許有兩種根源：

一是兄長楊渥過於高調的行爲引發的被兩位權臣殺害，使得他有了心理上的陰影。天祐五年（908），楊渥遇害，楊隆演以次得立。時年僅十二歲，目睹宮廷政變，自己又身在其他人覬覦的位置上，可知其幼小心靈受傷害之程度。不久，張顥與徐溫發生衝突，徐溫殺張顥。從楊行密的壯年身死，到徐溫掌權，僅僅三年，就發生了三次大的變故。史謂：

> 明日，鍾章殺（張）顥，（徐）溫因盡殺紀祥等，歸弒渥之罪於
> 顥，以其事入白渥母史氏。史悸而泣曰：「吾兒年幼，禍亂若此，得
> 保百口以歸合淝，公之惠也。」〔註122〕

楊行密夫人史氏，身爲婦人，出於對年幼兒子的照顧，想要歸合淝過安定日子，是很正常的心理。這種心理通過母親身份向未成年人灌輸，對他的成熟極爲不利。

二是楊行密過早的去世，以及兄長楊渥隨後被弒，使得楊隆演沒有機會親自出鎮外藩以增長才幹。天祐二年（905），楊行密以五十四歲壯齡去世，留下六子。如果再長壽一些，楊行密也許會考慮讓兒子們出鎮外藩，確實長子楊渥也在他去世前出鎮宣州〔註123〕，但於事無補。如果楊渥在位時間長一

〔註122〕《新五代史》卷六一〈吳世家‧徐溫〉，第760頁。
〔註123〕天祐元年（904）八月，楊渥出鎮宣州，時年十九歲；天祐二年十一月，即遇到楊行密的死訊，匆匆回揚州即位。總計在宣州獨當一面的時間不過一年有餘，對於其政治才能的增長實在無補。

點，等到楊隆演長大，此時出鎮也不晚。而偏偏楊渥也遇害，那麼楊隆演就不得不繼任了，這種過早的政治生涯，導致了其個人成長的不規律性，因此在很多時候，楊隆演不懂得如何作爲一個君主來給自己定位。

在這場政變之前，還有一次小小的事故：

> （天祐）十三年（916），宿衛將李球、馬謙挾隆演登樓，取庫兵以誅知訓，陣於門橋。知訓與戰，頻卻，朱瑾適自外來，以一騎前視其陣，曰：「此不足爲也。」因反顧..麾，外兵爭進，遂斬球、謙，而亂兵皆潰。〔註124〕

故事背景與朱瑾之變的背景一致，即徐知訓的驕橫引起了一些人不滿，他們打算借楊隆演名義除掉徐知訓。在這裡，朱瑾尚且扮演著平亂的角色，而徐知訓表現出來的依舊是拙劣的辦事能力。最無力的便是楊隆演了。當知道了楊隆演在此時面對政變的態度後，也就可以預測朱瑾之變中他會有什麼反應了。

小結之，從隻手遮天的徐知訓，到替天行道的朱瑾，最後是無力迴天的楊隆演，三個人的命運截然不同。三個人不同的成長經歷，不同的身份定格，決定了他們不同的處世原則。而這場政變，恰恰是這三個不同的人所參預的同一件事情，事情起因、過程、結果似乎都已經被參預者心態所決定。然而，果眞如此嗎？政變到此結束了麼？

三、徐知誥和徐溫的心態及各自對政變的處理

雖然徐知訓已經被朱瑾殺死，楊隆演也沒有支持朱瑾作亂。但是，政變不是三個人的事情，當它發生那一刻，就注定了其牽涉面廣泛。對政變處理分爲兩個階段：第一是徐知誥聞變後率先進入揚州安定人心，第二是徐溫隨後入城進行人事調整〔註125〕。筆者試圖在分析兩人心理的同時，對政變的處理進行敘述，以省卻多餘筆墨。

〔註124〕《新五代史》卷六一〈吳世家〉，第755～756頁。

〔註125〕《資治通鑑》卷二七〇，梁末帝貞明四年七月條〈考異〉云：「按《十國紀年》，六月乙卯，知訓被殺。至此四十四日，吳之政事必有所出。蓋知誥至廣陵即代知訓執吳政，至此方除官耳。」（第8831頁）七月是徐溫進入揚州的時間，而政變發生在六月，且政變發生之後不久，徐知誥就已經進入揚州平亂。因此，對政變的處理當有兩個階段。

（一）「心比天高」的徐知誥

徐知誥（889～943）〔註126〕作爲徐溫養子，時任潤州刺史。潤州踞揚州一江之隔，對他來說，政變是一個機遇，他自身所具備的優點剛好被完全發揮出來了，以至於政變最後的贏家不是朱瑾，更不是楊隆演，而是徐知誥。筆者試圖從徐知誥成長過程中的三個階段，來分析他的心理特徵，以及由此決定的對政變的處理。

首先，徐知誥童年流離的經歷，也許他那一代〔註127〕都曾經有過，但是對於他來說，卻使其具備了愛民恤寒的本性。大量史書出於徐知誥後來成爲南唐先主的追溯，對此多有記載。但大都以其幼年的經歷來解釋其成年以及稱帝後勤儉樸素的爲政風格和不興兵戈的當國理念，較少提及這段經歷對其以何種心理看待他人如徐知訓的影響。〔註128〕

筆者認爲，徐知誥幼年的經歷，是他對徐知訓紈綺子弟性格以及欺壓弱小思想產生一種反感心理的原因。這種反感，是出自天性的，不僅對徐知訓如此，其他將領的殘民行爲，如盧州張崇、壽州鍾泰章等，徐知誥都看不慣。〔註129〕因此，對徐知訓的被殺，他能迅速抓住機遇平定，一定程度上是這種心理的反應。

而且，他對楊隆演的尊重，也未必出於假意。史載：

> 知誥既代知訓，以厚重清儉，鎮撫時俗，頗革知訓之道矣。徐
溫嘗入覲，知誥密聞於楊氏曰：「溫雖臣之父，忠孝有素，而節鎮入

〔註126〕李昇的生年爲文德元年十二月二日，當在西曆889年1月7日，前此諸論著所寫888年誤。參見魏良弢（1933～）：〈南唐先主李昇評說〉，《南京大學學報》，2002年第1期，第105～114頁。

〔註127〕筆者曾以人物出生年代來解讀五代歷史，因爲五代各割據的開創者生年均在九世紀五六十年代，這一代人左右了五代初全國局勢；而他們的下一代基本出生於八九十年代，這些人則左右了五代中期的全國局勢；第三代人出生於十世紀一二十年代，在這些人活躍的時候則結束了五代的局面。當然，具體細節有待展開。身爲第二代的徐知誥，幼年所經歷的，正是黃巢之亂結束後，天下群雄割據的時期。

〔註128〕關於其幼年經歷，見曾嚴奭：《南唐先主李昇研究》，第29～44頁。

〔註129〕《九國志》卷一〈張崇傳〉（第3234頁）對張崇在盧州的暴政有詳細的描述，而《資治通鑑》卷二七一，梁末帝貞明六年（920）正月條則指出了徐知誥對張崇的不滿（第8853頁）。《九國志》卷二〈鍾泰章傳〉對鍾泰章在壽州的行爲有敘述（第3248頁），而《資治通鑑》卷二七二，唐莊宗同光元年（923）十月條則指出了徐知誥對鍾泰章的不滿（第8903頁）。這兩件事都距政變發生時間不遠，其時徐知誥也沒有完全掌握楊吳的權力。

觀，無以兵仗自從之例，請以臣父爲始。」乃命溫悉去兵仗而入。
〔註130〕

這段史料提示有兩點，一是對徐知訓爲政之道的變革，二是對楊氏地位的尊重，這些跟他的童年經歷分不開。

第二是他少年成長的經歷。作爲徐溫唯一的養子，徐知誥在楊吳政權內部沒有可以同病相憐的朋友。〔註131〕與徐知誥最親近的人，恐怕只有徐溫夫婦：

> 烈祖奉義祖以孝聞。嘗從義祖征伐，有不如意，杖而逐之。及歸，拜迎門外，義祖驚曰：「爾在此邪？」烈祖泣曰：「爲人子者，捨父母何適？父怒而歸母，子之常也！」義祖由是益憐惜。〔註132〕

這與其說是徐知誥的孝行，不如說是徐知誥在以養子身份竭力博取徐溫同情。出於對自己身份地位的不滿足，以反常行爲來取得別人認可，這是徐知誥的眞實想法，也同樣得到了徐夫人的好感。〔註133〕

與此伴隨而來的是徐溫親子的排擠，以及反過來更加孤獨的陰暗心理。說陰暗，是因爲其對徐知訓罪證的偽造：

〔註130〕《五國故事》卷上「僞吳楊氏」條，第3182頁。

〔註131〕當時楊吳政權內部，除了徐溫收養徐知誥之外，沒有其他義養現象，這在義養成風的五代是一個異常現象。對於這時期全國義養之風的論述，可參考末富康二：〈人倫諸關係より見たる五代史の考察──特に養子に就いて〉，廣島文理科大學東洋史學科卒業論文，1936年（筆者未見）；栗原益男（1918～2000）：〈唐五代の仮父子的結合の性格──主として藩帥的支配權力との關連において〉，《史学雜志》，第62卷第6號，1953年，第514～543頁，收入氏著《唐宋變革期の國家と社會》，東京：汲古書院，2014年，第159～192頁；栗原益男：〈唐末五代の仮父子的結合における姓名と年齡〉，《東洋学報》，第38卷第4號，1956年3月，第61～88頁，收入氏著《唐宋變革期の國家と社會》，第193～222頁；傅衣凌（1911～1988）：〈晚唐五代義兒考──中國封建社會結構試論之一〉，《廈門大學學報》（哲學社會科學版），1981年增刊，第7～14頁；戴顯群（1949～）：〈唐五代假子制度的類型及其相關的問題〉，《福建師範大學學報》（哲學社會科學版），2000年第3期，第105～110頁；趙榮織：〈五代義兒與社會政治〉，《新疆師範大學學報》（哲學社會科學版），2004年第2期，第131～135頁。

〔註132〕《江南別錄》「烈祖」條，第5134頁。

〔註133〕在數年之後，徐溫重新想啓用自己親子徐知詢代替徐知誥輔政時，徐溫妻子陳夫人出於對徐知誥的喜愛而表示反對。見《江南別錄》「義祖徐氏」條，第5133頁。

及敗，知訓宅上有土室，封固甚固。烈祖請義祖開視，其中絹
圖義祖之形，而身荷五木，烈祖及諸弟執縛如就刑之狀，已被兗冕，
南面視朝。義祖唾曰：「狗死遲矣！」烈祖因疏其罪惡事，怒遂少解，
死者猶數家。〔註134〕

這個土室「封固甚固」，而徐知誥卻有先見之明似的請徐溫開視，恰恰裏面還
是最能說明徐知訓罪惡的東西，這就不得不讓人懷疑其真實性，以及徐知誥
預先為之的可能性。

最後，則是徐知誥青年的政治行為。二十五歲時因隨從柴再用（864～935）
平定李遇（？～912）之亂於宣州而出鎮昇州，使得他的行政能力得到成熟，
更重要的是，周圍聚集了一批飽學才幹之士：

徐知誥以功遷昇州刺史，……時諸州長吏多武夫，專以軍旅為
務，不恤民事；（徐）知誥在昇州，獨選用廉吏，修明政教，招延四
方士大夫，傾家貲無所愛。洪州進士宋齊丘，好縱橫之術，謁知誥，
知誥奇之，辟為推官，與判官王令謀、參軍王翃專主謀議，以牙吏
馬仁裕、周宗、曹悰為腹心。〔註135〕

關於這類記載還有很多，茲不贅述。而其反映出的知誥用人心理，值得重視。
這些人不僅幫徐知誥治理昇州，贏得了讚譽，在政變發生時更出了大力。徐
溫移鎮金陵，改徐知誥為潤州時，徐知誥開始心許宣州，正是宋齊丘（887～
959）一言定議。〔註136〕在潤州，徐知誥的政治野心開始暴露。當政變消息傳
出揚州城時，駐守蒜山的馬仁裕（880～942）首先得報〔註137〕，直接告訴徐
知誥，贏得了處理政變的先機。

以此可知，徐知誥從亂離的童年，到壓抑的少年，再到狂野的青年，一
步步成長，通過政變這個跳板，假他人之手，償自己之願。

（二）「聽天由命」的徐溫

徐溫（862～927），身兼多種形象，政變發生當年五十七歲，與朱瑾處於
同一個年齡段。同樣是北方武將〔註138〕，但不同的成長經歷和遭遇，卻使人
生道路完全不同。

〔註134〕《江南別錄》「烈祖」條，第5134頁。
〔註135〕《資治通鑑》卷二六八，梁太祖乾化二年五月條，第8757頁。
〔註136〕宋齊丘所言，以史溫《釣磯立談》（《五代史書彙編》第九冊）「自楊氏奄有江
　　　　淮」條最為詳細，第5033頁。
〔註137〕馬令：《南唐書》卷一一〈馬仁裕傳〉，第5337頁。
〔註138〕徐溫是東海胸山人，從地理上來看屬於北方武將。

先來看他作為武將以及舊臣的身份。徐溫因為沒有重大軍功而在眾將面前自卑，加上其本身「罕與人交」的性格〔註 139〕，使得他處理問題時謹小慎微。如果說當初跟隨楊行密攻克宣州時獨守糧倉僅僅是開始〔註 140〕，那麼後來的一次則是他被楊行密器重的原因：

> 天復二年（902），昭宗徵兵入援，行密將復之。議以戰艦運糧，
> 溫曰：「此水入吳，舟楫不敢南行。岸谷既變，葭葦且深，必不繼矣。」
> 遂令以小艦易之。師次宿州，重載不能進，士卒甚饑。惟小艇先至，
> 一軍賴之，行密嘉之。由是參預謀議。〔註 141〕

這件事不僅反映了他縝密心思，而且也因此博得了楊行密喜愛，從此參預謀議，擺脫了作為元從而不受重用的尷尬。

對比他兒子徐知訓，父子兩人性格截然相反。徐溫對徐知訓行為的不滿，不僅體現了他務在博取民心以準備篡權的動機；就父子關係來說，對如此不肖的兒子他也不滿意。

其次，身為權臣以及新貴，他又因為除掉了對手張顥並確立了楊隆演的地位而自負。這種自負是一種政治抱負，是對權力的欲望，不會因徐知訓的死亡以及徐知誥的養子身份而改變。在政變發生後的第二個月，即七月份，他才進入廣陵處理後事，這不僅是對徐知誥的信任，也是對自己能夠控制局面的自信：

> 吳徐溫入朝於廣陵，疑諸將皆預朱瑾之謀，欲大行誅戮。徐知
> 誥、嚴可求具陳徐知訓過惡，所以致禍之由，溫怒稍解，乃命斂瑾
> 骨於雷塘而葬之，責知訓將佐不能匡救，皆抵罪；獨刁彥能屢有諫
> 書，溫賞之。戊戌，以知誥為淮南節度行軍副使、內外馬步都軍副
> 使、通判府事，兼江州團練使。以徐知諫權潤州團練事。溫還鎮金
> 陵，總吳朝大綱，自餘庶政，皆決於知誥。〔註 142〕

由此可知他對政變的處理有兩個重點：一是對從舊將的懷疑導致欲排除異己〔註 143〕，一是繼續讓兒子輔政以架空楊氏〔註 144〕。這兩點，都是為了自己篡國。

〔註 139〕《江南別錄》「義祖徐氏」條，第 5131 頁。
〔註 140〕《新五代史》卷六一〈徐溫傳〉，第 761 頁。
〔註 141〕《九國志》卷三〈徐溫傳〉，第 3265 頁。
〔註 142〕《資治通鑑》卷二七〇，梁末帝貞明四年七月條，第 8831 頁。
〔註 143〕比如對米志誠的殺害，見《九國志》卷二〈米志誠傳〉，第 3251 頁。米志誠是沙陀人，是和朱瑾一樣的處於邊緣地位的北方南投武將，由於他們的同類安仁義叛亂在先，所以處境並不理想。參見本書第三章。
〔註 144〕《資治通鑑》卷二七〇，梁末帝貞明四年六月條，第 8829 頁。

以上是他作爲人臣的心理，而作爲徐知訓的生父，以及作爲徐知誥的養父，上述心理作用又被削弱了。對他來說，治家是治國的前提，因此首先要處理好家庭內部關係，否則其他一切行爲都不可能實現。

作爲徐知訓的生父，他對徐知訓的理想寄託是很明顯的，當年讓徐知訓輔政揚州，就是對其培養的開始。又讓徐知訓向朱瑾學習兵法，以及跟隨朱瑾進攻潁州，都是這種心理的體現。然而，事情發展卻不盡人意。這次政變發生，就是對徐溫最大的打擊。

由於史料所限，筆者無法得知徐溫與其子之間直接的情感交流，上文所引「狗死遲矣」一句，則是徐溫對徐知訓由極度期望到極度失望的最好心理體現。〔註 145〕

對徐知訓的失望，又在徐知誥的成熟中得到了彌補，這是徐溫作爲徐知誥養父的一種兩難心理。養子畢竟也是兒子，當時情況下，徐溫其他兒子還未成熟，徐知誥是唯一的選擇。只是，從他對徐知誥的謀臣宋齊丘的防範中可以看出，其心理障礙還是存在的。〔註 146〕

這場政變，徐溫不是最終受益者，而且從始至終，他都是被動地接受事實。從徐知訓的被殺，到徐知誥的率先得報進廣陵平亂，以及接受徐知誥強加於徐知訓頭上的一些罪名，最後不得不繼續讓徐知誥輔政。因此，對於徐溫來說，「聽天由命」也許是最好的概括。

小　結

一場主要關係到五個人的政變，五個心態各異的人，通過上文的分析，可以大致演繹出如下圖所示的等邊三角形關係：

〔註 145〕雖然這句話的眞實性值得懷疑，但不可否認徐溫對徐知訓是極度失望的。上文所引《資治通鑑》卷二七〇，梁末帝貞明四年七月條謂：「責知訓將佐不能匡救，皆抵罪。」（第 8831 頁）表明了他對徐知訓是很期望的，既然徐知訓死了，只能歸罪於其將佐以洩憤。

〔註 146〕參見王安春：《宋齊丘評傳》，江西師範大學碩士論文，2002 年，第 11 頁。

圖1.2：朱瑾事件人物關係示意圖

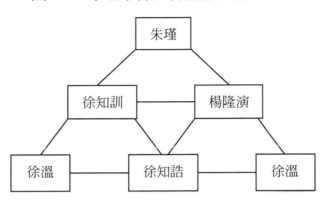

附註：一，圖中上三人，即朱瑾、徐知訓、楊隆演是參預政變主體過程三個關鍵人物；
二，圖中下二人，即徐溫和徐知誥，是對政變進行前後兩期處理的關鍵人物；
三，對於徐溫來說，分成兩個放在底角上，則是出於徐溫本身複雜人際關係的
需要；四，圖中沒有直接聯繫的，是朱瑾與徐溫，以及朱瑾與徐知誥，這是針
對這場政變本身來說的。

圖中包含有四個三角關係，以及八個直線關係。下面根據這四個三角關
係以及八個直線關係對政變加以總結：

第一個三角關係，即朱瑾、徐知訓、楊隆演，包含有三個直線關係：朱
瑾與徐知訓、朱瑾與楊隆演、徐知訓與楊隆演。在朱瑾與徐知訓之間，是徐
知訓對朱瑾的排擠以及朱瑾對徐知訓的厭惡；在朱瑾與楊隆演之間，是朱瑾
對楊隆演的期待以及楊隆演對朱瑾這種期待的迴避；在徐知訓與楊隆演之
間，是徐知訓對楊隆演的侮辱以及楊隆演對徐知訓的驚懼。因此，三者形成
一個三角關係，導致了政變的發生以及政變的最終走向。

第二個三角關係，即徐知訓、楊隆演、徐知誥，包含有三個直線關係：
徐知訓與楊隆演、徐知訓與徐知誥、楊隆演與徐知誥。徐知訓與楊隆演已提
及；在徐知訓與徐知誥之間，是徐知訓對徐知誥的仇恨以及徐知誥對徐知訓
的嫉妒；在楊隆演與徐知誥之間，是楊隆演對徐知誥的信任以及徐知誥對楊
隆演的尊崇。因此，三者形成另一個三角關係，導致了政變處理過程中第一
期的順利進行。

第三個三角關係，即徐知訓、徐溫、徐知誥，包含有二個直線關係：徐
知訓與徐溫、徐知訓與徐知誥、徐溫與徐知誥。在徐知訓與徐溫之間，是徐
知訓對徐溫的叛逆以及徐溫對徐知訓的無奈；徐知訓與徐知誥已提及；在徐

溫與徐知誥之間，是徐溫對徐知誥的懷疑以及徐知誥對徐溫的依附。因此，三者形成又一個三角關係，導致了政變處理過程中第二期的順利進行。

最後的三角關係，即楊隆演、徐知誥、徐溫，包含有三個直線關係：楊隆演與徐知誥、楊隆演與徐溫、徐知誥與徐溫。楊隆演與徐知誥已提及；在楊隆演與徐溫之間，是兩者的互相利用；徐知誥與徐溫已提及。因此，三者形成最後一個三角關係，這是三個政變幸存者的關係。是政變處理結束後，楊吳政權重新穩定的三對互相利用的關係，是政變的大三角形蛻變之後的小三角形。

從第一個三角關係，到最後一個三角關係，就成為這場政變的全部。即天祐十五年前後，楊吳政治生活的斷面。

第三節　吳唐禪代與家族政治

吳唐禪代是指晚唐五代南方楊吳政權經過徐溫、徐知誥專權之後，最終被徐知誥以禪讓的方式轉變成南唐政權的過程。以往對於吳唐禪代的研究，或依附於研究南唐的專著〔註147〕和研究楊吳的學位論文〔註148〕，或從各自角度對進行探討〔註149〕，雖然有助於認識吳唐禪代，但討論基本陷於各自為政

〔註147〕任爽在其《南唐史》第一章第二節〈內謀其家〉（第 12～24 頁）中，從僑寓人士與土著將領之間的矛盾來解釋政權的演變。在第三節〈外謀其國〉（第 24～38 頁）中以域觀念來解釋李昇最終的成功。鄒勁風在其《南唐國史》第二章第二節〈楊吳政權的嬗變〉（第 41～57 頁）中，從追述「南唐前史」的角度重點突出了徐溫的貢獻，和徐溫對權力的孜孜以求。同時，第三章第一節〈李昇受禪與南唐建立〉（第 57～74 頁），也以南唐為出發點來看李昇在楊吳時期的活動。杜文玉師在其《南唐史略》第一章第二節〈吳和南唐的嬗替〉（第 19～29 頁）中，分別從徐溫和李昇的角度來敘述他們各自的權力上升過程，並認為在兩者之間的交替過程中，有其偶然性的因素。在何劍明《沉浮：一江春水——李氏南唐國史論稿》第一章〈國主論〉之〈吳主論〉（第 1～16頁）是基於為全書所要重點敘述的南唐做鋪墊，〈先主論〉（第 16～31 頁）關注了南唐開國君主李昇如何從一個養子成長為開國君主。

〔註148〕丁貞權《五代時期的楊吳政權》重點並非針對吳唐禪代，故失之簡略。

〔註149〕卞孝萱〈五代時期南唐代吳的研究——兼評李煜詞討論集中的一個有關的歷史論點〉，《學術論壇》，1957 年第 3 期，第 30～34 頁；任爽：〈吳唐禪代發微〉，《求是學刊》，1986 年第 4 期，第 107～111 頁；梁勵（1956～）：〈南唐建國史略〉，《歷史教學》，1997 年第 9 期，第 46～48 頁。卞文探討了徐溫與李昇如何在緩和階級矛盾的前提下篡吳的過程；任文從地主階級地域集團之間進行角逐的角度，認為「江南地方勢力的迅速發展及其取代淮南地方勢力的統治，乃是吳唐禪代實質性的內容」；梁文從南唐建國史的角度按時間順序

的局面。久保有道首次針對吳唐禪代從「集團構成」的角度對從楊行密到徐知誥（李昪）的權力變遷進行了研究，似亦未涉及軍政中心的轉變。〔註150〕基於此，筆者不憚淺陋，試圖在前人基礎上充分挖掘史料，從家族政治的演進角度，特別是對吳唐禪代過程中所體現的「二元政治」〔註151〕的揭示，重新梳理吳唐禪代歷程，使讀者能在大時代關照下，於此有清晰的瞭解。

一、權臣專政：徐溫對「另立中央」的防與建

天祐五年（908）五月十七日，淮南右衙指揮使徐溫刺殺左衙指揮使張顥，從此確立其在藩鎮內部的專政地位。十五年（918）七月二十七日，徐溫養子徐知誥取得坐鎮於昇州的徐溫之認可，開始在揚州（今江蘇揚州）輔政吳王，此後徐溫的權力有所旁落。在這十年之間，徐溫為鞏固其第一號權臣地位並謀求取吳王而代之，可謂費盡心機。特別是通過「另立中央」來轉移楊氏權力，即在首都揚州之外，再形成一個勢均力敵的政治軍事中心；然後，通過對後者的經營，逐步把前者的軍政大權移入後者，最終實現篡權。為此，徐溫首先得防止其他自立勢力。

進行了簡略的敘述。三文中，以下文最為翔實，並且早已指出徐氏父子與楊吳將領之間的矛盾以及徐氏親子與養子之間的矛盾對吳唐禪代的重要影響，而任、梁二文似皆未參考之；又以任文對地域集團的分析最有新意，而梁文亦未參考之。另外，梁勵在另一篇論文中點名了徐知誥篡吳的三個關鍵點：第一、借楊氏地位升級來提高自己權勢；第二、營建和擴充自己勢力範圍遙秉吳政；第三、通過「禪讓」的合法形式獲取政權。見梁勵：〈李昪與南唐政局述論〉，《徐州師範大學學報》，2003年第3期，第78～81頁。但梁勵並未對徐溫的情況作出應有分析，且此文對前人成果稍欠尊重。

〔註150〕久保有道：〈吳と南唐政權の集團構成について（修士論文要旨）〉，《龍谷大學大學院文學研究科紀要》，第22號，2000年，第283～287頁。然未見論文原文。

〔註151〕唐宋之際，在中國南方地區的楊吳、王閩、馬楚這三個政權的發展過程中，都出現了基於不同地域的二元政治局面。比如：楊吳政權揚州和昇州（金陵）；王閩政權福州和建州；馬楚政權潭州和朗州。此外，前蜀、後蜀政權的西川、東川，吳越政權的杭州、越州，以及交趾地區半獨立階段交州、愛州兩大勢力，也有類似現象。亦即在一個政權內，出現了位於不同地域的兩個政治軍事中心；這兩者之間存在一種對立，甚至對抗的關係；最終，兩者通過不同方式回歸到一元軍政中心，或者導致政權分裂。這種現象，既不同於唐代兩都制，新出現的軍政中心也不能簡單地以魏晉南北朝時期的霸府來類比，故筆者曾概括為「軍政中心地域二元」。不過這種地域二元現象也只是一種簡單的歸納，尚待進一步思考。

（一）對潛在的軍政中心的防止

楊行密時期的楊吳政權，是一個以武將為重要支撐的藩鎮。對於徐溫來說，左、右衙的作用僅限於掌握藩政並對楊氏的繼承權問題進行插手，想要取得更大權勢，不得不正視跟隨楊行密起兵淮南的「三十六英雄」，雖然他本人也屬於這個群體。亦即，必須防止在揚州之外出現一股足以與揚州相抗衡的勢力。

楊吳政權境內的重要軍事力量對中央權威的挑戰行為早已出現在楊行密晚年，如壽州刺史朱延壽（870～903）、宣州節度使田頵（858～903）、潤州刺史安仁義（？～905）皆曾舉州反叛〔註152〕，不過都被鎮壓了，並沒有發展成為二元政治的可能性。不過，這並不表明可以忽略地方勢力的發展。因此，當徐溫以居中輔政的權臣身份出現時，此種地方大員的向背不得不考慮。先來看當時各地鎮守將領的政治態度：

表 1.2：徐溫執政初期地方將領政治態度表

將領	身　份	態度	來　　源
李遇	宣州觀察使	叛亂	《九國志》卷一〈李遇傳〉
劉崇景	袁州刺史	叛亂	《九國志》卷一〈柴再用傳〉
劉威	鎮南節度使	入覲	《九國志》卷一〈劉威傳〉
劉信	撫州刺史	歸附	《九國志》卷二〈劉信傳〉
秦裴	鄂岳觀察使	入覲	《九國志》卷一〈秦裴傳〉
張崇	廬州刺史	歸附	《九國志》卷一〈張崇傳〉
陶雅	歙州觀察使	入覲	《九國志》卷一〈陶雅傳〉
劉仁規	濠州團練使	歸附	《九國志》卷一〈劉金傳〉
李簡	常州刺史	歸附	《九國志》卷一〈李簡傳〉
周本	信州刺史	歸附	《九國志》卷四〈周本傳〉
崔太初	壽州團練使	歸附	《九國志》卷二〈崔太初傳〉
王綰	海州刺史	歸附	《九國志》卷一〈王綰傳〉

〔註152〕《九國志》卷三〈田頵傳〉、〈安仁義傳〉、〈朱延壽傳〉，第 3261～3265 頁。三人所控制地域，宣州是宣歙觀察使的治所州、潤州是原浙西觀察使的治所州，都具有獨立的危險性；「壽州軍官團」則是壽州政治的主導性力量，也具有獨立性，見江瑋平：《唐末五代初長江流域下游的在地政治——淮、浙、江西區域的比較研究》，臺灣大學碩士論文，2007 年，第 66～67 頁。

在可考的十二位將領中，僅有兩位叛亂，其他皆爲歸附態度甚至入覲徐溫者。在兩次反叛事件中，一直參與平叛的柴再用雖亦屬於楊行密集團，但也歸附於徐溫。再加上徐溫本人所控制的潤州〔註153〕和徐知誥所治理的昇州〔註154〕，可以說在楊吳政權範圍內，除了個別州域反叛後被平定之外，沒有大規模反對徐溫的軍事行動。這種情況固然和各位將領的個人性情以及徐溫的殺雞儆猴與安撫政策有關，但起決定作用的因素還是各個將領所控制的地域大抵一二州，實力不足，勢力分散。

唯一值得憂慮的是江南西道境內的勢力。當時，楊吳政權正於對江西八州進行擴張。爲不致於在洪州出現一個能夠調動江西八州的節度使，在徐溫授意下，對江西南部的虔州等地所採取的軍事行動一直拖到徐溫完全掌控歷任江西節度使爲止。從而保證全面佔領江西八州後，不會出現叛亂。〔註155〕

（二）建立自己的軍政中心

上文考察了徐溫對潛在的軍政中心的防範。基於此，徐溫開始建立自己的軍政中心。通過代表唐王朝的李儼之幫助〔註156〕，天祐五年（908）六月三日，「淮南將吏請於李儼，承制授楊隆演淮南節度使、東面諸道行營都統、同平章事、弘農王」〔註157〕。此後，如表二所見，徐溫也步步高升。

〔註153〕張顥殺楊渥之後，試圖讓徐溫出鎮潤州，以方便自己奪權。當徐溫殺了張顥之後，潤州遂成爲徐溫的私鎮，天祐七年（910）成爲潤州刺史。天祐十二年歸鎮潤州，至天祐十四年徙昇州。見《九國志》卷三〈徐溫傳〉，第 3266～3267 頁。

〔註154〕《舊五代史》卷一三四〈李昇〉，第 1785 頁。

〔註155〕江瑋平：〈唐末五代初長江流域下游的在地政治——淮、浙、江西區域的比較研究〉，第 154～157 頁。

〔註156〕天復二年（902）三月，唐昭宗爲牽制朱溫勢力，命江淮宣諭使李儼「承制除拜」淮南楊行密，以示中央對地方勢力的一種認可和信任。此後，「楊行密始建制敕院，每有封拜，輒以告儼，於紫極宮玄宗像前陳制書，再拜然後下」，見《資治通鑑》卷二六三，唐昭宗天復二年十月條，第8584頁。李儼也保證了楊氏家族世襲淮南節度使的合法。楊行密死，「將佐共請宣諭使李儼，承制授楊渥淮南節度使、東南諸道行營都統，兼侍中、弘農郡王。」楊隆演即位時，「淮南將吏請於李儼，承制授楊隆演淮南節度使、東面諸道行營都統、同平章事、弘農王。」皆見《資治通鑑》各自時間條下。關於晚唐各個割據政權中存在的這類墨制行政，見王鳳翔（1977～）：《晚唐五代秦岐政權研究》，西安：三秦出版社，2009 年，第 76～79 頁。

〔註157〕《資治通鑑》卷二六六，梁太祖開平二年六月條，第 8702 頁。

表1.3：天祐六年至十四年徐溫升遷表

時　　間	升　　遷	來　　源
天祐六年（909）三月	自以淮南行軍副使領昇州刺史，留廣陵。	《資治通鑑》卷二六七，梁太祖開平三年三月條
天祐九年（912）九月	溫率將吏進隆演位太師、中書令、吳王。溫爲行軍司馬、鎮海軍節度使、同中書門下平章事。	《新五代史》卷六一〈吳世家〉
天祐十二年（915）四月	吳徐溫以其子牙內都指揮使知訓爲淮南行軍副使、內外馬步諸軍副使。	《資治通鑑》卷二六九，梁末帝貞明元年四月條
天祐十二年（915）八月二十二日	溫請就藩以治舟師，乃加浙西招討使，封齊國公，以金陵、京口、毗陵、宣城、新安、池陽六郡爲都督府。〔註158〕	《九國志》卷三〈徐溫傳〉
天祐十四年（917）五月	溫徙治金陵，以第三子知訓爲淮南行軍副使，留廣陵以輔政。	《九國志》卷三〈徐溫傳〉

　　筆者先分析這五個步驟：第一步，徐溫自領昇州刺史，但仍留廣陵輔政，這是在控制政權之餘爲自己營建地方勢力，畢竟徐溫出身牙將，並非在外領兵鎮守的將領；第二步，楊隆演成爲吳王，從而使徐溫亦由潤州刺史上陞爲鎮海軍節度使，把勢力從潤州擴大到浙西道，雖然當時楊吳政權只控制了浙西的潤、昇、常三州，且本職工作尙以淮南行軍司馬〔註159〕直接掌控楊吳政權；第三步，徐溫開始培養親長子徐知訓，爲自己親自經營軍政中心做準備，讓徐知訓接替監視楊隆演的工作；第四步，終於親自接管辛苦營建的根據地，並把勢力範圍擴展到六個州（郡），建立都督府，從而出現「二元政治」現象；第五步，出於對昇州的偏好，移鎮金陵〔註160〕。

〔註158〕所載州郡依次爲：昇、潤、常、宣、歙、池六州。《新五代史》卷六一〈徐溫傳〉以歙州新安郡爲「黃州」（第761頁），同樣的記載見馬令《南唐書》卷八〈徐宣祖傳〉，第5318頁，似誤。《資治通鑑》卷二六九，梁末帝貞明元年八月條尙載「管內水陸馬步諸軍都指揮使」、「守侍中」二職（第8796頁）。

〔註159〕關於晚唐五代藩鎮使府中行軍司馬的職任與地位，可見李顯輝：《唐代藩鎮使府節度行軍司馬考論》，陝西師範大學碩士論文，2004年，第24～37頁；李翔（1988～）：《中晚唐五代藩鎮文職幕僚研究》，南開大學博士論文，2014年，第124～132頁。

〔註160〕《新五代史》卷六一〈吳世家〉：「七月，改昇州大都督府爲金陵府，拜徐溫金陵尹。」（第757頁）此處時間爲武義二年（920）。徐溫對昇州早有打算，

　　徐溫佔據六州，無論是在名義上，還是在軍事實力上，都凌駕於其他諸將之上。又得到了「國公」爵位。於此同時，把原先位於潤州的鎮海節度使府也遷到了昇州〔註161〕，甚至「建大都督府」〔註162〕，以示與在外領兵的各節度使有異。

　　至於選擇金陵的原因，則是其：政治上，離揚州近，易於操控政權；軍事上，有完善的城防，便於在關鍵時刻防守；文化上，身爲六朝古都，能夠體現其繼承前代帝王的野心。另一方面，雖然從隋滅陳以來，建康城下降爲縣，地位大爲下降。〔註163〕但自唐末張雄（？～893）於光啓三年（887）四月佔據潤州上元縣以來，升級爲昇州的金陵城〔註164〕在歷任統治者〔註165〕手中慢慢恢復城池規模，其作爲南北分裂時六朝都城的重要作用開始凸顯，比在長江北岸的揚州更有利於抵擋來自北方的進攻。

　　然而，天祐十二年徐溫首先出鎮的是潤州，因爲潤州是鎮海節度使的治所，與揚州隔江相望，卻並未遭受很大摧殘，且有富庶江南的財政支持。〔註

天祐六年（909）三月即自兼昇州刺史，並以徐知誥爲「昇州防遏兼樓船副使」（《資治通鑑》卷二六七，梁太祖開平三年三月條，第8708頁）。所謂防遏兼樓船副使，即完善城防功能和訓練水軍，目的在於當昇州被治理完善之後，自己居之，以保證對揚州的控制。

〔註161〕朱玉龍：《五代十國方鎮年表》〈昇州〉條〈注一〉，第429頁。

〔註162〕《九國志》卷三〈徐溫傳〉，第3267頁。

〔註163〕《資治通鑑》卷二五七，唐僖宗光啓三年閏十一月條胡三省「注」，第8371頁。

〔註164〕《新唐書》卷一九〇〈張雄傳〉：「雄即以上元爲西州」（第5489頁），這是張雄私自尊大。又，《資治通鑑》卷二五八，唐昭宗大順元年（890）條：「是歲，置昇州於上元縣，以張雄爲刺史。」（第8410～8411頁）此方爲上元縣正式成爲昇州之時。

〔註165〕據筆者統計，天祐十四年（917）五月徐溫徙治昇州以前，昇州歷任實際鎮守者爲：一、趙暉（光啓三、887年，守將）；二、張雄（光啓三、887年，守將、刺史890）；三、馮宏鐸（景福二、893年，刺史）；四、李神福（天復二、902年，刺史）；五、秦裴（天祐二、905年，刺史）；六、徐知誥（天祐六、909年，防遏兼樓船副使、刺史912）。秦裴上任後於第二年進攻江西，隨後鎮守洪州，彼時昇州由誰治理，待考。

〔註166〕唐鎮海節度使，治潤州，轄潤、常、蘇、湖、杭、睦州，其中只有潤州和常州屬於楊吳政權，其餘皆在吳越國手中。然而安史之亂以後，江南之地因北方人口南下，已經得到極大地開發，即使是一州之財力，亦足以抵江北數州。見吳松弟（1954～）：〈唐後期五代江南地區的北方移民〉，《中國歷史地理論叢》，1996年第3期，第99～114頁；張劍光（1964～）：〈略論唐五代江南城市的經濟功能〉，《上海師範大學學報》（社會科學版），2001年第3期，第

166）徐溫以潤州之地遙控揚州的楊吳政權，是當時「二元政治」的第一步。作為原浙西觀察使治所州，在昇城防尙未恢復時，潤州一直是浙西名義上和實際上的政治中心，直到徐溫以鎮海節度使的身份遷居昇州。

總之，徐溫利用出身衙軍的優勢，通過「二元政治」的事實來分割權力，從而避免了從地方主動進攻中央時的被動。

二、父子相較：昇、揚之間的和平對峙

徐溫初逞其志，在金陵建立了自己的類似霸府的統治。然而，一次突如其來的事件使形勢發生了轉變。天祐十五年（918）六月，朱瑾殺害徐溫傾心培養的親子徐知訓，輔佐吳國的任務落入徐溫養子徐知誥手中。結果徐溫不得不同意首戲內亂的徐知誥塡補徐知訓之死所遺留下的空缺，使得徐知誥藉此開始培植自己的勢力，並與坐鎮金陵的徐溫相抗衡。此後形勢大變。武義元年（919）四月一日，楊隆演正式建立吳王國〔註167〕，改沿用了十數年的唐「天祐」年號爲「武義」。同時，「以徐溫爲大丞相、都督中外諸軍事、諸道都統、鎮海‧寧國節度使、守太尉兼中書令、東海郡王，以徐知誥爲左僕射、參政事兼知內外諸軍事，仍領江州團練使」〔註168〕。然而，當徐溫死後不久，順義七年（927）十一月三日，楊溥稱帝，正式建立吳王朝時，「以徐知詢爲諸道副都統、鎮海‧

36～45 頁；顧立誠：《走向南方：唐宋之際自北向南的移民與其影響》，臺北：臺灣大學出版委員會，2004 年，第 233～253 頁。

〔註167〕 錢儼（937～1003）：《吳越備史》（《五代史書彙編》第十冊）卷一〈武肅王〉稱「淮帥楊渭僭稱大吳皇帝」（第 6210 頁），不妥。據《新五代史》卷六一〈吳世家‧徐溫〉：「溫請隆演即皇帝位，不許。又請即吳王位，乃許，遂建國改元。」（第 761 頁）可證。

〔註168〕 《資治通鑑》卷二七〇，梁末帝貞明五年四月條，第 8844 頁。制度建設也考慮到了外交因素，嚴可求曾向徐溫建議：「今朱、李方爭，朱氏日衰，李氏日熾。一旦李氏有天下，吾能北面爲之臣乎？不若先建吳國以繫民望。」（《資治通鑑》卷二七〇，梁末帝貞明四年十一月條，第 8837 頁）。關於楊吳與後梁、後唐的交往，據筆者統計：與前者以交戰爲主，自景福元年（892）至武義元年（919）共十六次；與後者以交聘爲主，自順義三年（923）至乾貞二年（928）共二十次。關於楊吳與後唐的關係，高學欽從中原王朝統一的角度來看待後唐與吳的關係，見高學欽：《五代時期十國與中原王朝的政治關係研究》，福建師範大學碩士論文，福建師範大學，2004 年，第 30～32 頁；丁貞權從楊吳政權保持自身的角度來看待吳與後唐的關係，見丁貞權：《五代時期的楊吳政權》，第 45 頁。

寧國節度使兼侍中，加徐知誥都督中外諸軍事」〔註169〕。可見，「都督中外諸軍事」在徐溫死後落入了徐知誥手中，十年之內天平再傾。

（一）養父子之間的人才爭奪戰

徐溫養子徐知誥以其戡亂之功，被任命為「淮南節度行軍副使、內外馬步都軍副使、通判府事、兼江州（今江西九江）團練使」，而徐溫已感力不從心，只能「還鎮金陵，總吳朝大綱」，而「自餘庶政，皆決於知誥」。〔註170〕可見，軍政實權雖然掌握於在金陵的徐溫之手〔註171〕，居於首都揚州輔政的徐知誥卻已分割了「庶政」，更能方便地利用楊氏的權威謀私。

徐知誥的崛起亦非朝夕之功，對此，不得不注意另外一個群體的存在，即在徐知誥與徐溫身邊的幕僚們。關於徐知誥的幕僚，可見表四：

表1.4：昇州任上與揚州輔政時期徐知誥幕僚列表

時間段	人物	事　蹟	來源
昇州任上 （909〜917）	宋齊丘 （887〜959）	時天下已亂，經籍道熄，齊丘獨好學，有大志。及鍾傳敗，齊丘益窮，隨眾東下，餬口於倡優魏氏。烈祖時為昇州刺史，延四方之士，齊丘依焉。	馬《南唐書》卷二〇〈宋齊丘傳〉
	王令謀 （？〜937）	王令謀，故徐知誥客也，初為昇州判官。	《十國春秋》卷一〇〈王令謀傳〉
	王翃	（天祐）九年，（徐知誥）副柴再用平宣州，以功遷昇州刺史。時江淮初定，守令皆武夫，專事軍旅。帝（徐知誥）獨襃廉吏，課農桑，求遺書，招延四方士大夫，傾身下之。雖以節儉自勵，而輕財好施，無所愛吝。以宋齊丘、王令謀、王翃主論議，曾禹、張洽、孫飭、徐融為賓客，馬仁裕、周宗、曹悰為親吏。〔註172〕	陸《南唐書》卷一〈烈祖本紀〉

〔註169〕《資治通鑑》卷二七六，唐明宗天成二年十一月條，第9011頁。

〔註170〕《資治通鑑》卷二七〇，梁末帝貞明四年七月條，第8831頁。

〔註171〕溫運娟認為，徐溫遙決國事，「從根本上限制了徐知誥作用的發揮」。參見溫運娟：〈十國宰相制度考〉，任爽主編《十國典制考》，第223頁。

〔註172〕在此十人中，王翃、曾禹、張洽、孫飭、曹悰五人以後未見蹤影，吳任臣（1628～1689）《十國春秋》（北京：中華書局，1983年）亦未有專傳，蓋其事不彰。

時間段	人物	事　蹟	來源
昇州任上 （909～917）	曾禹	同上	同上
	張洽	同上	同上
	孫餗	同上	同上
	曹悰	同上	同上
	徐融〔註173〕	同上	同上
	馬仁裕 （880～942）	初同周宗給使烈祖左右，小心敏幹，署爲右職。烈祖移鎭潤州，仁裕監蒜山渡，首聞朱瑾之亂，馳白烈祖，即日以州兵渡江定亂。	馬《南唐書》卷一一〈馬仁裕傳〉
	周宗	常給使烈祖左右，署爲牙吏，多使喻旨四方，敏於事任，恩寵日洽。	馬《南唐書》卷一一〈周宗傳〉
	俞文正	初，俞文正爲烈祖幕賓，而宗及馬仁裕皆從給使。	同上
揚州輔政 （918～931）	常夢錫 （898～958）	夢錫渡淮，詣廣陵，烈祖辟致門下，薦爲大理司直。	馬《南唐書》卷一〇〈常夢錫傳〉
	張延翰	烈祖輔政，以潯陽爲封邑，乃以延翰爲工部郎中，判江州。	馬《南唐書》卷一〇〈張延翰傳〉
	江夢孫	烈祖輔政，辟置門下，薦爲秘書郎。	馬《南唐書》卷一五〈江夢孫傳〉
	孫晟	晟來奔於吳，時烈祖輔政，多招四方之士，得晟，甚喜。……引與計議，多合意。	馬《南唐書》卷一六〈孫晟傳〉

　　表三中，筆者列出了史料所見明確爲徐知誥所用的幕僚，及其受信任的情況。雖然在揚州輔政時期的幕僚比在昇州任上的幕僚少，但是此時徐知誥已經掌握了吳政權的人事任命權，加上身爲輔政者的聲望，如常夢錫、孫晟等南下的北人都逕直前往揚州，可見潛在人數更多。由於徐知誥「輕財好施，無所愛吝」，並且「多招四方之士」，從而在其周圍形成了一個謀士集團。正

〔註173〕《十國春秋》卷一〇〈徐融傳〉，第 141～142 頁。然則由於徐融不贊同徐知誥取代吳國，最終被殺。

是這些人發揮了他們的聰明才智，使徐知誥得以從昇州樓船副使上升爲淮南行軍副使。也由於他們的推動，徐知誥才最終下定篡吳的決心。

相比之下，徐溫謀士一直稀少。第一位是嚴可求（？～930），最初於天復三年（903）楊行密計殺朱延壽時見諸史籍。〔註174〕此後，在嚴可求的輔佐下，徐溫地位上升，爲他參與謀劃的也慢慢增加了數位：

駱知祥，初以宣州長史歸楊行密，既而輔佐徐溫。與嚴可求並名，史稱：「溫以軍旅委嚴可求，以財賦委支計官駱知祥，皆稱其職，淮南謂之『嚴、駱』。」〔註175〕但在徐知誥與徐溫的對峙中，他傾向於徐知誥，並圖謀排擠嚴可求。

陳彥謙（866～925），有智謀，擅長煩劇之事，曾幫助徐溫營造昇州，〔註176〕徐溫遷居昇州，即受其影響。又數勸徐溫自建名號，可惜於順義五年（925）因病死去。臨死不忘勸徐溫立親子爲嗣。〔註177〕

徐玠（868～943），有權謀，善於左右逢源。曾經爲徐溫前往宣州，試圖說服將要反叛的李遇，沒有成功。〔註178〕當徐知誥與徐溫對峙時，數勸徐溫立親子。然而看到徐知誥的勢力漸漸強大後，開始投靠徐知誥。

從上可知，在徐溫僅有的幾位謀士中，由於陳彥謙早逝，駱知祥、徐玠又明顯傾向於徐知誥，嚴可求雖有一片忠心，終無能爲力。〔註179〕而徐溫又沒有正當理由讓徐知誥下臺。順義七年（927）十月二十三日，徐溫來不及讓其親子徐知詢代替徐知誥輔佐吳政，便去世了。〔註180〕三年後，嚴可求也去世。

〔註174〕《新五代史》卷六一〈徐溫傳〉，第760頁。

〔註175〕《資治通鑑》卷二六六，梁太祖開平二年五月條，第8700頁。

〔註176〕鄒勁風認爲：「楊吳及南唐先後統治金陵爲時不到一個世紀，但在金陵城建設史上卻是頗爲重要的一個時期。」這其中就有陳彥謙的功勞。對於金陵城的具體建設，見鄒勁風：《南唐國史》，第163～178頁；張學鋒（1962～）：〈「近世都城」的出發——以南唐金陵城爲例〉，《南京曉莊學院學報》，2015年第5期，第46～54頁。

〔註177〕《九國志》卷二〈陳彥謙傳〉，第3256～3257頁。

〔註178〕《資治通鑑》卷二六八，梁太祖乾化二年三月條，第8755頁。

〔註179〕《資治通鑑》卷二七六，唐明宗天成二年十月條胡三省「注」曰：「徐溫之門，忠於所事者，嚴可求、陳彥謙而已。」（第9010頁）又《資治通鑑》卷二七七，唐明宗長興元年十月條胡三省「注」曰：「嚴可求，忠於徐氏者也。徐溫既卒，可求相吳，坐視徐知詢之廢不能出一計，權不在焉故也。」（第9049頁）

〔註180〕原因有三：首先，當知詢想要一展身手時，徐溫依然認爲自己的親子不如徐知誥；其次，曾經養育徐知誥的陳夫人對徐知誥亦有好感，不忍心讓徐知誥下臺；第三，雖然嚴可求「言之不已」，徐溫的突然病逝，讓這件事最終沒有

（二）對徐溫親子的分析

雖然在武義（919～921）、順義（921～927）年間，徐溫受到新興的徐知誥分割楊吳政治權力，但軍政大權尚且歸屬於他，金陵作爲楊吳政權實際上的軍政中心，尚且發揮著不可替代的作用。揚州的楊氏兄弟則依舊作爲名義上的統治者，維繫著整個楊吳政權。﹝註181﹞作爲徐溫養子的徐知誥想要完全取得權力，自然不能採取直接的軍事對抗，只能從家族內部著手，故對徐氏諸子不能不用心。如果說徐知訓被殺並非出於徐知誥主觀願望，那麼乾貞三年（929）解除徐知詢的權力就完全是主動的奪權行爲。因此，要瞭解徐知誥之所以能夠順利地解除徐知詢的權力，就得分析徐溫親子的具體情況。

徐溫有親子五人：徐知訓（895～918）、徐知詢（？～934）、徐知諫（？～931）、徐知證（905～947）、徐知諤（905～939）。﹝註182﹞

徐知誥年長徐知訓七歲，天祐六年（909）三月，年方二十二的他開始治理昇州；而天祐十二年（915）四月，年已二十一的徐知訓才被任命爲「淮南行軍副使、內外馬步諸軍副使」﹝註183﹞，並於四個月之後從徐溫手中接手揚州。此時的昇州已經在徐知誥及其幕僚的治理下井井有條。兩相對比，徐知訓對徐知誥不能不有所忌妒。此時也在揚州的徐知諫卻對徐知誥十分有禮，當徐知訓宴邀徐知誥欲有所加害時，他暗中幫其逃脫。徐溫讓徐知諫也留揚州，初意即抑制徐知訓的「無所醖藉」，何況「雅循」﹝註184﹞的徐知諫對徐知訓的行爲也看不慣，而徐知誥又是「孝謹」﹝註185﹞之人，徐知諫能夠傾向於徐知誥是自然的事。

結果。見《資治通鑑》卷二七六，唐明宗天成二年十月條，第9010頁。另外，關於徐溫之死，史書皆記爲「暴卒」，或有可能與徐知誥之指使有關，見曾嚴奭：〈五代時期吳國徐溫的死因之謎：兼論徐知誥與徐溫的關係〉，《修平人文社會學報》，第14期，2010年，第67～90頁。此說雖然存疑，但也能夠反映養父子之間的衝突與矛盾。

﹝註181﹞ 事實上，楊氏兄弟的這種作用不可替代，前文小注提及徐知誥的幕僚之一徐融因心傾楊氏而被殺即是一例。最能代表爲楊氏盡忠的，是楊行密元從將領周本對吳宗室臨川王濛的關心，見《九國志》卷四〈周本傳〉，第3271頁。

﹝註182﹞ 徐溫親子的生平，詳見本書第二章第一節。

﹝註183﹞ 《資治通鑑》卷二六九，梁末帝貞明元年四月條，第8788頁。

﹝註184﹞ 馬令：《南唐書》卷八〈徐知諫傳〉，第5321頁。

﹝註185﹞ 《新五代史》卷六二〈南唐世家〉，第766頁。

徐溫不得不讓徐知誥輔政揚州，但年歲一長，也有所擔心。於是嚴可求提議讓徐知詢代替〔註186〕，武義二年（920）五月楊隆演病重時，甚至勸徐溫馬上禪代。〔註187〕但直到徐溫病重之時，爲了先讓楊溥稱帝，才派徐知詢前往揚州「奉表勸進」。然而時不湊巧，徐溫剛好病歿，給正要「草表欲求洪州節度使」的徐知誥以絕好之機會。徐溫一死，徐知詢回金陵繼承其父遺產，徐知誥得以繼續留揚州。〔註188〕

楊溥稱帝後，隱忍多年的徐知詢終於繼任爲「諸道副都統、鎮海‧寧國節度使兼侍中」，而實際上「都督中外諸軍事」的軍事實權已經落入徐知誥手中。儘管徐知詢一廂情願地認爲握重兵並居於上游的他想奪取揚州很容易，但終究敵不過徐知誥。〔註189〕在徐知詢於大和元年（929）爭權失敗並被外派去洪州度完餘生〔註190〕之後，徐知諤被任命爲金陵尹，但只是象徵性地讓徐氏家族成員繼任而已。徐知詢的失敗已是前車之鑒，徐知諤不可能有任何作爲。等到大和三年（931）十一月徐知誥自鎮金陵時，徐知諤便被趕到了潤州。〔註191〕

徐溫其他親子如徐知諫，本就傾心於徐知誥，自不待言。徐知證由於一直遠離政治中心，也產生不了影響。〔註192〕出於徐溫諸子本身的不團結和能力不足，使得原本就以政變上臺的徐溫父子在寥寥數個謀士或死或叛後最終失去了在金陵掌控楊吳實權的地位，軍政中心再次統一到揚州。

三、出鎮金陵：爲吳唐禪代做準備

在眾多幕僚的幫助下，徐知誥通過輔政揚州的機會，取得了對徐溫父子決定性的勝利，從而使楊吳政權的軍政重心回歸到揚州，剩下的便是禪讓前

〔註186〕見《資治通鑑》卷二七〇，梁末帝貞明四年十一月條，第8837頁。

〔註187〕《十國紀年》曰：「王疾病，大丞相溫來朝，議立嗣君。門下侍郎嚴可求言王諸子皆不才，引蜀先主顧命諸葛亮事」。轉引自《資治通鑑》卷二七一，梁末帝貞明六年五月條〈考異〉，第8855頁。雖然〈考異〉又曰「恐可求亦不應有此言」，但考慮到嚴可求屢勸徐溫以徐知詢代徐知誥而徐溫不爲所動，則讓徐溫親自行動似無不可。

〔註188〕《資治通鑑》卷二七六，唐明宗天成二年十月條，第9010頁。

〔註189〕《資治通鑑》卷二七六，唐明宗天成四年十一月條，第9034～9035頁。

〔註190〕關於徐知詢被外派去洪州擔任鎮南軍節度使的情況，詳見本書第二章第二節。

〔註191〕《資治通鑑》卷二七九，唐末帝清泰二年七月條，第9132頁。

〔註192〕徐知證在大和六年（934）以後鎮守江州，相關考證見朱玉龍：《五代十國方鎮年表》「江州」條〈注一〉，第439頁。

的準備工作。關於禪讓的具體實施過程，筆者擬另文撰述，此處僅就徐知誥禪讓前楊吳政權政治形勢和再次出鎮金陵並最終在金陵建立南唐進行分析。

（一）篡國前的楊吳政權政治形勢

最終促成他在天祚三年（937）篡國成功的因素，前文已經從多種方面論述。當時對徐知誥有利的楊吳政權政治形勢，亦當補充數點：

首先，對徐氏、楊氏諸子的處理。如前所述，徐知誥對徐氏諸子有所排擠，但並沒有惡意打擊。徐知證和徐知諤不僅一直鎮守在外，甚至在南唐建國後被封爲江王和饒王。〔註193〕對於楊吳政權的統治者楊溥及其家族成員，也沒有如南朝禪代時那樣，一建國即加害。而是按情況妥善處理：對於一直有不滿之心並欲付諸行動的楊行密第三子楊濛，即於天祚三年八月殺之〔註194〕；對於楊溥一脈，則在禪代後遷之潤州〔註195〕；對於其他吳國宗室，也加官增邑〔註196〕。

其次，社會穩定情況。徐溫掌權以後，整個楊吳政權已基本遠離戰火，從而使得徐氏父子有精力投入權力爭奪之中。〔註197〕社會一旦穩定，對武備的需要也就下降，於是新的一代優秀將領尚未成熟，而當年楊行密的元從功臣們，卻已紛紛去世。見於記載者有：張訓〔註198〕、賈鐸（？～910）〔註199〕、陶雅（857～913）、劉威（857～914）、秦裴（856～914）、史儼（？～916）、朱瑾（867～918）、米志誠、王祺（？～918）、李厚、李承嗣（866～920）、劉權（？～920）、鍾泰章、陳彥謙（866～925）、張可琮（861～925）、翟虔（865～927）、劉信（859～928）、王綰〔註200〕、李簡（861～929）、王稔〔註201〕、

〔註193〕《資治通鑑》卷二八一，晉高祖天福二年十月條，第9182頁。

〔註194〕《九國志》卷四〈周本傳〉，第3271頁。

〔註195〕《資治通鑑》卷二八一，晉高祖天福三年五月條，第9186頁。

〔註196〕《資治通鑑》卷二八一，晉高祖天福二年十月條，第9182～9183頁。

〔註197〕關於徐氏父子保境安民的政策，關注者頗多。何劍明客觀地探究了此政策的深層緣由、社會效應、片面化取向及影響。見何劍明：《沉浮：一江春水——李氏南唐國史論稿》，第20～30頁。

〔註198〕《九國志》卷一〈張訓傳〉：「天祐七年，遷黃州刺史，卒於治所。」（第3224頁）何永成徑以天祐七年卒，誤。

〔註199〕《九國志》卷二〈賈鐸傳〉，第3244頁。此人未列入何永成統計表。

〔註200〕《九國志》卷一〈王綰傳〉：「召歸，乾貞初卒，年七十二。」（第3235頁）何永成徑以乾貞元年卒。

〔註201〕《九國志》卷一〈王稔傳〉：「乾貞三年，歸授左右雄武統軍。卒，年六十六。」（第3236頁）何永成徑以乾貞三年卒。

陳祐〔註202〕、陳璋〔註203〕、張崇、侯瓚（852～931）、楊彪（880～931）、崔太初（866～931）、李濤（861～932）、鄭璠〔註204〕、柴再用（864～935）等〔註205〕。他們的相繼去世，方便了徐知誥的篡國行動。尚且健在者，如周本和李德誠，在徐知誥的壓力和各自子孫爲保全家族的催迫下，於天祚二年（936）不顧年邁進京勸進。〔註206〕功臣子孫們爲保全家族勢力而委曲求全，和新興將領爲自身前途而依附徐氏，除了這兩種情況以外，十國時期地方權力普遍縮小也是不爭的事實。〔註207〕這自然方便了吳唐禪代順利進行，它本身也是徐氏家族兩代人積極經營的結果。

　　第三，文治大興。自徐知誥治理昇州以來，在他的周圍，逐漸聚集起了大批文人。上文對於徐知誥幕僚的論述中，已提及在出任昇州刺史期間和在揚州輔政期間所聚集的文人。當徐知誥出鎮金陵時，歸附的文人更多，他們在南唐建國過程中所貢獻的力量，並非疆土的開拓，而是制度的完善。在他們中間，有很多人並非生長於江淮，而是來自更穩定的南方，或者戰亂的北方。天祚二年（晉天福元年，936），中原之地淪爲契丹戰場，一些不甘在戰亂中生活的北方文人紛紛南下〔註208〕，從而導致文治大興。

〔註202〕《九國志》卷二〈陳祐傳〉：「大和元年，授饒州刺史。卒於任，年六十五。」（第3254頁）何永成逕以大和元年卒。

〔註203〕《九國志》卷一〈陳璋傳〉：「大和二年，改鎮東將軍，充寧國軍節度使。遇疾歸江都求醫，至江陽縣卒，年六十五。」（第3232頁）此人未列入何永成統計表。

〔註204〕《九國志》卷二〈鄭璠傳〉：「五年，遷金陵行軍副使。卒，年六十六。」（第3253頁）何永成逕以此年卒。

〔註205〕以上數人，除了貫鐸、陳璋未列入何永成統計表外，其餘都可見其表，見何永成：《十國創業君主個案研究——楊行密》，第207～283頁。其中與筆者意見有異之處，皆已在腳註中標明。

〔註206〕《九國志》卷四〈周本傳〉，第3271頁。

〔註207〕筆者據學界已有研究進行歸納，地方權力縮小表現在七個方面：第一、任職時間的縮減；第二、父死子繼情況的逐漸消失；第三、軍政大權的收歸中央；第四、節鎮轄州範圍的縮小；第五、監軍的設置；第六、文人出鎮；第七、考核制度的完善。具體內容，見宋靖（1977～）：〈十國地方行政考〉，任爽主編《十國典制考》，第276～314頁。

〔註208〕以韓熙載、史虛白等人爲甚。陸游《南唐書》卷七〈史虛白傳〉：「中原喪亂，與北海韓熙載來歸。」（《五代史書彙編》第九冊，第5519頁）關於徐知誥對文士的接納與其自身的文藝行爲，見陳葆真（1947～）：〈南唐烈祖的個性與文藝活動〉，氏著《李後主和他的時代——南唐藝術與歷史》（北京：北京大學出版社，2009年），第1～27頁。

綜上所述，在吳唐禪代之前的十年左右時間內，楊吳政權內並未出現較大的反對勢力，更沒有足以相抗衡的軍政中心的出現。正是這種社會穩定的情況，加速了吳唐禪代的步伐。

（二）金陵取代揚州的最終確立

雖然說政局的穩定和輿論的支持是吳唐禪代得以順利進行的前提，但是通過何種途徑來最終完成禪代還需徐知誥認真考慮。徐知誥最終選擇了金陵作為新王朝都城，即建立在對城市建設、軍政重心、政治號召力等諸多方面的考量之上。

唐末五代，揚州經過戰亂，早已沒有「揚一益二」〔註209〕的輝煌。楊吳時期雖然想要盡力恢復，但沒有多大效果。楊行密選擇揚州作為治所，與他名義上繼承了高駢（？～887）的淮南節度使之位分不開〔註210〕，此後楊隆演作為楊行密和楊渥的繼任者，治所不變。

然而如上文第一節所述，徐氏家族控制下的楊吳政權首都揚州，不管其名義上的統治者是楊隆演（915～920）還是楊溥（920～929），其實際上的掌權者是徐知訓（915～918）還是徐知誥（918～929），都已是形式上的軍政中心。而事實上的軍政中心，不管是屬於徐溫（915～927），還是徐知詢（927～929），都在潤州和此後的金陵。於是，在楊吳政權，從天祐十二年（915）開始，到乾貞三年（929）為止，出現了「二元政治」。在這種二元體制下，又明顯存在著分別以金陵和揚州為基地的徐溫和徐知誥兩種勢力。一旦徐知誥掌握了楊吳政權，並且沒有另外潛在的勢力與之對抗，軍政中心始終會歸於一元。故徐知詢於乾貞三年入朝揚州之後，揚州成為唯一的軍政中心。

〔註209〕據洪邁（1123～1202）《容齋隨筆》（北京：中華書局，2005年）卷九「唐揚州之盛」條：「唐世鹽鐵轉運使在揚州，盡幹利權，判官多至數十人，商賈如織。故諺稱『揚一益二』，謂天下之盛，揚為一而蜀次之也。……自畢師鐸、孫儒之亂，蕩為丘墟。楊行密復葺之，稍成壯藩，又毀於顯德（954～959）。」（第123～124頁）這裡提到的是唐末戰亂因素，另外一個原因是在南北分裂的情況下，大運河的中斷，對揚州的商業造成了毀滅性打擊。見鄒勁風：《南唐國史》，第164～165頁。關於唐朝時期揚州的盛況，有李廷先（1918～2003）《唐代揚州史考》（南京：江蘇古籍出版社，2002年）可為參考。

〔註210〕高駢自選擇與唐廷對抗時，即開始割據統治，並為以後的南方諸政權樹立了榜樣。見山根直生：〈唐朝軍政統治的終局與五代十國割據的開端〉，第71～80頁。

　　基於與徐溫相似又並不完全相同的理由，徐知誥最終於大和三年（931）十一月移鎮金陵，並傚仿徐溫，讓自己的長子徐景通（916～961）留揚州輔政。〔註211〕相似的理由是：軍事上能夠依靠長江天塹和堅固的城防；政治上有利於培養私人僚屬，以區別於楊吳朝臣，從而方便向新王朝過渡；文化上，金陵作為六朝古都，比揚州更具有政治上的號召力。但徐知誥此時已經實際上掌握了楊吳大權，完全可以在揚州進行禪代，又為何也要選擇金陵？筆者認為，這並不相同的理由，應該是徐知誥想利用移鎮金陵來加強對長江以南地區的控制力。金陵本是楊吳境內鎮海節度使的首府，出鎮金陵即是掌握了鎮海；金陵又緊鄰宣歙道，而宣歙道又是楊吳與江西接觸的交通要道，因此出鎮金陵也方便直接掌控這兩個地區。如果說此前徐溫以六州為巡屬是為了以昇州為中心在眾多楊行密猛將間建立自己勢力範圍，那麼此時徐知誥出鎮金陵則是出於治國理念，以位於政權中央的金陵為日後首都，能夠便於對長江南北領土進行統治。天祚元年（935），吳主進封徐知誥齊王，以昇、潤、宣、池、歙、常、江、饒、信、海十州為「齊國」〔註212〕，這個所謂的「齊國」僅僅是禪代前的過渡，並非徐知誥實際所能控制的區域，但卻反映了徐知誥對全國的控制。而出鎮金陵正是這種控制的體現。

　　此時的楊吳政權，軍政重心隨著徐知誥的出鎮，再次傾向金陵。於是又形成了虛、實相映的第二次「二元政治」（931～937）現象。不論是大和六年（934）十一月徐知誥讓次子徐景遷（919～937）代替徐景通前往揚州〔註213〕，還是天祚二年（936）六月讓徐景遂（922～958）代替臥病的徐景遷〔註214〕，都祇為最後的政權交替做準備。天祚三年（937），徐知誥正式在金陵稱帝，揚州雖然成為了東都〔註215〕，已僅具象徵性意義。

　　總之，在對城市建設、都城防務、傳統軍政重心、政治號召力等因素進行考量的基礎上，徐知誥重新製造了「二元政治」現象，達到了吳唐禪代的目標。

〔註211〕《資治通鑑》卷二七七，唐明宗長興二年九月條，第9062頁。徐景通即日後的南唐元宗李璟。
〔註212〕《資治通鑑》卷二七九，唐末帝清泰二年十月條，第9136頁。
〔註213〕《資治通鑑》卷二七九，唐末帝清泰元年十一月條，第9126頁。
〔註214〕《資治通鑑》卷二八〇，唐末帝清泰三年六月條，第9145頁。
〔註215〕《舊五代史》卷一三四〈李昇〉，第1786頁。

小　結

本節重點並非吳唐禪代那一年間所發生的具有象徵性的事件，而在於促成這一事件發生的原因及其整個過程。從整體上看，有三條線索貫穿其中（如圖1.3）：首先是政治中心的轉移（圖1.3左）；其次是政權形態的轉變（圖1.3右）；前兩條線，實際上一直在反映著最後這一條線，即權力結構的轉變（圖1.3中）。

圖1.3：二元政治視角下的吳唐禪代示意圖

揚州政權 （892～915）	楊行密、楊渥政治 （892～908）	淮南藩鎮 （892～919）
	徐溫政治 （908～918）	
揚、昇（潤）二元政權 （915～929）	徐溫、徐知詢父子先後與 徐知誥對峙 （918～929）	吳王國 （919～927）
		吳王朝 （927～937）
揚州政權（929～931）	徐知誥（李昇）政治 （929～943）	
揚、金陵二元政權 （931～937）		
金陵政權（初期） （937～943）		南唐王朝（初期） （937～943）

以上三條線齊頭並進，反映出三十年間的變化。本節所關注的是，徐溫與徐知誥（李昇）各自利用「二元政治」逐步轉移楊吳王室權力於己手的過程。首先是徐溫在掌握楊吳大局之後，通過手中的權力，挾吳王以令諸侯，從而防止揚州之外軍政中心的出現。然後徐溫借助吳王權力，在浙西、宣歙

等地，通過對潤州和昇州的經營，建立自己的軍政中心，從而分割楊吳政權。不過由於一場突發事件使得其養子徐知誥在徐溫出鎮昇州後反過來借助輔佐吳王的便利，在揚州培植自己的軍政勢力，從而使得昇州和揚州形成了事實上的對立。在雙方的對陣中，由於徐溫陣營人才稀少，死後子嗣無能，加上徐知誥佔據揚州的優勢，最終兩個分立的軍政中心重新統一於揚州。此後，徐知誥仿傚徐溫故事，再次出鎮金陵，繼續通過「二元政治」對政權進行分割，最終完成吳唐禪代。

第二章　東海徐氏家族與楊吳政治

第一節　世系・命運・信仰：東海徐氏家族三題

　　論及楊吳・南唐歷史，不得不關注兩個徐氏家族：以徐溫（862～927）爲代表的東海徐氏和以徐鉉（917～992）爲代表的會稽徐氏〔註1〕。其中，又以東海徐氏家族烜赫一時，對楊吳・南唐政治史產生了重大影響。其家族的政治命運，不僅僅是徐溫以權臣身份主導了吳國後半期政局，其養子徐知誥（888～943）更在其養父政治遺產之基礎上創建了南唐王朝。在前一章，筆者已就徐溫在楊行密死後一系列事件中的政治行爲做過一些考察，但未有全面揭示徐氏家族史。〔註2〕因此，本章通過整理東海徐氏四代成員生卒、進入南唐之後的命運、文化水平與宗教信仰等三個方面的內容，來看唐宋之際家族政治的一個側面。

一、徐氏家族成員情況

　　所謂東海徐氏家族，特指以徐溫爲第一代的活躍於楊吳・南唐政治舞臺上的海州朐山徐氏四代成員。其中，又有以徐溫養子徐知誥爲第一代的支系家族，不過自南唐開國徐知誥改名爲李昇之後就自動中斷了在名義上的徐氏

〔註1〕　關於會稽徐氏的家族史研究，詳見金傳道（1974～）：《徐鉉年譜》，呼和浩特：內蒙古教育出版社，2010 年；李振中（1970～）：《徐鉉及其文學考論》，鄭州：鄭州大學出版社，2016 年。

〔註2〕　一些地方史學者也關注過東海徐氏家族的政治顯赫情況，但從整體上來說，對這一家族的綜合性考察尚不得見。柳興隆：〈徐溫父子與海州〉，2009 年 3 月 13 日，http://www.lygwh.gov.cn/show.asp?id=13868。2009 年 8 月 5 日瀏覽。

家族成員資格。本文稱前者爲「宗家」，後者爲「分家」。爲求歷史眞實，本節對兩家在楊吳時期的子嗣、婚配情況都進行考察，但論述重點還是宗家。

（一）徐氏宗家

徐氏宗家以徐溫爲第一代。徐溫，字敦美，海州朐山人。年輕時曾經販鹽爲生，因剛毅寡言，被稱爲「徐瞋」。楊行密起兵合淝時投入帳下，成爲「三十六英雄」〔註3〕之一。當楊行密死後，徐溫與張顥通過左、右衙體制掌握政權並殺害楊行密長子楊渥，在除掉張顥之後又獨攬楊吳大權。隨著徐溫在楊吳政權內政治地位的上升，東海徐氏家族也逐漸成爲一個重要的家族勢力。不過徐溫起家並無家族勢力的支撐，在他身居高位之後，受社會環境的影響和自身文化素養的制約，東海徐氏家族也沒有形成所謂士族。

徐溫死於吳順義七年（927）十月二十三日，享年六十六歲。〔註4〕故可知其出生於唐咸通三年（862）。天祐十二年（915），受封齊國公。〔註5〕武義元年（919）四月，進封東海郡王。〔註6〕武義二年（920）六月，進封東海王。〔註7〕死後被追封爲齊王，諡曰忠武。〔註8〕

關於徐溫之妻，鄭文寶（953～1013）《江表志》云：「帝（李昇）少孤，有姊出家爲尼，出入徐溫宅，與溫妻李氏同姓，帝亦隨姊往來。」〔註9〕又，陸游《南唐書》云：「帝（李昇）事溫盡子道，溫妻李氏以其同姓，鞠養甚至。」〔註10〕然而，陳彭年《江南別錄》云：「陳夫人於烈祖（李昇）鍾愛尤切」〔註

〔註 3〕 馬令：《南唐書》卷八〈徐宣祖傳〉，第5316頁。

〔註 4〕 《資治通鑑》卷二七六，唐明宗天成二年十月條，第9010頁。關於徐溫之死，史書皆記爲「暴卒」，或有可能與徐知誥之指使有關，參見曾嚴奭：〈五代時期吳國徐溫的死因之謎：兼論徐知誥與徐溫的關係〉，第67～90頁。

〔註 5〕 《九國志》卷三〈徐溫傳〉，第5318頁。

〔註 6〕 《資治通鑑》卷二七〇，梁末帝貞明五年四月條，第8843～8844頁。

〔註 7〕 《舊五代史》卷一三四〈李昇傳〉，第1786頁。

〔註 8〕 《資治通鑑》卷二七六，唐明宗天成二年十月條，第9010頁。《新五代史》卷六一〈徐溫傳〉，「諡曰武」，第761頁；馬令：《南唐書》卷八〈徐宣祖傳〉同，第5319頁。

〔註 9〕 鄭文寶：《江表志》（《五代史書彙編》第九冊）卷上，第5079頁。陳葆眞在其著作中引《文淵閣四庫全書》本《江表志》，以「姊」爲「姨」，見陳葆眞：《李後主和他的時代：南唐藝術與歷史》，第10頁。筆者按，若爲「姨」，則應該是李昇的母系親屬，不可能在與徐溫之妻同姓的情況下，又與李昇同宗。故本文取叢書集成初編本《江表志》之「姊」說。

〔註10〕 陸游：《南唐書》卷一〈烈祖本紀〉，第5463頁。

11〕，又，《資治通鑑》胡三省注云：「陳夫人，徐溫之妻，子畜知誥者也。」
〔註12〕對於「李氏」與「陳夫人」之別，筆者暫取《江南別錄》與《資治通鑑》之說，《四庫全書總目提要》「江南別錄一卷」條云：「以《資治通鑑》相參校，其爲司馬光所採用者甚夥，固異乎傳聞影響之說也。」〔註13〕當然，亦不排除徐溫先後或同時有李氏、陳氏兩夫人。

　　東海徐氏第二代，除了徐知誥是養子之外，其餘皆爲徐溫親子。關於徐溫親子，馬令《南唐書》載六子：知訓、知詢、知誨、知諫、知證、知諤。〔註14〕然是否有知誨此人，非常可疑。

　　馬令《南唐書・徐知誨傳》載：「知詢之敗，知誨構之爲多，烈祖德之，以爲江西節度使。……知誨暴卒，以知詢代鎮江西，遇其喪於中途。」這一段材料當是馬令錄自《江南別錄》，即，「知詢之敗，知誨有力焉，烈祖德之，以爲江西。……知誨卒，知詢代之遇其喪於中途。」〔註15〕而《資治通鑑》曰：「吳鎮南節度使、同平章事徐知諫卒；以諸道副都統、鎮海節度使、守中書令徐知詢代之，賜爵東海郡王。知諫豫其謀。知詢遇其喪於塗，知諫之喪自洪州還，而知詢往赴洪州，故相遇於塗……」〔註16〕對於兩則材料中，「知誨」與「知諫」之異，朱玉龍《五代十國方鎮年表》辨之甚詳：

　　　　《江南別錄》云知誨爲江西，卒，知詢代之，遇其喪於中途，
　　撫棺而哭曰：「弟用心如此，吾亦不怨，但何以見先王於地下！」馬
　　令《南唐書》卷八〈徐知誨傳〉從之；嚴衍《通鑑補》復據之改「知
　　諫」爲「知誨」。今按《稽神錄》，彼時鎮江西者實知諫也，《通鑑》
　　本不誤，蓋以知誨、知諫皆卒於洪州任上，《江南別錄》遂以二人事
　　蹟相混，後人失考，復從之，並誤。〔註17〕

〔註11〕　《江南別錄》「義祖徐氏」條，第5133頁。
〔註12〕　《資治通鑑》卷二七六，唐明宗天成二年十月條，第9010頁。
〔註13〕　《江南別錄》「提要」，第5129頁。
〔註14〕　參見馬令《南唐書》卷八爲徐氏諸子所作列傳，第5319〜5322頁。對此，歷代史家皆無異議，包括曾嚴奭〈五代時期吳國徐溫的死因之謎：兼論徐知誥與徐溫的關係〉所列「徐溫世系表」，第87頁。
〔註15〕　《江南別錄》「義祖徐氏」，第5133頁。
〔註16〕　《資治通鑑》卷二七七，唐明宗長興二年九月條，第9061頁。
〔註17〕　朱玉龍：《五代十國方鎮年表》「洪州」條「注二」，第452頁。

朱氏所引徐鉉《稽神錄》原文爲「庚寅歲，江西節度使徐知諫以錢百萬修廬山使者廟」〔註 18〕。庚寅歲即大和二年（930），正合《資治通鑑》的記載，若大和二年的江西節度使是徐知諫，而第二年暴卒的江西節度使卻是徐知諮，則兩者之間的交接定不會沒有史料記載。要解決這個矛盾，筆者大膽地猜測，如果假定徐知諮即徐知諫，問題可迎刃而解。

　　當徐溫親長子徐知訓在揚州輔政之時，徐知諫亦在揚州，並暗中幫助徐知誥避免徐知訓對他的迫害。關於此事，首先是《資治通鑑》記載：「知訓及弟知詢皆不禮於徐知誥，獨季弟知諫以兄禮事之。知訓……嘗與知誥飲，伏甲欲殺之，知諫躡知誥足，知誥陽起如廁，遁去。」〔註 19〕此後，馬令在《南唐書》中爲徐知諫立傳，亦錄此事，云：「烈祖自潤州入覲，知訓會飲山光寺。是日，知訓大沉酗，決欲害烈祖。知諫以謀告烈祖，烈祖獲免。」〔註 20〕又在〈刁彥能傳〉中寫道：「又嘗從知訓會烈祖於山光寺。是日，知訓大沉酗，決欲害烈祖。徐知諫以謀告烈祖，烈祖乃奔。」〔註 21〕可知三者所言實爲一事，內容也都是由於徐知諫提醒，而使得徐知誥避免了在山光寺被害的情節。而在史料中，這時並無徐知諮的身影。且《資治通鑑》描述徐知諫對於徐知誥的關係爲「季弟知諫」，可知在知誥、知訓、知詢、知諫這四人中，知諫排行第四，故稱「季弟」。當徐知訓爲楊吳大將朱瑾所殺，徐溫養子徐知誥輔政揚州時，徐知諫又被徐溫派往潤州接替徐知誥〔註 22〕，如果按照馬令《南唐書》，最後可能接替徐知誥的應該是徐知諮而非徐知諫。而此時還是沒有關於徐知諮的記載。

　　也就是說，在馬令《南唐書》之前，除了《江南別錄》提到徐知諮以外，其他史籍都無記載。而且，《江南別錄》所記載之事與《資治通鑑》所載之事相同，只不過前者是徐知諮，後者是徐知諫。根據上文所引《四庫全書總目提要》，可知《資治通鑑》對《江南別錄》取資頗多，而獨獨在這個問題上兩者大相徑庭。有理由相信，這應該不是《資治通鑑》並沒有採用《江南別錄》的記載，而是《江南別錄》在《資治通鑑》修成之後的流傳過程中產生了把

〔註 18〕 徐鉉：《稽神錄》卷六「潯陽縣吏」條，北京：中華書局，1996 年，第 100頁。
〔註 19〕 《資治通鑑》卷二七〇，梁末帝貞明四年六月條，第 8828 頁。
〔註 20〕 馬令：《南唐書》卷八〈徐知諫傳〉，第 5321 頁。
〔註 21〕 馬令：《南唐書》卷一一〈刁彥能傳〉，第 5335 頁。
〔註 22〕 《資治通鑑》卷二七〇，梁末帝貞明四年七月條，第 8831 頁。

徐知諫誤寫爲徐知誥的錯誤，從而使兩宋之際的馬令看到的《江南別錄》並非司馬光所看到的樣子。因此，才會導致馬令根據《江南別錄》的記載誤以爲徐知誥和徐知諫是兩個不同的人，從而把一個人的事蹟分別撰傳，導致訛誤，並影響了陸游《南唐書》〔註23〕。

經過上述分析，筆者認爲，徐溫親子共五人，分別爲：徐知訓（895～918）、徐知詢（？～934）、徐知諫（？～931）、徐知證（905～947）、徐知諤（905～939）。此外，又有女二人。以下一一介紹：

徐知訓，徐溫之子。在徐溫出鎮潤州、金陵之後，留守揚州，輔吳王楊隆演。不過由於生性驕橫，與朱瑾、李德誠等楊行密元從將領相處不洽，且蓄意凌辱吳王，故被朱瑾所殺。關於徐知訓生年，《五國故事》載，「徐溫既出鎮潤州，以其子知訓知廣陵政事，謂之『政事僕射』……知訓纔二十餘，頗以聲色爲務」〔註24〕，可知天祐十二年（915）徐溫留知訓於廣陵時，已二十有餘。又據北宋中期文瑩《玉壺清話》載，（楊行密）「謂大將徐溫曰：『此兒異常，吾深愛之，慮失保祐，汝無子，可賜汝養之。』」〔註25〕徐溫收養徐知誥仕乾寧二年（895），而此前徐溫「無子」，則徐知訓之生當在此年無疑。諸葛計《南唐先主李昇年譜》亦引《玉壺清話》，但在「汝無子」下注曰：「誤，時溫已有子知訓。昇於徐氏諸子中行二，被稱爲二哥可證。」〔註26〕諸葛計所引「二哥」之稱亦出自《五國故事》，「溫謂諸子曰：『事在二哥矣，汝輩當善事之。』」〔註27〕筆者認爲，此處徐溫以「二哥」呼自己養子，似「二哥」屬於昵稱。據前文可知，徐知誥有一姐出家爲尼，則其本人在原來家中排行第二。徐知誥本非徐溫親生骨肉，後者以前者在原來家庭中的排行稱之爲「二哥」亦屬可能。又據《資治通鑑》，「嚴可求屢勸溫以次子知詢代徐知誥知吳政」〔註28〕可見當時徐氏家族內部排行，是把養子徐知誥排除在外的。所謂「次子知詢」，即指知詢排行知訓之下。而《江南別錄》云：「宋齊丘曰：『今三郎政亂，敗在朝夕。……』

〔註23〕 陸游《南唐書》只給徐知證、徐知諤立傳，當是考慮到這兩人主要活躍於南唐時期，但也不排除陸游本人懷疑馬令的記載。不過，陸游還是寫道：「義祖生六子，知訓、知詢、知誨、知諫、知證、知諤。」見陸游：《南唐書》卷八〈三徐傳〉，第5524頁。
〔註24〕 《五國故事》卷上「僞吳楊氏」條，第3181頁。
〔註25〕 釋文瑩：《玉壺清話》卷九〈李先主傳〉，北京：中華書局，1984年，第86頁。
〔註26〕 諸葛計：《南唐先主李昇年譜》，第26頁。
〔註27〕 《五國故事》卷上「僞吳楊氏」條，第3182頁。
〔註28〕 《資治通鑑》卷二七〇，梁末帝貞明四年十一月條，第8836～8837頁。

三郎，知訓也。」《資治通鑑》亦云：「三郎，謂溫長子知訓也。」胡注：「知訓第三。」〔註29〕在這裡，《江南別錄》所言「三郎」一詞當有誤書，故而《資治通鑑》加上「長子」二字，而胡三省徑直解釋爲「知訓第三」則更屬混淆文意。另外，895年徐知誥本人被收養時已是八歲之齡〔註30〕，若徐知訓比徐知誥要年長，則二十年後的915年，徐知訓已經三十左右，不當爲「纔二十餘」。總之，徐知訓確是比徐知誥年紀小的徐溫親長子。

徐知詢，知訓之弟，在徐知訓被殺後，因年少而沒有被派往揚州。〔註31〕在徐溫死前，曾有機會前往揚州取代徐知誥坐鎮，不巧當天晚上徐溫去世，於是只能留金陵力撐其父留下的政治遺產。〔註32〕然而，又技不如人，乾貞三年（929）赴揚州入覲吳王後被徐知誥解除大權。〔註33〕不久赴潤州任鎮海節度使，在那裏「常會僚佐，譚宴終日，遂絕顧望。」〔註34〕大和三年（931），鎮南節度使徐知諫去世，徐知詢前往代任，最終於大和六年卒於其地，年齡不詳。徐知詢有妻李氏，爲楊行密元從武昌節度使李簡（861～929）之女。〔註35〕

徐知諫，知詢之弟，如上所述，在徐知訓揚州輔政時期，即與徐知誥交好。徐知誥離開潤州入揚州輔政之後，代替徐知誥鎮守潤州，馬令《南唐書·刁彥能傳》云：「（徐溫）見彥能書，善之，復使事知諫於潤州。」〔註36〕約大和初年〔註37〕爲洪州鎮南軍節度使，大和三年卒於官，年齡不詳。關於徐知諫妻室，若筆者上文猜測無誤，則《江南別錄》所述徐知誨之妻呂氏即徐知諫之妻，爲楊行密元從呂師造之女。〔註38〕

〔註29〕 分別見《江南別錄》「烈祖李昇」條，第5134頁；《資治通鑑》卷二六九，梁末帝貞明三年五月條，第8815頁。陳葆眞亦在其著作中寫道：「徐溫諸子中以三郎徐知訓對他（徐知誥）最爲惡劣。」見陳葆眞：〈南唐烈祖的個性與文藝活動〉，《李後主和他的時代：南唐藝術與歷史》，第12頁。

〔註30〕 《資治通鑑》卷260昭宗乾寧二年三月條，第8467頁。

〔註31〕 馬令：《南唐書》卷一〈先主書〉，第2頁。

〔註32〕 《資治通鑑》卷二七六，唐明宗天成二年十月條，第9010頁。

〔註33〕 《資治通鑑》卷二七六，唐明宗天成四年十一月條，第9034～9035頁。

〔註34〕 馬令：《南唐書》卷八〈徐知詢傳〉，第59頁。

〔註35〕 《資治通鑑》卷二七六，唐明宗天成四年八月條，第9030～9031頁。

〔註36〕 馬令：《南唐書》卷一一〈刁彥能傳〉，第77頁。

〔註37〕 《十國春秋》卷一三〈徐知諫傳〉：「大和改元，知諫領鎮南軍節度使、同平章事。」第175頁。即明確爲大和元年，不知何據。

〔註38〕 《江南別錄》「義祖徐氏」條，第5133頁；馬令《南唐書》誤爲「呂師道」，第60頁。

徐知證、徐知諤，徐溫末二子。徐知證，「在吳歷刺史、節度使，烈祖受禪，封江王」〔註39〕，徐知諤，「起家爲太子中舍，累遷刺史、節度使，知詢敗，以知諤爲金陵尹。烈祖受禪，封饒王，進王梁。」〔註40〕二人在楊吳時期並無較突出之政治行爲。徐知證卒於保大五年（947）三月〔註41〕，享壽四十三歲〔註42〕。徐知諤卒於昇元三年（939）五月十四日〔註43〕，享壽三十五歲〔註44〕。

徐溫之女徐氏，在楊行密元從李德誠鎮守潤州之時，嫁李德誠之子李建勳（？～952），徐知誥稱帝後封「郡公主」（或曰「廣德長公主」）。〔註45〕另一徐氏封「廣德公主」，亦嫁楊行密元從王綰之子王崇文（？～961）。關於後者，馬令《南唐書》原文云，王崇文「尙烈祖妹廣德公主」。〔註46〕然而無法確定這位廣德公主是徐知誥親妹還是徐溫親女。因爲根據前文提及徐知誥有姐，則其再有一個妹妹亦有可能。不過，既然這位廣德公主能夠出嫁，則不似其姐出家爲尼，無法進入徐溫家裏當養女。所以，即使是徐知誥親妹，那也是進入徐家爲養女的徐溫之女。

東海徐氏家族宗家第三代，知名者主要有二人：徐知誨（實爲徐知諫）之子徐景遼、徐景遊，事蹟詳見下文。〔註47〕其中景遊因擅畫，《宣和畫譜》亦專爲立傳。〔註48〕另外，徐知詢亦有　了徐景迪（930～975），據徐鉉〈故唐衛尉卿保定郡公徐公墓誌銘〉，明確指出徐景迪之父爲徐知詢；據〈墓誌〉，徐景迪又有徐太素、徐太初、徐太沖三子，然已在南唐，故不計入，然亦可知徐知詢一支在南唐境遇不差。〔註49〕徐鉉又有〈保定郡公景迪可朝散大大

〔註39〕馬令：《南唐書》卷八〈徐知證傳〉，第 61 頁。
〔註40〕馬令：《南唐書》卷八〈徐知諤傳〉，第 61 頁。
〔註41〕馬令：《南唐書》卷三〈嗣主書〉，第 15 頁。
〔註42〕馬令：《南唐書》卷八〈徐知證傳〉，第 61 頁。
〔註43〕《資治通鑑》卷二八二，晉高祖天福四年五月條，第 9202 頁。
〔註44〕陸游：《南唐書》卷八〈徐知諤傳〉，第 5524 頁。
〔註45〕「郡公主」見馬令：《南唐書》卷六〈徐主傳〉，第 5306 頁；「廣德長公主」
　　　見《資治通鑑》卷二八二，晉高祖天福四年二月條，第 9198 頁。
〔註46〕馬令：《南唐書》卷一一〈王崇文傳〉，第 5339 頁。
〔註47〕馬令：《南唐書》卷八〈徐知誨傳〉，第 5321 頁。
〔註48〕不著撰人：《宣和畫譜》卷七〈李景遊傳〉，杭州：浙江人民美術出版社，2012
　　　年，第 71 頁。
〔註49〕徐鉉：〈故唐衛尉卿保定郡公徐公墓誌銘〉，李振中校注《徐鉉集校注》卷三〇，
　　　北京：中華書局，2016 年，第 813 頁。

檢校左僕射賜紫制〉，文有「宗室之間」之語，則可進一步佐證。〔註50〕徐知
諤亦有十子〔註51〕，且「十子皆郡縣公」〔註52〕，然姓名不彰。

　　此外，陸游《南唐書》記載，昇元元年（937）十一月，徐知誥「立姪景
邁爲晉陵郡公、景遜爲上饒郡公、景邈爲桂陽郡公、景逸爲桂陽郡公。」〔註
53〕若徐知誥成爲徐溫養子前在原來的家中是獨子，則這四位徐知誥的「姪」
當爲徐溫親孫輩，且出生於楊吳時期。〔註54〕關於此四人詳情，南宋《咸淳
毗陵志》有「李景邁，南唐昇從子，昇元初封晉陵郡公」之語，且記載其於
天祚二年（936）上任並修築常州羅城。〔註55〕又據楊億（974～1020）〈潘愼
修墓誌〉載，潘愼修續娶「東海徐氏，封本縣君，即故中書侍郎、上饒郡君
景遜之女也」，可證徐景遜之事。〔註56〕南宋末年《寶刻類編》有保大十二年
（954）正月署名「徐遜」所書馮延巳（903～960）撰文〈廬山開光禪院記〉
一目〔註57〕，此「徐遜」當爲徐景遜在南唐時期如徐景遊改名「徐遊」〔註58〕
般更改後的名字。此外，李燾（1115～1184）《續資治通鑑長編》記載，建隆
二年（961）「八月甲辰，唐桂陽郡公徐邈奉其主景遺表來上」，注云：「邈，

〔註50〕徐鉉：〈保定郡公景迪可朝散大夫檢校左僕射賜紫制〉，《徐鉉集校注》卷八，
　　　　第306～307頁。

〔註51〕陸游：《南唐書》卷八〈徐知諤傳〉，第5525頁。

〔註52〕釋文瑩：《玉壺清話》卷九「梁王徐知諤」條，第91頁。

〔註53〕陸游：《南唐書》卷一〈烈祖紀〉，第5465頁。

〔註54〕吳任臣雖無交待史料來源，但明顯據此條記載立四人簡傳於《十國春秋》，並
　　　　謂四人皆徐知誥「從子」。見吳任臣：《十國春秋》卷一九〈李景邁傳〉、〈李
　　　　景遜傳〉、〈李景邈傳〉、〈李景逸傳〉，第275～276頁。

〔註55〕史能之：《咸淳毗陵志》卷七〈秩官〉，《宋元方志叢刊》第3冊，北京：中華
　　　　書局，1990年，第3009頁上欄、第3014頁下欄；修築羅城事見卷三〈城郭〉，
　　　　第1982頁下欄。

〔註56〕楊億：〈宋故翰林侍讀學士朝奉大夫右諫議大夫騎都尉賜紫金魚袋滎陽潘公墓
　　　　誌銘〉，曾棗莊（1937～）、劉琳（1939～）主編《全宋文》卷三〇〇，上海：
　　　　上海辭書出版社，2006年，第15冊，第57頁。

〔註57〕不著撰人：《寶刻類編》卷七「徐遜」條，《石刻史料新編》第1輯第24冊，
　　　　第18502頁下欄，臺北：新文豐出版公司，1977年。「開先禪院」，原文爲「開
　　　　光禪院」，據《廬山記》改。見陳舜俞：《廬山記》卷二〈敘山南篇〉，《大正
　　　　新修大藏經》第51冊「史傳部三」，大正一切經刊行會，1924～1934年，第
　　　　1034頁上欄。關於《廬山記》中有關吳、南唐之史料，參見胡耀飛：〈宋人陳
　　　　舜俞《廬山記》所見吳‧南唐史料考論〉，王川平（1950～）主編《長江文明》，
　　　　第7輯，鄭州：河南人民出版社，2011年，第50～71頁。

〔註58〕《江表志》卷下：「太子太保、文安郡公徐遊。」第5093頁。

未見。」〔註59〕不過，徐邈並非「未見」，除了陸游《南唐書》，鄭文寶《江表志》亦有「署學士事太子少傅徐邈」〔註60〕之語。但徐景逸尙待考證。

　　另外，據陳舜俞《廬山記》，有署名「景迢」的〈題名〉一則：「朝議郎檢校兵部尚書賜紫金魚袋上黨郡公食邑一千戶景迢，自京城隨侍伯父江上歸郡，獲從家兄桂陽郡公，訪茲絕景，時春林鬬芳，晚雨新霽，躍步忘倦，塵心頓清，竟日方還，故紀於此。昇元三年太歲己亥三月二十三日書。」〔註61〕從上黨郡公、桂陽郡公等信息可知，此景迢當是桂陽郡公徐景逸之弟，果眞如此，則「伯父江上」當爲「伯父江王」之誤，即指江王知證。根據「家兄」一詞，若景迢與景逸爲同母兄弟，則根據「伯父」一詞，此二人很有可能即徐知諤十子之二。

　　又《資治通鑑》載，廣順二年（952）三月：「唐主以……前鎭海節度使徐景運爲中書侍郎……景運尋罷爲太子少傅。」〔註62〕徐景運在馬令《南唐書》中的記載是：「以……潤州徐連，中書侍郎、平章事。」〔註63〕觀此二者，「徐景運」或「徐運」當即一人，「運」與「連」相近，容有傳抄之誤，而馬書無「景」字，則爲避南唐元宗李璟之諱。故而在陸游《南唐書》中，還是「徐景運」〔註64〕。《廬山記》亦有「保大八年（950），南唐褒國孝定公徐景運重修」〔註65〕的記載。因徐知誥之子下文可考者無徐景運，故可知徐景運亦當爲徐溫孫輩。此人在擔任太子少傅之後，又曾受太子少保，徐鉉曾撰〈太子少傅徐運授太子少保制〉〔註66〕。根據徐鉉〈御製春雪詩序〉，其題銜則爲「吏部尚書、毗陵郡公景運」。在〈御製春雪詩序〉中，還有「工部尚書、上

〔註59〕李燾：《續資治通鑑長編》卷二，太祖建隆二年八月條，北京：中華書局，1995年，第 52 頁。

〔註60〕《江表志》卷下，第 5093 頁。

〔註61〕陳舜俞：《廬山記》卷五〈古人題名篇〉，第 1051 頁上欄。亦見《全唐文》（北京：中華書局，1983 年）卷八七一，第 9114 頁下欄。然而《全唐文》在題名前還有「武義元年十一月二十七日」一句，當是《全唐文》編者誤植，此句應屬於《廬山記》所載此條題名前張崇之題名，陳尚君（1952～）糾正之。見張崇：〈東林寺題名〉，陳尚君編《全唐文補編》卷一〇九，北京：中華書局，2005 年，第 1376 頁。

〔註62〕《資治通鑑》卷二九〇，周太祖廣順二年三月條，第 9476 頁。

〔註63〕馬令：《南唐書》卷三〈嗣主書〉，第 5277 頁。

〔註64〕陸游：《南唐書》卷二〈元宗紀〉，第 5478 頁。

〔註65〕陳舜俞：《廬山記》卷一〈敘山北篇〉，第 1029 頁中欄。

〔註66〕徐鉉：〈太子少傅徐運授太子少保制〉，《徐鉉集校注》卷六，第 261 頁。

饒郡公景遜」、「光祿卿‧臨汝郡公景遼、鴻臚卿‧文安郡公景遊、太府少卿‧陳留郡公景道、左衛將軍‧樂安郡公宏茂」〔註67〕。其中，宏茂當即弘茂，爲南唐元宗李璟次子，詳見下文。景遼、景遊和景遜俱見上文。景道因擅畫而亦得立傳於《宣和畫譜》，其名不見於徐知誥之子輩，當亦徐溫親孫。〔註68〕此外，徐鉉尚有〈舒州司馬李景述可虞部郎中制〉〔註69〕，此李景述之名與景字輩者相類，或亦徐溫孫輩。相同的情況有徐鉉所撰〈屯田郎中李景進可工部郎中制〉〔註70〕。徐鉉又有〈安陸郡公景逵檢校司空太府少卿制〉，文有「近在宗屬」之語〔註71〕，則徐景逵亦是徐溫孫輩。

綜上，徐氏宗家第三代有徐知諫子景遼、景遊，徐知詢子景迪，疑似爲徐知諤子景邈、景迢，以及不知何人之子的景邁、景遜、景逸、景運、景道、景述、景進、景逵（從這幾人皆爲郡公來看，爲徐知諤之子的可能性較大）等人。近有學者考證南唐畫家徐熙亦爲徐溫之孫，但所論無法成立。〔註72〕

（二）徐氏分家

東海徐氏分家第一代應當包括徐知誥之姐和徐知諤本人。關於徐知誥之姐，前引《江表志》已有提及，正是由於其姐的關係，才有可能與徐家建立聯繫，並在徐知誥不見容於楊行密之子楊渥之後，入徐家爲養子。不過，當徐知誥入徐家爲養子時，其姐早已出家爲尼，故而不大可能再成爲徐溫的養女。

〔註67〕 徐鉉：〈御製春雪詩序〉，《徐鉉集校注》卷一八，第527～528頁。

〔註68〕 不著撰人：《宣和畫譜》卷七〈李景遊傳〉，第71～72頁。

〔註69〕 徐鉉：〈舒州司馬李景述可虞部郎中制〉，《徐鉉集校注》卷八，第309頁。李振中謂「烈祖從子」。

〔註70〕 徐鉉：〈屯田郎中李景進可工部郎中制〉，《徐鉉集校注》卷七，第301頁。李振中謂「人未詳」。近日，李振中在與筆者微信交流中，又因制文中「外戚」二字疑其與李昇宗女聯姻，然筆者認爲此種可能性較小，存疑俟考。

〔註71〕 徐鉉：〈安陸郡公景逵檢校司空太府少卿〉，《徐鉉集校注》卷八，第306頁。李振中亦謂「景逵亦應爲徐姓」。

〔註72〕 參見徐建融（1949～）：〈徐熙考〉，《上海大學學報》（社會科學版），2008年第4期，第100～106頁。其文認爲：「具體而論，他應是徐溫之孫，知諫輩之子，徐游的堂兄或堂弟。則徐熙名從『火』，徐游名從『水』，也應爲堂房兄弟起名時不同的五行歸屬。」此說誤！徐遊之名並非徐游，故不從「氵」，且徐遊原名徐景遊，而徐熙並無徐景熙之稱，熙字亦不從「氵」。其文又在徐熙是徐溫之孫的基礎上，從年齡角度入手，論證徐崇嗣兄弟爲徐熙之子，更是一誤再誤。

　　關於徐知誥，最大的學術爭議還是他的身世之謎，即徐知誥到底本姓為何？如果真的姓李且是唐朝宗室，又屬於那一宗王的後裔？此後又是如何流落民間並加入楊行密集團？從 1935 年弓英德（1910～？）發表〈南唐族世考略〉〔註 73〕以來，這一謎團至今仍未解開，除非有新材料的加入，不然也永遠無法解開了。無論徐知誥原本姓什麼，自從他被徐溫收養為義子之後，就成為了海州徐氏家族成員的一分子。因此，從徐氏家族整體來看，他屬於徐氏第二代。不過，筆者在這裡所要探討的是他身為徐氏分家第一代的身份。這一身份，在他於乾貞三年（929）解除徐知詢軍政大權，從而奪取楊吳政權這一事件之後，塵埃落定。此年十一月，吳主楊溥改元大和〔註 74〕；十二月，徐知誥加兼中書令，領寧國節度使，封宣城公〔註 75〕；大和三年（931）十一月，出鎮金陵〔註 76〕；大和四年，受封東海郡王〔註 77〕；天祚元年（935）十

〔註 73〕弓英德：〈南唐族世考略〉，《勵學》第三期，1935 年 4 月，第 34～37 頁。又可參見：任爽：《南唐史》，第 3～12 頁；鄒勁風：《南唐國史》，第 57～60 頁；曾嚴奭：《南唐先主李昪研究》，第 20～29 頁。其中，任爽的相關推論最值得思考。

〔註 74〕《資治通鑑》卷二七六，唐明宗天成四年十一月條，第 9035 頁。李全德（1970～）認為「太和」，誤。見李全德：《唐宋變革期樞密院研究》，北京：國家圖書館出版社，2009 年，第 213 頁。楊吳大和年號，亦有文物材料為證，如大和五年（933）洪州大安寺鐵香爐銘文，詳見本章第二節；又如〈王仁遇墓銘〉，見陳尚君編：《全唐文補編》卷 109〈王仁遇墓銘〉，第 1374 頁。

〔註 75〕《資治通鑑》卷二七六，唐明宗天成四年十二月條，第 9036 頁。關於封宣城公事，《舊五代史》卷一三四〈李昪傳〉云：「逾月溫卒，昪乃偽授輔政興邦功臣，知內外左右事、開府儀同三司、守太尉、中書令、宣城公。」（第 1786 頁）事實上，在朱溫死後，徐知誥尚有被封為豫章公的經歷，馬令《南唐書》卷一〈先主書〉：「吳主僭帝號，改元乾貞，知誥累遷侍中、中書令、太尉、都督中外諸軍事，封潯陽公，改封豫章公。」（第 3 頁）直到徐知詢被徐知誥解除權力，並連帶失去寧國軍節度使之職後，徐知誥才得到寧國軍節度使的職位，從而有可能封為宣城公。在此前之所以封豫章，則與徐溫死前徐知誥看到徐溫欲讓徐知詢代替自己，而感到前途無望，求任洪州鎮南節度使有關，見《資治通鑑》卷二七六，唐明宗天成二年十月條，第 9010 頁。

〔註 76〕《資治通鑑》卷二七七，唐明宗長興二年十一月條，第 9062～9063 頁。

〔註 77〕《新五代史》卷六二〈南唐世家·李昪〉，第 761 頁。關於東海郡王之爵，初始為徐溫所有，武義元年（919）封，見《資治通鑑》卷二七〇，梁末帝貞明五年四月條，第 8843～8844 頁。徐溫死後，徐知詢「奔還金陵，爵位如溫」，見馬《南唐書》卷八〈徐知詢傳〉，第 5320 頁。徐知詢敗，僅得統軍一職，自然無法保住郡王爵位，此時「以徐知諤為金陵尹」，或即由徐知諤繼承，見《新五代史》卷六一〈吳世家·楊溥〉，第 758 頁。當徐知誥出鎮金陵時，自然就讓他來繼承這一郡王之爵。

月，進封齊王〔註78〕；天祚三年正月，正式建立齊國〔註79〕；昇元元年（937）十月，受禪爲大齊皇帝；昇元二年，改姓李，建號大唐。〔註80〕

徐知誥有妻三：王氏、宋氏、种氏。據陸游《南唐書》，「烈祖元敬皇后宋氏，小名福金，父韞，江夏人。后流離亂兵中，昇州刺史王戎得后。烈祖娶戎女，后爲勝，得倖，生元宗。王氏早卒，義祖命烈祖以爲繼室，封廣平郡君、晉國君。」〔註81〕可知王氏爲昇州刺史王戎之女，早卒，無子。王氏嫁給徐知誥的時間，當在南唐元宗李璟（徐景通）出生之前。徐景通卒於建隆二年（961）六月，「年四十有六」〔註82〕，則出生於天祐十三年（916），王氏之入嫁當在此前。宋氏，其身世已如上述，爲江夏人宋韞之女，然而未知其社會階層。徐知誥輔政揚州之後，正是在宋氏的輔助下，通過取得徐溫信任而長期參與楊吳朝政。有一則逸事，雖未明言宋氏，但亦當與之有關：「徐溫嘗入覲，既泊知誥之第，侍奉彌謹。初更睡覺，見有侍於牀前者，問之，曰：『知誥。』溫因遣其休息，知誥不退。及再寤，又見之，乃曰：『汝有政事，不當如此以廢公家之務。』知誥乃退。及溫中夕而興，又見一女子侍立，問之，曰：『知誥新婦。』亦勞而遣之。他日，溫謂諸子曰：『事在二哥矣，汝輩當善事之。』」這件事發生在徐知誥於揚州輔政，而徐溫從金陵赴揚州入覲吳王之時，故此中所言「知誥新婦」，當指徐知誥繼室宋氏。〔註83〕另外，徐溫死後，徐知詢督促徐知誥赴金陵奔喪，正是由於宋氏的勸誡，徐知誥才沒有前行，從而避免了兄弟間正面衝突。〔註84〕种氏，「江西人，良家女，性

〔註78〕《資治通鑑》卷二七九，唐末帝清泰二年十月條，第9136頁。關於齊王之爵，初始亦爲徐溫死後所追贈之王爵，見《資治通鑑》卷二七六，唐明宗天成二年十月條，第9010頁。而徐知詢繼承徐溫爵位，僅僅是其生前的東海郡王，並不是齊王。故而此時徐知誥以齊王的身份出現，無疑比徐溫更進一步。

〔註79〕《資治通鑑》卷二八一，晉高祖天福二年正月條，第9169頁。

〔註80〕馬令：《南唐書》卷一〈先主書〉，第5260頁。關於南唐初年的國號問題，《資治通鑑》記載爲甫受禪即號「唐」，管效先、諸葛計皆認爲初實爲「大齊」，參見管效先：〈南唐二主年譜〉，氏編《南唐二主全集》，商務印書館，1935年，第13頁；諸葛計：《南唐先主李昇年譜》，江蘇古籍出版社，1987年，第103頁。李之龍根據1952年出土的南唐〈姚嗣駢墓誌〉證實了這一點，見李之龍：〈南唐姚嗣駢墓誌初考〉，《東南文化》，1995年第1期，第69～75頁。

〔註81〕陸游：《南唐書》卷一六〈烈祖元敬皇后〉，第5587頁。

〔註82〕馬令：《南唐書》卷四〈嗣主書〉，第5286頁。

〔註83〕《五國故事》卷上「僞吳楊氏」條，第3182頁。鄒勁風《南唐國史》誤以爲是王戎之女王氏，見其書第60頁。

〔註84〕馬令：《南唐書》卷六〈元恭宋后傳〉，第5299頁。

警悟，通書計，常靚妝去飾，而態度閒雅，宛若神仙。初進入宮，年甫十六。久不得倖」，通過宋氏才屢蒙徐知誥召幸，並生子徐景邊。〔註85〕據馬令《南唐書》，「烈祖初受禪，以十二月二日為仁壽節。景邊以是日生，故小字仁壽。」〔註86〕可知徐景邊生於昇元元年十二月二日，那麼种氏懷孕當在天祚三年二月左右。此年正月，徐知誥建齊國，則种氏所謂「入宮」當在此時。

徐知誥改姓李，改國號南唐以前，東海徐氏分家第二代，包括徐知誥五子、數女。其中，前四子皆宋氏所生：徐景通（916～961）、徐景遷（919～937）、徐景遂（922～958）、徐景達（924～971），末一子徐景邊（938～968）為种氏所生。數女皆未知所出。

徐景通，徐知誥長子，十歲能誦詩，以尚書郎起家。〔註87〕大和二年（930），在徐知誥安排下出任「兵部尚書、參政事」。〔註88〕第二年，徐知誥出鎮金陵時，居揚州輔政，升「司徒、同平章事」，讓王令謀、宋齊丘輔佐之，時年僅十六歲。〔註89〕人和八年，召還金陵，升為「鎮海・寧國節度副大使、諸道副都統・判中外諸軍事」。〔註90〕天祚二年（936），徐知誥建人元帥府，遂以徐景通為「人尉、副元帥」。〔註91〕徐知誥建立齊國後，徐景通也由此進封為王太了，雖然「固辭」，但已無名而實，直到成為南唐元宗。〔註92〕徐景通有妻鍾氏（？～965），為楊吳虔州刺史鍾泰章之次女，此次聯姻由徐溫撮合，意在安撫鍾泰章違法驕橫之過錯，和徐知誥未能懲罰鍾泰章之遺憾。〔註93〕則其聯姻之建立當在徐溫之死順義七年（927）以前。

徐景遷，徐知誥次子。「烈祖輔吳，景遷尚楊吳公主為駙馬都尉，歷衙內馬步軍都指揮使、海州團練使、左右軍都軍使」〔註94〕。徐景通被召還

〔註85〕 馬令：《南唐書》卷六〈种氏傳〉，第5300頁。
〔註86〕 馬令：《南唐書》卷七〈李景邊傳〉，第5311頁。
〔註87〕 馬令：《南唐書》卷二〈嗣主書第二〉，第5267頁。
〔註88〕 《資治通鑑》卷二七七，唐明宗長興元年十月條，第9049頁。
〔註89〕 《資治通鑑》卷二七七，唐明宗長興二年十一月條，第9062～9063頁。
〔註90〕 《資治通鑑》卷二七九，唐末帝清泰元年十一月條，第9126頁。
〔註91〕 《資治通鑑》卷二八〇，唐末帝清泰三年正月條，第9138頁。
〔註92〕 《資治通鑑》卷二八一，晉高祖天福二年三月條，第9172頁。
〔註93〕 《江南別錄》「元宗」條，第5136頁。關於「次女」，參見陸游：《南唐書》卷一六〈光穆皇后傳〉，第5588頁。
〔註94〕 陸游：《南唐書》卷一六〈李景遷傳〉，第5590頁。陸書又云：「景遷字子通。」而馬令《南唐書》卷七〈李景達傳〉則云：「齊王景達，字子通。」（第5310頁）筆者認為，從名、字相通原則來看，當以馬書為準。

至金陵時，由徐景遷留江都輔政。〔註95〕天祚二年，因病求代。〔註96〕第二年卒，壽十九，諡曰定，無子。〔註97〕徐景遷有妻楊氏，當為吳讓皇楊溥之公主。

　　徐景遼，徐知誥三子。當徐景遷生病之後，由景遼接替其留守揚州之職，遂為門下侍郎、參政事。〔註98〕妻室不詳。

　　徐景達，字子通，小字雨師，徐知誥四子。〔註99〕徐景達在楊吳時期的官職不詳，但已有娶妻李氏，為楊行密元從李德誠之女。關於李德誠之女所嫁為徐知誥哪一子，諸書記載有異。首先，《江南別錄》云：「信王景遷，先娶德誠之女。中興後，有司以同宗姓請離之，制：『王南平王，國之元子，婚不可離，信王妃可以南平為氏。』南平，德誠所封也。」〔註100〕而馬令《南唐書‧李德誠傳》則云：「信王景達先娶德誠女。」〔註101〕對於兩者記載之差異，先看《江南別錄》的記載，其文又云：「景遷母种氏，晚歲尤承恩寵，宋后罕得接見。烈祖幸齊王宮，遇其親理樂器，大怒，切責數日。种氏承間言景遷之才，可代為嗣。烈祖作色曰：『國家大計，女子何預！』立嫁之。」〔註102〕此事在《資治通鑑》中的記載是景邊之母种氏，馬令《南唐書》的〈种氏傳〉、〈李景邊傳〉亦同。〔註103〕故若《江南別錄》所言信王景遷娶李德誠之女，當為江王景邊娶李德誠之女，且江王景邊在南唐元宗時亦嘗封信王，可能作者因此致誤。不過，也因為景邊在南唐元宗時期才封為信王，所以如果「信王」這一信息不誤，應該正是南唐烈祖時期的信王景達才最終符合所有合理條件，娶了李德誠的女兒，也才有可能發生李德誠的女兒因徐景達入南唐之後改名李景達，然後秉同姓不婚原則，改氏「南平」的情況。

〔註95〕《資治通鑑》卷二七九，唐末帝清泰元年十一月條，第9126頁。
〔註96〕《資治通鑑》卷二八〇，唐末帝清泰三年六月條，第9145頁。
〔註97〕陸游：《南唐書》卷一六〈李景遷傳〉，第5590頁。
〔註98〕《資治通鑑》卷二八〇，唐末帝清泰三年六月，第9145頁。
〔註99〕馬令：《南唐書》卷七〈李景達傳〉，第5310～5311頁。
〔註100〕《江南別錄》「烈祖」條，第5135頁。
〔註101〕馬令：《南唐書》卷九〈李德誠傳〉，第5325頁。
〔註102〕《江南別錄》「烈祖」條，第5135頁。
〔註103〕《資治通鑑》卷二八三，晉齊王天福八年二月條，第9242～9243頁；馬令《南唐書》卷六〈種氏傳〉，第5300頁；同書卷七〈李景邊傳〉，第5311頁。

　　徐景遍，小名仁壽，字宣遠，徐知誥第五子。如上文所述，出生於昇元元年十二月二日（938 年 1 月 5 日），恰好是徐知誥生日，而且由於其已經成爲皇帝而定爲仁壽節。〔註104〕

　　徐知誥有數女，其中三人歸宿能夠明確：一女嫁與首先通風報信朱瑾之變而立功之蒜山監軍馬仁裕（880～942），南唐建立後受封「興國公主」〔註105〕，此女爲馬令《南唐書・馬仁裕傳》所載，而陸游《南唐書》未及，徐鉉〈馬仁裕神道碑〉則載「公娶同郡萊氏，封彭城郡君」〔註106〕，則徐知誥是否有此女尚未可知，或從輩份來看，即便有此女，可能所嫁爲馬仁裕之子；又一女嫁與楊吳同平章事嚴可求之子嚴續（910～966），嚴續因其父居相位而在楊吳時期廕補千牛備身，遷秘書郎〔註107〕；又一女在徐知誥禪代之前嫁與吳主楊溥太子楊璉（？～939），這是權臣簒位前的慣常手法，從而使徐知誥取得了外戚地位，此女禪代後受封「永興公主」〔註108〕。另外，徐知誥曾許諾從楊吳使相陳璋的兒子中選擇女婿，則徐知誥還有女兒，但最後是否成婚，情況不明。〔註109〕

　　在楊吳政權時期，東海徐氏分家還繁衍出了第三代。即徐知誥長子徐景通之子六人：徐弘冀（？～959）、徐弘茂（933～951）、某、某、某、徐從嘉（937～978）（即李煜）。徐弘冀生年不詳〔註110〕，但當在徐景通婚後至徐弘茂出生前，又徐景通在順義七年徐溫去世時方才十二歲，生徐弘茂時亦僅十八歲，故當在此六年後期生徐弘冀。總之，六人在楊吳時期皆爲孩童。其中，徐弘茂和徐從嘉之間三子早夭，事蹟不彰，未知是否卒於楊吳年間。〔註111〕

〔註104〕馬令：《南唐書》卷七〈李景遍傳〉，第 5311 頁。徐景遍入南唐後有子李季操，見《十國春秋》卷一九〈李季操傳〉，第 275 頁。而曾嚴奭「李昇世系表」繫其爲徐知誥第六子，誤，見曾嚴奭：〈五代時期吳國徐溫的死因之謎：兼論徐知誥與徐溫的關係〉，第 88 頁。

〔註105〕馬令：《南唐書》卷一一〈馬仁裕傳〉，第 5337 頁。

〔註106〕徐鉉：〈唐故德勝軍節度使檢校太保同中書門下平章事扶風馬匡公神道碑銘〉，《徐鉉集校注》卷一一，第 393 頁。曾嚴奭亦懷疑無興國公主，見曾嚴奭：《南唐先主李昇研究》，第 176 頁。

〔註107〕馬令：《南唐書》卷一〇〈嚴續傳〉，第 5330 頁。

〔註108〕馬令：《南唐書》卷六〈永興公主傳〉，第 5307 頁。

〔註109〕徐鉉：《稽神錄》卷二「陳璋」條，第 24～25 頁。

〔註110〕諸葛計：《南唐先主李昇年譜》，第 87 頁。又，陳葆眞《李後主和他的時代：南唐藝術與歷史》書徐弘冀生卒年爲「933～959」（第 90 頁），未知何據，存疑。

〔註111〕馬令《南唐書》卷五〈後主書〉云：「太子冀卒，四兄皆早亡，以次爲嗣。」（第 5289 頁）而陸游《南唐書》卷一六〈后妃諸王傳〉云：「元宗十子，弘

綜合以上考證，並結合何永成〔註112〕、曾嚴奭〔註113〕所繪世系圖，可分別繪製楊吳時期徐氏宗家、分家世系圖如下：

圖2.1：東海徐氏宗家世系圖

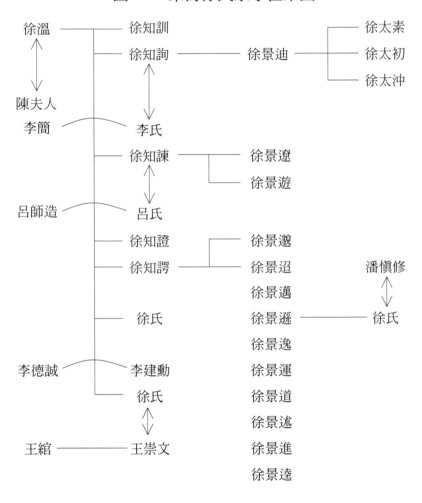

冀、弘茂、後主、從善、從鎰、從謙、從慶、從信，凡八人可見，而從慶、從信失其官封，又二人並逸其名。」（第5593頁）陸書此處有二誤：一、元宗「十子」當爲「十一子」；二、又「二人」並逸其名當爲「三人」。因爲陸書在這句話之後具體的列傳中，其傳主事蹟及其排行皆與馬書同，可見此句作者統計有誤。吳任臣《十國春秋》卷一九亦誤，見第283頁。曾嚴奭「李昇世系表」亦未嘗予以辯證，見曾嚴奭：〈五代時期吳國徐溫的死因之謎：兼論徐知誥與徐溫的關係〉，第88頁。

〔註112〕何永成：《十國創業君主個案研究——楊行密》之「楊行密集團婚姻表」（一、二），第318～319頁。

〔註113〕曾嚴奭：〈五代時期吳國徐溫的死因之謎：兼論徐知誥與徐溫的關係〉，第88頁。

圖 2.2：東海徐氏分家世系圖

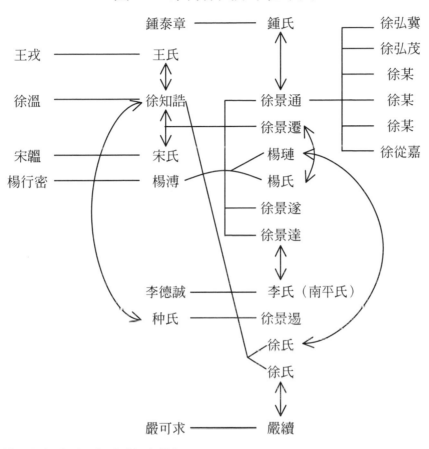

二、徐氏宗家在南唐的命運

吳天祚三年（937）十月五日，徐知誥稱大齊皇帝，改元昇元。齊昇元二年（938），徐知誥改姓李，建國號大唐。此後，徐氏宗家在新政權中的命運又是如何呢？此處從兩種角度來予以揭示：

（一）新政權對徐氏宗家成員的態度

徐知誥稱帝之後，不僅要安排好吳國皇室楊氏一族，以便顯示得國正當性；〔註114〕也要處理好與徐氏宗家成員關係，不致被世人指責。昇元元年，徐知誥即從頭銜上加以籠絡。馬令《南唐書》曰：「追尊考溫爲武皇帝，子景通吳王、景遂信王，弟知證江王、知諤饒王。」〔註115〕此時徐知誥尚未

〔註114〕關於楊氏一族在南唐的遭遇，參見本書第一章第三節。
〔註115〕馬令：《南唐書》卷一〈先主書〉，第 5259 頁。徐知證和徐知諤封王時間在昇元元年十月八日，見《資治通鑑》卷二八一，晉高祖天福二年十月條，第 9182 頁。

改姓，國號「大齊」亦是繼承徐溫被追封爲齊王和徐知誥受封爲齊王而來，故名義上徐溫是齊王朝的魏武帝曹操（155～220）者流，尊之爲「武皇帝」，徐知證和徐知諤也以皇弟名義受封爲王，與徐知誥之皇子徐景通、徐景遂同等待遇。另外，李建勳之妻亦身爲徐溫之女而受封「郡公主」；王崇文之妻同樣受封爲「廣德公主」。徐景遼和徐景遊雖然作爲皇姪並無親王之封，亦有政治特權。馬令《南唐書》云：「烈祖受禪，追尊溫爲義祖，徐氏諸子，封拜與李氏同，而知誨（當爲知諫）之後特優。子景遼、景遊，出入宮禁，預聞機務。」〔註116〕所謂「封拜與李氏同」，即指徐知證與徐知諤之封王，而徐景遼和徐景遊能夠出入宮禁，即決定於他們的特殊地位。

即使徐知誥改姓並建立唐政權之後，亦不忘「改太祖廟號曰義祖」〔註117〕，並保持「徐氏二王如初」〔註118〕。不僅男性成員如此，女性成員同樣被重視，如李建勳之妻。昇元五年（941）七月，李昇欲罷李建勳之相位，其妻直入宮中進言爲夫求情，據馬令《南唐書・徐主傳》：

> 建勳爲宰相，上章改時政，許之。建勳密表曰：「制置大事，若可以臣下請，是以善歸己，以過歸君也。請宣中旨行之。」表未報，而建勳命中書舍人草制。給事中常夢錫奏建勳專造制書，烈祖大怒，欲罷建勳。徐主入謂烈祖曰：「吾父在日，兄不嘗求兒與李郎耶？何棄之速？」烈祖曰：「此國事也，吾與李郎親舊如故。」召入禁中，慰喻久之。〔註119〕

這不僅表明李昇對於身爲徐溫女婿的李建勳之信任，也並未隔斷與其妹之間的親情，從而能夠寬容地看待女子預政這一歷朝歷代都不允許的現象。

（二）徐氏宗家成員對新政權的態度

新政權統治者出於籠絡人心目的對徐氏宗家成員進行拉攏，也得益於後者對前者的主動靠攏。在徐知誥稱帝之後，他們便積極勸說徐知誥改回李姓。據《資治通鑑》記載：「唐群臣江王知證等累表請唐主復姓李。」〔註120〕等到徐知誥改名爲李昇之後，又積極請求自己也改姓李，「唐江王徐知

〔註116〕馬令：《南唐書》卷八〈徐知誨傳〉，第5321頁。
〔註117〕《資治通鑑》卷二八二，晉高祖天福四年二月條，第9198頁。
〔註118〕馬令：《南唐書》卷一〈先主書〉，第5260頁。
〔註119〕馬令：《南唐書》卷六〈徐主傳〉，第5306頁。
〔註120〕《資治通鑑》卷二八二，晉高祖天福四年正月條，第9197～9198頁。

證等請亦姓李」，正如胡三省所云：「欲改其本姓從國姓以自親。」〔註121〕不過可能李昇覺得太過，或爲了疏遠與他們的關係，最終沒有同意這一請求。

改姓之外，昇元三年（939）二月七日，南唐烈祖爲其本身父母發喪，「江王知證、饒王知諤請亦服斬衰」，不過並未得到允許。可能是李昇認爲既然已經改姓，便是分屬兩家。男性成員而外，女性成員亦不甘示弱。當時徐氏亦在列，史云：「李建勳之妻廣德長公主假衰縗入哭盡禮，如父母之喪。」雖然史書未言李昇的態度，但胡三省已經指出：「李建勳妻，徐溫女也；勢利所在，非血氣之親而親。」〔註122〕

（三）徐氏宗家的結局

如上所述，雖然新政權對徐氏宗家成員的態度和後者對前者的態度都比較積極，但畢竟徐知誥的崛起對他們的人生還是會產生很大影響。徐知誥稱帝之前，徐知詢就因失去大權而被貶至洪州，在那裏渡過餘生。昇元三年五月十四日，已經改封爲梁王的徐知諤去世。〔註123〕他的一生，始終遠離政治鬥爭，並由此得以保存祿位。《資治通鑑》載：

> 吳潤州團練使徐知諤，狎昵小人，遊燕廢務，作列肆於牙城西，躬自貿易。徐知誥聞之怒，召知諤左右詰責：知諤懼。或謂知誥曰：「忠武王最愛知諤，而以後事傳於公。往年知詢失守，論議至今未息。藉使知諤治有能名，訓兵養民，於公何利？」知誥感悟，待之加厚。〔註124〕

即使如徐知諤般「狎昵小人，遊燕廢務」，也能夠保存，固然是因爲徐知誥害怕過於苛責或引起全國性的反抗。但是也能看到徐知諤本人絕意於政治鬥爭的無奈心跡。最後，他的死也與這種玩物喪志的行爲有關：

> 知諤博採奇物、寶貨，充牣其家。有蜀客持鳳頭至，自言得於南蠻賈者，知諤以錢五十萬易之。其頭正類雄雞，廣可五寸，冠上正平，可以爲枕。朱冠、紺毛、金喙、星眼，飛禽之枯首也。來自萬里，而毛羽不脫，文采如生，人咸異之。嘗遊秋山，除地爲廣場，

〔註121〕《資治通鑑》卷二八二，晉高祖天福四年四月條，第9201頁。
〔註122〕《資治通鑑》卷二八二，晉高祖天福四年二月條，第9198頁。
〔註123〕《資治通鑑》卷二八二，晉高祖天福四年五月條，第9202頁。
〔註124〕《資治通鑑》卷二七九，唐末帝清泰二年七月條，第9132～9133頁。

編虎皮爲大幄，率群僚屬會於下，號曰「虎帳」。忽遇暴風，飄虎帳，碎如飛蝶。知諤驚遽棄歸，數日，病卒。〔註125〕

徐知證於昇元四年（940）自江州奉化軍節度使出任宣州寧國軍節度使〔註126〕，於保大五年（947）三月卒於宣州，葬於其地〔註127〕。其一生，亦無波瀾。可能正是這種無爲的姿態，才贏得了南唐統治者的優容。馬令《南唐書・徐知證傳》云：「徐氏諸子，知證最爲長年。及元宗之世，尤見優禮。每入宮，元宗輒以家人遇之，親捧觴爲壽，自起舞以祝之。知證亦以叔父自處。」〔註128〕

徐溫孫輩在南唐境遇，亦有可說者。徐遼、徐遊已如上言，頗得信任。徐遼受封臨汝郡公，曾於交泰元年（958）三月出使後周，爲周世宗上壽。〔註129〕徐遊受封文安郡公，與南唐元宗君臣唱和頗多。〔註130〕另外，如上文所述，徐景邁、徐景遜、徐景邀、徐景迢、徐景運、徐景道、徐景述、徐景進、徐景逵俱在南唐接受封爵，優遊終老。整體而言，入南唐後，徐氏宗家成員少有介入核心政治事務者。

三、徐氏家族的文化水平與宗教信仰

關於東海徐氏家族的文化水平與宗教信仰，學界關注最多的自然是徐氏分家，畢竟在吳唐禪代之後作爲皇族的他們擁有常人沒有的優越條件從事文化與宗教活動，並能夠流傳下諸多史料，爲後世研究所取資。特別是「南唐二主」元宗李璟和後主李煜，由於他們自身高水準的文化素養和對文化事業的大力提倡，關於二人及其臣子的研究已經蔚然大觀。〔註131〕然對於徐氏宗家的關注，卻遠遠不及。此處試圖從文化水平與宗教信仰兩方面來勾勒徐氏宗家在楊吳・南唐時期的家族文化。

〔註125〕馬令：《南唐書》卷八〈徐知諤傳〉，第 5322 頁。參見《玉壺清話》卷九「梁王徐知諤」條，第 91 頁。

〔註126〕朱玉龍：《五代十國方鎮年表》「宣州」條，第 411 頁。

〔註127〕王象之《輿地碑記目》卷一「寧國府碑記」有云：「徐知證墓碑。在宣城西四十里。」見《石刻史料新編》，第 1 輯第 24 冊，第 18534 頁下欄。

〔註128〕馬令：《南唐書》卷八〈徐知證傳〉，第 5321～5322 頁。此所謂「長年」，是指徐知證在南唐時期，於已存徐溫子孫中最爲年長。曾嚴奭亦已辨之，見曾嚴奭：《南唐先主李昇研究》，第 91～92 頁。

〔註129〕《資治通鑑》卷二九四，周世宗顯德五年三月條，第 9582 頁。

〔註130〕陸游：《南唐書》卷八〈徐遊傳〉，第 5525 頁。

〔註131〕關於南唐二主及其臣子的文化活動，詳見陳葆真：《李後主和他的時代：南唐藝術與歷史》。

（一）文化水平

東海徐氏家族，自徐溫進入楊行密集團後發跡，以武立功。然而當楊吳政權基業已定，四方無事之後，繼續保持尚武風氣已經不足以繼續在政壇上站穩腳跟。在從武到文的轉變過程中，徐氏家族也逐漸提升文化水準。徐溫本人雖是武將，卻並非在戰場上廝殺之人，而是更多地依靠計謀，特別是通過嚴可求、駱知祥、陳彥謙、徐玠等人。但這些人尚且屬於吏，而非文士，對徐氏家族的影響也並不很深。特別是徐溫的家庭教育並不成功。

親長子徐知訓，「少學兵法，不能竟，尤喜劍士角觝之戲，怙溫權勢，多為不法。」〔註132〕根據他的不法行為，能夠一一列出其喜好，諸如女妓、駿馬等物，自為優伶、泛舟、賞花、使酒等事。〔註133〕次子徐知詢，亦未遺傳徐溫政治能力，為人「暗懦，待諸弟不厚」〔註134〕，終不敵於徐知誥而敗。另如徐知諤好博採奇物，已如上所示。

徐氏第三代中也有好玩之人，釋文瑩《玉壺野史》記載宋初翰林學士蘇易簡（958～997）曾得到「江南徐邈所造斚器」，注曰「一作徐遜」，可知徐景邈或徐景遜對斚器之類盛酒器物頗為雅好。〔註135〕甚至湧現出兩位在《宣和畫譜》中立傳的畫家：李景道、李景遊。據〈李景道傳〉：「李景道，偽主昇之親屬，景道其一焉。金陵號佳麗地，山川人物之秀，至於王謝子弟，其風流氣習尚可想見。景道喜丹青，而無貴公子氣，蓋亦餘膏賸馥所沾丐而然。作〈會友圖〉頗極其思，故一時人物見於燕集之際，不減山陰蘭亭之勝。今御府所藏一：〈會友圖〉。」又據〈李景遊傳〉：「李景遊，亦偽主昇之親屬，與景道其季孟行也。一時雅尚，頗與景道同。好畫人物極勝。作〈談道圖〉，風度不凡，飄然有仙舉之狀。璟嗣昇，而諸昆弟皆王，獨景遊不見顯封。其畫世亦罕得其本，今御府所藏一：〈談道圖〉。」〔註136〕從二人所擅長之繪畫內容來看，皆追求貴族般享樂生活，或燕集，或談道，知亦寄託抱負於山水之間也。

〔註132〕馬令：《南唐書》卷八〈徐知訓傳〉，第5319頁。
〔註133〕《資治通鑑》卷二七〇，梁末帝貞明四年六月條，第8827～8829頁。
〔註134〕《江南別錄》「義祖徐氏」條，第5133頁。另外，馬令《南唐書》卷一〇〈徐玠傳〉說徐知詢「所為多不法」（第5332頁），倒並非確切，或為誤植史家對徐知訓的評價。
〔註135〕釋文瑩：《玉壺清話》卷一「蘇翰林易簡」條，第1頁。脫脫等《宋史》（北京：中華書局，1977年）卷二六六〈蘇易簡傳〉亦曰「江南徐邈」，第9172頁。
〔註136〕不著撰人：《宣和畫譜》卷七〈李景道傳〉、〈李景遊傳〉，第71～72頁。點校本誤「昇」為「昇」，誤「遊」為「游」，皆正之。

　　當然，並非所有子孫都是這樣的性格。如徐知諫，當徐知訓無禮於徐知誥時，正是他屢次爲之解圍。〔註137〕此人「爽悟喜文，徐氏諸子，知諫最爲雅循。初，知訓輔政，無所醞藉，溫留知諫陰助之。諸將常惡知訓陵己，而以知諫爲長者。」〔註138〕故而其二子徐景遼和徐景遊在南唐時期也能夠官居高位。陸游《南唐書·徐遊傳》云：

　　　　後主嗣位，好爲文章，遊復以能屬文見昵，封文安郡公。燕飲
　　　則流連酬咏，更相倡和，雖后妃在席，不避也。昭惠后好音，時出
　　　新聲，或得唐盛時遺曲，遊輒從旁稱美，有三閣狎客之風。閒居講
　　　論古今得失，後主設問，遊具以所聞對；或遊有疑以請，後主亦引
　　　經義或古事稱制答之。君臣相矜，至國亡不悟也。遊有巧思，歌器
　　　之制，久不傳人，無知者，遊獨以意創制，皆合古法。太平興國（976
　　　～984）中，蘇易簡爲學士，得之。暇日試於玉堂，太宗皇帝（939
　　　～997）聞而取視之，歎賞不已。〔註139〕

可見，徐遊之受重視，不僅僅取決於徐知諫的政治地位，也與其家庭教育分不開。何況，南唐本身是一個文風甚盛的時代，故而舞文弄墨、附庸風雅之人亦當不少，徐氏家族也免不得受到影響。

　　關於徐氏宗家的文化水平，尚需考辨者爲徐知證和徐知諤的著作。杜文玉師《南唐史略》曾根據清人顧櫰三《補五代史藝文志》〔註140〕、唐圭璋（1901～1990）〈南唐藝文志〉〔註141〕等內容製成新的〈南唐藝文志〉，其中提到兩種著作：「《徐仙翰藻》，十四卷，徐知證撰」；「《閣中集》，十卷，徐知諤撰」〔註142〕。關於徐知諤的《閣中集》，陸游《南唐書·徐知諤傳》即有記載，「所著文賦詩歌十卷，號《閣中集》」，可知不誤。〔註143〕然所謂《徐仙翰藻》卻

〔註137〕《資治通鑑》卷二七〇，梁末帝貞明四年六月條，第8827～8828頁。
〔註138〕馬令：《南唐書》卷八〈徐知諫傳〉，第5321頁。
〔註139〕陸游：《南唐書》卷八〈徐遊傳〉，第5525頁。其中所謂「歌器」，當即《玉壺野史》所載「欹器」，則又一說也。
〔註140〕顧櫰三：《補五代史藝文志》，收入王承略（1967～）、劉心明（1964～）主編《二十五史藝文經籍志考補萃編》第十九卷，北京：清華大學出版社，2013年，第27～60頁。
〔註141〕唐圭璋：〈南唐藝文志〉，《中華文史論叢》，1979年第3輯，第337～356頁。
〔註142〕杜文玉：《南唐史略》附錄三〈南唐藝文志〉，第237～246頁。
〔註143〕陸游：《南唐書》卷八〈徐知諤傳〉，第5525頁。亦參張興武（1962～）：《補五代史藝文志輯考》，上海：上海古籍出版社，2016年，第470頁。

值得推敲。唐圭璋〈南唐藝文志〉首先收錄此書，並注云：「元陳慕根輯，見萬曆本《續道藏》。北京圖書館藏有元抄本《徐仙翰藻》十四卷。《全唐文》錄徐知證文一篇。」〔註 144〕所謂《全唐文》錄徐知證之文即〈廬山太一眞人廟記〉，此文是徐知證爲廬山董眞君廟重修所寫的紀事碑。〔註 145〕重點在於這部《徐仙翰藻》是由元人陳慕根輯的，又收入《續道藏》。一本由後人編輯的前人文集收入道藏，當有兩種可能：一爲文集的內容是原作者所撰寫的道家經文，一爲文集的內容是後人託名前人而編輯的道家經文。如是前一種可能，那麼這本《徐仙翰藻》完全能夠反映晚唐五代道教情況，並引起道教史研究者關注；如是後一種可能，那麼這本書只能作爲元代道教史材料。然而，根據筆者對此書的閱讀發現，其內容皆圍繞福州靈濟宮的新建與重修而寫，作者所署時間則有元朝至元（1264～1294）、元貞（1295～1297）、大德（1297～1307）等年號；所見最早有五代宋初年號，但皆在元人立場追述前代神靈，且多與史實相出入；書中雖有提及徐知證，但僅作爲地方神靈而與徐知諤同時提及，稱之爲「二徐眞人」。〔註 146〕因此，筆者並不認爲此書爲徐知證所撰。《四庫全書總目提要》云：

> 不著編輯者名氏，前有至元乙未（1295）福州教諭周壯翁序，似元時舊本矣。所載皆唐末徐溫二子知證、知諤詩文，稱降神於閩所作，然不言其所自來。考第三卷塞謗文中，有今之箕筆語，乃知皆附乩書也。……是徐仙之祀肇於晉，顯於宋，而大盛於明。此書元人輯之，明人刊之，蓋有以矣。〔註 147〕

可知此書內容「皆附乩書」，本屬元代福州地方人士輯宋元以來乩書而成。《提要》曰：「所載皆唐末徐溫二子知證、知諤詩文，稱降神於閩所作，然不言其所自來。」誠哉斯言。〔註 148〕

〔註 144〕唐圭璋：〈南唐藝文志〉，第 345 頁。張興武《補五代史藝文志輯考》全文引錄唐注和四庫提要而未作考辨，第 423 頁。

〔註 145〕徐知證：〈廬山太一眞人廟記〉，《全唐文》卷八七○，第 9104～9105 頁。

〔註 146〕陳慕根輯：《徐仙翰藻》，收入四庫全書存目叢書編纂委員會編《四庫全書存目叢書》「子部・道家類」，濟南：齊魯書社，1995 年，第 259 冊，第 615～735 頁。

〔註 147〕永瑢等：《四庫全書總目提要》卷 147「道家類存目」，萬有文庫本，上海：商務印書館，1931 年，第 28 冊，第 88～89 頁。

〔註 148〕關於此書在元代的情況，參見王福梅：〈元代《徐仙翰藻》考析〉，《莆田學院學報》，2011 年第 1 期，第 18～22 頁。

當然，徐知諤《閣中集》確實是真的，可惜未能流傳下來。不過也能反映徐知諤本人頗擅詩文。另外，即使《徐仙翰藻》一書並非徐知證所撰，也不表明徐知證本人不擅筆墨。事實上，據《廬山記》，在奉化軍節度使任上，徐知證曾經與幕僚同至廬山東林寺，賓主之間聯句為戲，首四句即其所吟：「古殿巍峨鎮碧峰，晉朝靈應顯神蹤。林間野鳥驚寅梵，嶺上孤猿聽晚鐘」，頗有文采。〔註149〕此外，徐溫女婿李建勳也是知名文士，著有《鍾山公集》二十卷、《詩集》二卷，雖然在《全唐詩》中保存了數十首詩，惜文集已佚。〔註150〕《玉壺清話》云：「其為詩，少猶浮靡，晚年方造平淡。」〔註151〕

（二）宗教信仰

東海徐氏家族的宗教信仰，在古代中國佛道二教盛行的年代，無非這兩種選擇。首先來看佛教信仰，何劍明、陳葆真等學者已揭示了徐氏分家的佛教信仰情況，〔註152〕此處重在補充徐氏宗家的佛教信仰。

關於徐溫的佛教信仰，陳葆真已在其書中提及一個事例，即武義二年（919）十月二十三日，徐溫鑄興化院鐘。〔註153〕何劍明在其著作中也言及徐溫曾於順義三年（923）創建興教寺的事情。〔註154〕

受到徐溫的影響，其親子也都與佛教有關。如徐知訓，上文已提及，他在揚州輔政時，曾於山光寺設計陷害徐知誥；另外，也曾於揚州城東禪智寺賞花，藉使酒之機無禮於吳王楊隆演。〔註155〕當然，在寺院行動並不一定表示徐知訓有佛教信仰，但之所以會選擇寺院，恐怕也與他經常出入寺院有關，

〔註149〕陳舜俞：《廬山記》卷四〈古人留題篇〉，第1047頁中欄至下欄。

〔註150〕張興武：《補五代史藝文志輯考》，第307～308頁。

〔註151〕釋文瑩：《玉壺清話》卷一〇「鍾山相李建勳」條，第96頁。

〔註152〕何劍明：〈法眼禪與南唐佛教的興盛〉，收入氏著《沉浮：一江春水──李氏南唐國史論稿》，第247～263頁；陳葆真：〈南唐三主與佛教信仰〉，初刊於李志夫編：《佛學與文學》，法鼓文化，1998年，第245～285頁，後收入氏著《李後主和他的時代：南唐藝術與歷史》，第207～238頁。

〔註153〕陳思：《寶刻叢編》卷一五「吳徐溫鑄興化院鐘記」條，《石刻史料新編》，第1輯第24冊，第18334頁上欄。陳葆真：《李後主和他的時代：南唐藝術與歷史》，第229頁。

〔註154〕何劍明：《沉浮：一江春水──李氏南唐國史論稿》，第249頁。又，陳葆真也提及此事，但並不確定興教寺之創建是徐溫還是吳王楊溥，見氏著《李後主和他的時代：南唐藝術與歷史》，第209頁。事實上，當時徐溫坐鎮南京，把持楊吳政權，即使楊溥想在金陵建寺，恐怕也得經過徐溫的認可。

〔註155〕《資治通鑑》卷二七〇，梁末帝貞明四年六月條，第8827～8828頁。

或多或少都會受到影響。且據馬令《南唐書》載，徐知訓與僧人修睦甚相親狎。〔註156〕如徐知詢，雖然關於他的信仰記載頗少，但是筆者通過對大和五年（933）洪州大安寺鐵香爐本身及其銘文的釋讀，揭示出了徐知詢在此年七月十五日鑄香爐以求其父徐溫護祐的願望，詳見後文。如徐知諫，他與佛教的關係可用一則故事來說明：

> 知誨，知詢之弟，娶吳功臣呂師造之女。非正嫡所出，知誨常切齒，因醉刺殺。後頻見呂氏數爲祟，請僧誦經亦昮之，僧爲陳因果。呂曰：「吾不解此，志在報冤！」知詢之敗，知誨有力焉，烈祖德之，以爲江西。至鎮歲餘，不見呂氏，心中甚喜。有家人自淮南歸，於江心遇綵舟，有婦人，乃呂氏也。招家人曰：「爲我謝相公，善自愛，我今它適矣！」又以繡履授之曰：「恐相公不信，謂爾詐，此殯時物，用以爲信。」家人至江西，以履進，知誨熟視之。未畢，
> 呂氏已在側曰：「爾謂我的不來也！」少時，知誨卒。〔註157〕

其中「知誨」爲「知諫」之誤。這則故事所反映的是徐知諫的日常生活中，與僧人的互動佔有一定的地位。又如徐知證，其在南唐昇元六年（942）七月，曾經撰寫南唐重修廬山東林寺之紀事碑〔註158〕，體現出他對佛教事業的熱心參與。而徐知諫之了徐遊更是爲南唐皇室「專典宮室營繕及浮屠事」〔註159〕。

關於徐氏宗家與道教的關係，亦從徐溫開始。〔註160〕《全唐文》收有徐

〔註156〕馬令：《南唐書》卷一〈先主書〉，第5258頁。
〔註157〕《江南別錄》「義祖徐氏」條，第5133頁。
〔註158〕陳思：《寶刻叢編》卷一五「南唐重修東林寺記」條，《石刻史料新編》，第1輯第24冊，第18342頁上欄。陳葆眞依牧田諦亮（1912～2011）《五代宗教史研究》（京都：平樂寺書店，1971年）一書尋找此條材料，並未找到，蓋牧田氏誤以卷一五爲卷三五所致。見陳葆眞：《南唐三主與佛教信仰》，第231頁。又，不著撰人《寶刻類編》卷七載：「孟拱辰。重修東林寺記。韓王知證記。草書並篆額。昇元六年七月一日。江。」見《石刻史料新編》，第1輯第24冊，第18500頁下欄。而《寶刻叢編》原文爲：「南唐重修東林寺記。韓王知證記，孟拱辰分書，並篆額。昇元六年七月一日。」可知，〈南唐重修東林寺記〉是徐知證撰寫原文，由孟拱辰書寫並篆額。關於《寶刻類編》體例，《四庫全書總目提要》已經指出，「每類以人名爲綱，而載所書碑目。」見《寶刻類編》「提要」，第18404頁。故《寶刻類編》多使人誤解。
〔註159〕陸游：《南唐書》卷八〈徐遊傳〉，第5525頁。
〔註160〕可能是受徐溫以及整個時代的影響，徐知諗也崇敬道教備至，參見薛政超（1975～）：〈五代金陵宗教發展研究〉，《長沙大學學報》，2005年第3期，第53～56頁；何劍明：〈南唐道教的發展與衍變〉，收入氏著《沉浮：一江春

鍇（920～974）〈茅山道門威儀鄧先生碑〉，云：「義祖武皇帝作鎮江表，特加禮異，至誠所啓，罔有不從。是以力役復蠲，樵蘇有禁。梁懷王藩屏浙右，親圖寫其像焉。」〔註161〕可見，不僅徐溫對於道士鄧啓霞（848～932）敬禮有加，其子梁王徐知諤亦在其解化後親自圖寫其畫像。此外，有一條並不能明確的史料，即《寶刻類編》所載大和三年（931）九月九日道士呂棲霞撰有〈徐公重建靈公室院記〉一文，其地點為「昇州」，〔註162〕則或與當時坐鎮金陵的徐知詢或徐知諤有關，但無法確證。不過，魏王徐知證與道教的關係比較明朗，他曾經在昇元六年（942）七月六日撰寫〈廬山太一眞人廟記〉〔註163〕，其全文則如前文所述收錄於《全唐文》。在徐知證鎮江州時期，還因崇道而鬧出了一個笑話，據鄭文寶《南唐近事》記載：

> 廬山九天使者廟有道士，忘其姓名。體貌魁偉，飲啗酒肉，有兼人之量。晚節服餌丹砂，躁於沖舉。魏王之鎮潯陽也，郡齋有雙鶴，因風所飄，憩於道館，迴翔嘹唳，若自天降。道士且驚且喜，焚香端簡，前瞻雲霓。自謂當赴上天之召，命山童控而乘之，羽儀清弱，莫勝其載。毛傷背折，血灑庭除，仰按久之，是夕皆斃。翌日，馴養者詰知其狀，訴於公府，王不之罪。處士陳沆聞之，為絕句以諷云：「啗肉先生欲上昇，黃雲踏破紫雲崩。龍腰鶴背無多力，傳語麻姑借大鵬。」〔註164〕

另外值得一提的，是徐知證和徐知諤在後世被歷代帝王崇奉為道教眞君的事情，據沈德符（1578～1642）《萬曆野獲編》載：

> 今都城靈濟宮二徐眞君，故五代徐溫子知證、知諤，初祀於福建之會城，名洪恩靈濟宮。我成祖（1360～1424）永樂十五年（1417），聖躬不豫，或云神靈異，旋禱之而效。又雲夢授靈藥，因並封為金闕、玉闕眞人，立廟京師，賜額如閩中。次年（1418）加封眞君。正統（1436～1449）初，又加為崇福、隆福眞君。至成化二十二年（1486），加

水——李氏南唐國史論稿》，第263～277頁。至於徐溫和徐知諤因為信仰道教而頻歸海州從而興起了當地的「三官老爺」信仰，則於史無徵，且存疑，見柳興隆：〈徐溫父子與海州〉。

〔註161〕 徐鍇：〈茅山道門威儀鄧先生碑〉，《全唐文》卷八八八，第9283頁；亦見《徐鉉集校注》所附《徐鍇集》，第855頁。

〔註162〕 不著撰人：《寶刻類編》卷八「呂子元」條，第18513頁下欄。

〔註163〕 陳思：《寶刻叢編》卷一五「南唐太乙眞人廟記」條，第18342頁上欄。

〔註164〕 《南唐近事》卷二，《五代史書彙編》第九冊，第5056頁。

伯號曰「九天金闕總督魁神洪恩靈濟慈惠高明上帝」，加仲號曰「九
天玉闕總督罡神洪恩靈濟仁惠宏淨上帝」，先已有四時皮弁冠、大紅
雲龍服，至是又加平天冠、明黃羅絟衣，神父亦加高上神王慈悲聖帝。
其袍在京四時更換焚化不必言，且每遣內官入閩，齎送如京師。至弘
治元年（1488），禮部尚書倪岳（1444～1501）疏正祀典，廢諸淫祀，
他神俱已得旨，惟二真人僅革帝號及冠袍，而福建冠服，仍六年一次
差官，不盡革也。成化（1465～1487）末年濫典，俱李孜省（？～1487）、
鄧常恩輩爲之，倪青溪毅然奏革，孝宗（1470～1505）斷然力行，足
光新政。但福建之祀，謂二徐提兵平福建，閩人德之，圖像以祀，至
宋而賜今額。按徐氏專政時，全閩尚爲王延鈞（？～935）所據，至
王曦（？～944）遇弒，延政亂國，南唐遣查文徽（891～960）、邊鎬
等入閩取其地，尋爲留從效（906～962）所據，而福州入於吳越錢氏。
是時李昪篡位已沒，其子璟嗣位，二徐足跡，何由涉閩境也？則不但
本朝祀典爲不經，並宋時君臣於近代事，亦殊憒憒。〔註165〕

可見，由於明成祖朱棣一時「不豫」，導致原本是福建地方小祀的洪恩靈濟宮
二徐信仰一下子成爲全國性二徐真君信仰，甚至被加封爲「上帝」，二徐之父
徐溫也因此被封爲「高上神王慈悲聖帝」。歷史上，「二徐」並無「提兵平福
建」的可能性，並已遭到普遍懷疑。〔註166〕但爲什麼福建地區會出現這樣的
傳說，且「二徐」爲何在明代一步步上升，這些都有潛在原因，然並非筆者
目前所能解決。〔註167〕

〔註165〕沈德符：《萬曆野獲編·補遺》卷四「二徐真君之始」條，北京：中華書局，
　　　　1980 年，第 916～917 頁。原文僅爲斷句，故筆者爲之標點，並加西曆年份。
〔註166〕上文所引沈德符之文已證其非。清人林楓（1798～1867）所撰《榕城考古略》
　　　　亦引《蟫窠集》等書力辨其非，參見：http://www.fzdqw.com/ShowText.asp？
　　　　ToBook=1405&index=12，2010 年 6 月 20 日瀏覽。馬書田（1946～）也予辯證，
　　　　見馬書田：《中國道教諸神》，北京：團結出版社，1996 年，第 233～237 頁。
〔註167〕關於宋代以來福建地方民間信仰的研究，特別是涉及到二徐真君的，可參考：
　　　　施舟人（1934～）：〈《道藏》中的民間信仰資料〉，收入氏著《中國文化基因
　　　　庫》，北京：北京大學出版社，2004 年，第 84～100 頁；陳進國（1970～）：
　　　　〈扶乩活動與風水信仰的人文化〉，《世界宗教研究》，2004 年第 4 期，第 138
　　　　～148 頁；林國平（1956～）：〈道藏中的籤譜考釋〉，《福建論壇》（人文社會
　　　　科學版），2005 年第 12 期，第 71～75 頁；謝貴文（1968～）：〈從神醫到醫
　　　　神：保生大帝信仰道教化之考察〉，《成大宗教與文化學報》，第十三期，2009
　　　　年 12 月，第 37～58 頁。關於靈濟宮碑文保存情況和今日靈濟宮信仰的延續
　　　　情況，參見王輝、林國平、蓋建民：〈福建閩侯縣青口鎮靈濟宮調查〉。

總之，東海徐氏家族的文化水準自第二代起，因成長於和平年代，且社會地位頗高，故而有利於他們提高自身文化水準。在此基礎上，更爲南唐的李璟、李煜在客觀上提供了家學，創造了文化積累。另外，由於文化水準的提高，對佛教、道教的認識也逐漸加深，並且因社會地位的特殊因素而與二教人士有較多往來。當然，也不排除徐知誥掌權之後，徐溫親子因奪權無望而轉事佛道的消極思想因素在其作用。

小　結

唐末五代時期，東海徐氏家族自徐溫加入楊行密集團以來，經過了四代人的繁衍，不僅分化出了徐氏宗家和徐氏分家，且先後掌控了楊吳的大權。徐氏分家甚至在楊吳末年建立起了南唐政權，並改姓李氏，脫離東海徐氏家族而成爲南唐皇族。本章在整理東海徐氏家族世系的基礎上，亦勾勒了這一家族與楊吳政權其他家族的聯姻關係，以期從一個側面反映其實力之增強。另外，通過對比徐氏宗家和徐氏分家兩者子嗣發展情況和聯姻對象之選擇，也可以瞭解到徐氏分家作爲後起之秀在楊吳末年的勢力已經蓋過徐氏宗家。

不過，當徐氏分家在建立了大齊政權，並隨後成爲南唐皇族之後，他們對徐氏宗家成員的態度還是具有包容之心的，包括政治地位的保證和政治決策的參與權。在此基礎上，徐氏宗家成員也積極向南唐皇帝靠攏，雖然沒被允許改姓以躋身皇室成員，但還是保持著對南唐政權的認同。不過畢竟人丁不旺，政治地位也算不上最顯赫，所以相關史料也日漸闕如，徐氏宗家的事蹟漸漸淹沒不聞。

至於徐氏家族文化水平，徐氏分家無論，徐氏宗家處於從尚武向尚文的轉變過程中，故而雖然在前期尚有徐知訓這樣的紈綺子弟，但進入南唐後的文化水平日漸提高。另外，受到社會大環境的影響，以及徐氏宗家在政治上日漸邊緣化的原因，徐氏宗家對佛教和道教的愛好與推崇也值得重視。有趣的是徐知證和徐知諤在後世被推崇爲「二徐眞君」，受到明代皇帝的不斷尊崇。

第二節　大安寺鐵香爐與東海徐氏家族

在江西省南昌市大安寺遺址內，曾經有楊吳大和五年（933）所鑄鐵香爐一座，其銘文是後世學者研究楊吳歷史的一段極可寶貴的史料。楊吳一代，

正史記載本就極少，能有金石史料留存更爲不易〔註168〕，亦必引起諸多關注。然而前人大都沒有深入考察鐵香爐與當時政治關係，對鐵香爐及其銘文的研究，亦未再進入學界視野。筆者認爲，鐵香爐銘文所提供的信息和鐵香爐本身的形制，以及特定的鑄造時間，能夠反映出楊吳政治的一個側面。在下文中，筆者將先對鐵香爐及其銘文在前人研究的基礎上進行考釋，聯繫傳統史料所見楊吳政治情況來定位鐵香爐問世背景，通過各種信息來考證此一鐵香爐在楊吳政治中的特殊政治含義。

一、爐銘錄文及考釋

現存關於此爐銘文的研究資料有（以下資料亦爲筆者考訂銘文所用版本）：

1、熊飛渭（？～1697）：〈寓普賢寺和鐵香爐歌〉，（雍正）《江西通志》卷一五一〈藝文・詩五〉「七言古」類，《景印文淵閣四庫全書》第 518 冊，史部第 276 冊，地理類，臺北：臺灣商務印書館，1986 年，第 485～486 頁。

2、朱彝尊（1629～1709）：〈吳大女寺鐵香爐題名跋〉，氏著《曝書亭集》卷四六，葉八，四部叢刊初編本據涵芬樓藏原刊本影印，上海：商務印書館，1919 年。王昶《金石萃編》卷一二二收入朱跋，略有省文。

3、錢大昕（1728～1804）：〈大安寺香爐題字〉，氏著《潛研堂金石文跋尾》卷一一，葉八至葉九，《石刻史料新編》，第 1 輯第 25 冊，臺北：新文豐出版公司，1977 年，第 18868～18869 頁；陳文和（1946～）主編《嘉定錢大昕全集》第六冊，南京：江蘇古籍出版社，1997 年，第 281～282 頁。

4、王昶（1724～1806）：〈大安寺鐵香爐款識〉，氏著《金石萃編》卷一二二，葉一至葉二，北京：中國書店，1985 年。下舉李鳳高之文認爲「王氏徒據拓本誤處甚多」，今觀李氏拓片，確實如此。

5、乾隆五十二年（1787），翁方綱（1733～1818）據其所得拓片撰有〈大安寺鐵香爐歌〉，見《復初齋詩集》卷三四，葉三，《續修四庫全書》，第 1454 冊，上海：上海古籍出版社，2002 年，第 673 頁。

6、馮登府（1783～1841）：〈吳大安寺鐵香爐跋〉，氏著《石經閣金石跋文》（不分卷），葉六至葉七，光緒十三年（1887）行素草堂本，《石刻史料新編》，第 2 輯第 19 冊，臺北：新文豐出版公司，1979 年。

〔註168〕楊吳時期金石史料留存情況，見張興武：《補五代史藝文志輯考》，第 541～544 頁。

7、徐榮（1792～1855）：〈大安寺觀赤烏二年鼎〉詩，氏著《懷古田舍詩節鈔》卷十，葉五九，《續修四庫全書》，第1518冊，第84頁。

8、況夔笙（1859～1926）：〈識語〉，《國粹學報》，第56期，插圖第5頁之鐵香爐照片（圖2.3）四周，1909年8月。

9、李鳳高（1861～1944）：〈南昌大安寺楊吳大和五年鐵鑪考〉，並附李氏所提供鐵香爐銘文拓片（圖2.4），刊《國粹學報》，第56期，插圖第6頁，1909年8月。

10、趙慈寚：〈糾正《南昌大安寺楊吳大和五年鐵爐考》〉，《國粹學報》，第82期，1911年9月。

11、傅春官（1878～？）在宣統元年（1909）撰有〈識語〉，並附鐵香爐照片（圖2.5），刊《東方雜誌》，第13卷第12期，1916年12月10日出版，插畫第2頁。

以上一共十一種資料，其中2、3、4、6為跋語，各以其作者姓氏，簡稱朱跋、錢跋、王跋、馮跋；1、5、7為詩歌，簡稱熊詩、翁詩、徐詩；8、11為識語，簡稱況識、傅識；9、10為考證文章，簡稱李文、趙文。

另外，陳宏緒（1597～1665）《江城名蹟》中對大安寺的記載中亦有提及鐵香爐，但並未就銘文進行考證。〔註169〕葉昌熾（1849～1917）《語石》從書學角度予以關注〔註170〕，未有銘文考訂；林鈞（1890～1972）亦有〈南昌大安寺鐵香爐考〉一文〔註171〕，惜未見刊佈。

拓片方面，前述李鳳高拓片之外，大陸和臺灣各有拓片，其中大陸國家圖書館所藏拓本根據尺寸信息，疑似即李鳳高所拓〔註172〕。近年，又有一件

〔註169〕陳宏緒：《江城名蹟》卷三，文淵閣四庫全書，電子全文檢索版。

〔註170〕葉昌熾撰，柯昌泗（1899～1952）訂：《語石 語石異同評》卷五，北京：中華書局，1994年，第378～379頁；葉昌熾撰，韓銳校注：《語石校注》，北京：今日中國出版社，1995年，第567頁；葉昌熾著，王其禕（1957～）點校：《語石》卷五，瀋陽：遼寧教育出版社，1998年，第161頁。

〔註171〕此文存在之信息見鄭逸梅（1895～1992）：《珍聞與雅玩》，北京：北京出版社，1998年，第4頁。亦見林鈞致陳乃乾函：「此外尚有〈泰山秦刻〉與〈大安寺鐵香爐〉兩考……初稿，均已完畢，今春擬次第付之梨棗」云云，然終未見刊佈。此函見於2015年6月28日嘉德四季第42期拍賣會，圖版見雅昌拍賣網，地址：http://auction.artron.net/paimai-art5073401219/。（2017年4月4日瀏覽）

〔註172〕在中國國家圖書館中，拓片藏於古籍館善本閱覽室，據檢索可知，其載體形態為：5張，尺寸各為36×23，32×31，32×42，32×24，14×99cm，與《國粹學報》所附5張李鳳高拓片在尺寸上相近似。在臺灣數位典藏的分類中，

明代拓本兩次出現於拍賣公司，所拓內容，根據《金石萃編》全文，可知爲第一層西南面、第二層南面題名。〔註173〕此外，在這件明拓本右側，有陳邦福（1893～1977）所鈔錄葉昌熾《語石》中關於銘文的考訂內容，和陳氏本人於1972年撰寫的〈題識〉一則。根據陳氏跋文可知，其拓本來源爲蘇州洞庭西山包山寺僧聞達處，由名爲「矯毅」者出示陳氏，並請題識。但陳氏〈題識〉並未涉及銘文考訂。

　　現以《金石萃編》卷一二二所載〈大安寺鐵香爐款識〉爲底本，參考上述朱、錢、王、馮四家跋文，翁、徐二家詩歌，況、傅二家識語，李、趙二家考證，〔註174〕並根據筆者對李鳳高拓片的識別錄文如下：

　　王昶序言（筆者標點）：

　　　　鑪，未詳其高，大若干尺，共六層。上一層三面有字，北面十四行，行十字至十四字；西南面七行；東南面十一行，行十字或十一二字〔註175〕。第二層惟南面有字，三十六行。第三層足下有二人名。第四層無字。第五層蓮花瓣上通著「工」〔註176〕字，又束北面有人名一行。下一層八面皆人名。今逐一依次注明如左。在南昌府。〔註177〕

大安寺鐵香爐銘文釋讀（筆者標點，並以」分行）：

　　上一層北面：

屬於吉金部——雜器類——鑪之屬，網頁見於：http://catalog.digitalarchives.tw/item/00/14/f5/d1.html。（2012年9月14日瀏覽）

〔註173〕根據筆者2012年5月28日瀏覽兩家拍賣公司網頁可知，這件明拓本在網頁中顯示的信息分別爲：一，「雅昌藝術網」所載北京泰和嘉成拍賣有限公司在2009年6月26日的2009年春季藝術品拍賣會上拍賣《明拓江西大安寺鐵爐》一冊，26×15.5cm，鈐「陳邦福印」、「矯毅」，冊前有丹徒陳邦福先生題記，但網上提供的圖片太小，網址：http://auction.artron.net/paimai-art89640603/；二，「博藝網」所載在2009年11月5～6日的蘇州吳門2009秋季藝術品拍賣會上所拍明朝拓本〈江西大安寺鐵爐銘〉，40×30cm，所鈐之印照片顯示不清晰，但有鈔錄葉昌熾《語石》一段，和陳邦福先生題識，較爲清晰，可以確認與「雅昌藝術網」上的原是一件。

〔註174〕下文凡引用這十家文字的地方，皆出自以上版本的以上詩文，不另作注。

〔註175〕馮跋認爲：「上一層三面有字，北面十四行三十字至十四字，西南面七行，東西面十一行二十字或十一二字。」今觀拓片，當以王昶爲確，從之。

〔註176〕關於「王」字，馮跋認爲，第五層蓮花瓣上「王」字當爲「五」字。而趙文認爲，「王」字在爐足虎頭上。此字無拓片可據，以理度之，從趙說。

〔註177〕朱跋認爲大安寺鐵香爐在金陵，實爲從上元（金陵）燈市上得到拓片的緣故。此點錢跋、馮跋、李文皆辯證之。

維吳大和〔註178〕五年歲次癸巳七月乙亥」朔十五日己丑鑄此香
爐，重一万二」千斤，於大安寺大殿永充供養。」上爲國王□主、
府尊令公、州縣」文武官僚、三吳万姓、師僧父母，什方施」□，
法界有□，四恩三有，同沾福利。」〔註179〕

都勾當　化鑄香爐匠丘師立」〔註180〕

都維□僧歲琮、上座僧李惲」〔註181〕、寺主□小海、直歲僧古
緣、遂」〔註182〕監寺　德、張智思、座僧靈願」〔註183〕、明緣　魏
□、楊彥思」〔註184〕、朱　彥進、陳思、劉詮、楊蕤」〔註185〕、
徐　曾三、楊聳、楊郯用」〔註186〕從　劉逢」〔註187〕□　歲都□
弟子□曾料。」〔註188〕

〔註178〕朱跋、翁詩、馮跋、況識都作「太和」，誤。「大」、「太」二字易混，錢大昕
　　　《十駕齋養新錄》卷六「大太二字易混」條已辨之曰：「唐文宗、楊溥年號皆
　　　大和，非太和也。」陳文和主編《嘉定錢大昕全集》第七冊，第177頁。李
　　　鳳高之文又以此「大和」證諸書「太和」之非，曰：「『大和』，諸書多作『太
　　　和』，有此足正其誤。」不過，「大」、「太」二字雖通，但劉新萬指出，「大和」
　　　年號取自《周易·乾象》「乾道變化，各正性命。保合大和，乃利貞」，可知
　　　當以「大和」爲準。劉新萬（1976～）：〈《周易》與唐代帝王年號關係考〉，《洛
　　　陽理工學院學報》（社會科學版），2009年第6期，第26～30頁。
〔註179〕據王昶錄文，後一句作「上爲國王□□、府尊令□、□縣□□官僚、三吳百
　　　姓、師僧父母，□方□□，法界有□，……」。據況識，後一句作「上爲國王
　　　吳主、府尊令公、州縣文武官僚、三界萬姓、師僧父母，什方施主，法界友
　　　情，……」翁詩亦提及「國王吳主」、「府尊令公」。今觀拓片，「吳」字尚有
　　　可疑，「百」、「萬」實爲「万」字，況識所謂「主」字或爲「三」字，「情」
　　　字不可識，故二者暫缺。
〔註180〕王昶錄文作「都勾當□□鑄香爐□師立」，況識作「都勾當鑄香鑪丘師立」，
　　　據拓片補正。
〔註181〕王昶錄文作「□暉」，據拓片，爲「李惲」。
〔註182〕王昶錄文作「寺主□□□□□僧　緣遂」，據拓片，或作「寺主□小海直歲僧
　　　古緣遂」。
〔註183〕王昶錄文作「監寺□□德　□香□□僧□願」，據拓片，或作「監寺　德張智
　　　思座僧靈願」。
〔註184〕王昶錄文作「明□　□□□□□楊彥思」，據拓片，當作「明緣　魏□楊彥思」。
〔註185〕王昶錄文作「□　□□□思劉詮楊」，據拓片，當作「朱　彥進陳思劉詮楊蕤」。
〔註186〕王昶錄文作「徐　□□□楊聳楊郯□」，據拓片，當作「徐　曾三、楊聳、楊
　　　郯用」。其中，王昶錄文「郯」字，當爲「茶」字加「阝」旁，筆者疑此爲「藏」
　　　字之訛，即此人名「楊藏用」。
〔註187〕王昶錄文作「從　金□」，據拓片，當作「從　劉逢」。
〔註188〕王昶錄文作「□　□歲□□弟子□□□」，據拓片，當作「□　歲都□弟子□
　　　曾料」。此行後王昶又有一行，僅錄一「禮」字，然拓片中未見，故從略。

上一層東南面：

　　　　檀越主郏亭大王」〔註189〕

　　　　證因僧智玄」〔註190〕

　　　　唐延恪、朱彥瑶、吳少乾、余一娘、」郭可瑗、習拯、朱衛女、習衛娘、」呂從寶、羅六娘、袁十娘、熊超、」戴十三娘、施太、周宏傑、趙從、」黃祐、張五娘、施超、涂從、徐十一」娘、李從、藍敬辭〔註191〕、胡二娘、徐」祿〔註192〕、周雅、楊珪〔註193〕、徐璠、李進、王」彥思、韋章、吳暉、陶魯」頌〔註194〕、曾師德。」

上一層西南面：

　　　　同用工〔註195〕胡德、蕭道男、丁從，」當寺〔註196〕造大殿上用釘二万口〔註197〕，」與香爐上共緣化得鐵及〔註198〕」錢收買，共計用鐵一千〔註199〕四伯」斤，打造上殿，使用並足，永」充供養。」

　　　　都勾當釘丘師立〔註200〕」

第二層南面：

　　　　賈彥琮、李」三娘、賈弘二，」共捨鐵三百。」楊榷〔註201〕、丘五□、」朱延浩、丘彥〔註202〕、」陳處溢〔註203〕、李□、」劉

〔註189〕此據翁詩、徐詩、況識。王昶錄文作「郤膏六王」，據李文考證及觀拓片，當以況識爲確。

〔註190〕朱跋作「智玄」，即王昶錄文之「智元」，蓋後者爲避諱而改。李文亦作「智元」，並引陸游《南唐書》爲證。考陸游《南唐書》卷一八〈浮屠傳〉有「豫章龍興寺僧智玄」（第5604頁），可證避諱之說。今觀拓片，亦爲「智玄」。至於銘文中的「智玄」與陸游《南唐書》的「智玄」是否爲同一人，不可考。

〔註191〕王昶錄文漏「辭」字，據拓片補。

〔註192〕王昶錄文作「祿」字，據拓片，疑爲「璨」字。

〔註193〕王昶錄文作「理」字，據拓片，當作「珪」字。

〔註194〕王昶錄文作「頌」字，然拓片殘泐，存疑。

〔註195〕據況識。錢跋以「同」字爲「尚」字，李文駁之，甚是。

〔註196〕王昶以「當寺」二字爲「富等」，錢跋「當」字空缺，今觀拓片，確當從況夔笙錄文。

〔註197〕王昶錄文以「口」字爲空格「□」，今觀拓片並度文意，確爲「口」字，錢跋從此。

〔註198〕朱跋以「及」爲「仄」字，錢跋、翁詩、李文皆辨其非，今觀拓片，從之。

〔註199〕王昶以「共」字爲「其」字，今觀拓片，確爲「共」字。

〔註200〕王昶錄文於此爲空格，朱跋、況識皆作「丘師立」，今觀拓片，從之。

〔註201〕王昶錄文作「榷」，據拓片，疑作「椎」或「權」字。

〔註202〕王昶錄文作「丘□」，據拓片，當作「丘彥」。

〔註203〕王昶錄文作「陳虔益」，據拓片，當作「陳處溢」。

彥弘、蔡□、」鄭宗本、宋□、」趙文、熊超□、」魏宗、朱景」約、魏榮、周」榮、劉寶敎〔註204〕、」劉〔註205〕師進、王田〔註206〕」娘、劉可符〔註207〕、」□如令〔註208〕、華□」進〔註209〕福、黃承□」進思〔註210〕、楊延□」嬙有〔註211〕、劉來〔註212〕、□」延〔註213〕暉、劉□〔註214〕」三娘、陶師三釐〔註215〕」娘、柳三娘、進〔註216〕」曾收莉〔註217〕□女」張女共問二張」張彥瑤、杜□」〔註218〕鄭彥誠、張安〔註219〕」瑤、鄔大〔註220〕、李訓〔註221〕」福、李厚恩〔註222〕、周〔註223〕」本、連道成〔註224〕、」弟子吳進如〔註225〕、」妻陳二娘〔註226〕、」張延垚〔註227〕、田□〔註228〕、」丁朱進〔註229〕、林仁〔註230〕、盧〔註231〕」福、李延福、冷〔註232〕」

〔註204〕王昶錄文作「敎」字，據拓片，疑爲「效」字。
〔註205〕王昶錄文漏「劉」字，據拓片補。
〔註206〕王昶錄文作「田」字，然拓片殘泐，存疑。
〔註207〕王昶錄文作「劉可□」，據拓片，當作「劉可符」。
〔註208〕王昶錄文作「□□俞」，據拓片，當作「□如令」。
〔註209〕王昶錄文漏「進」字，據拓片補。
〔註210〕王昶錄文漏「進思」二字，據拓片補。
〔註211〕王昶錄文作空格，據拓片，或作「嬙有」二字。
〔註212〕王昶錄文作空格，據拓片，當作「來」字。
〔註213〕王昶錄文作空格，據拓片，當作「延」字。
〔註214〕王昶錄文作「金師」，據拓片，疑作「劉□」。
〔註215〕此行王昶錄文作空格，據雅昌藝術網所示拓片補。
〔註216〕此行王昶錄文作空格，據雅昌藝術網所示拓片補。
〔註217〕王昶錄文作空格，據雅昌藝術網所示拓片補。
〔註218〕以上兩行，王昶作「□三妻□一娘□彥□杜□」，據雅昌藝術網所示拓片，疑爲「張女共問二張張彥福杜□」。
〔註219〕王昶錄文「安」字，然拓片殘泐，存疑。
〔註220〕王昶錄文作「太」，然據雅昌藝術網所示拓片，當作「大」。
〔註221〕王昶錄文作「訓」字，然拓片殘泐，存疑。
〔註222〕王昶錄文漏「思」字，據雅昌藝術網所示拓片補。
〔註223〕王昶錄文「周」字，然拓片殘泐，存疑。
〔註224〕王昶錄文「道成」，然據雅昌藝術網所示拓片，當作「導」，或「導□」。
〔註225〕王昶錄文「如」字，然拓片殘泐，存疑。
〔註226〕王昶錄文「娘」字，然拓片殘泐，據文義可從。
〔註227〕王昶錄文「珪」字，然據拓片，當作「垚」字。
〔註228〕王昶錄文「羅□」，然拓片殘泐，僅識「田」字或構件。
〔註229〕王昶錄文「林知進」，然據拓片，當作「丁朱進」。
〔註230〕王昶錄文「杜珠」，然據拓片，當作「林仁」二字。

超〔註233〕、趙吉〔註234〕、榮〔註235〕」進、呂仁〔註236〕、」劉彥
超。」

（此後王昶錄文尚有九面，然殘泐過甚，又無拓片為據，加之王昶錄文多誤，
故略之。）

圖2.3：《國粹學報》所載鐵香爐照片（右為筆者所加分層圖示）：

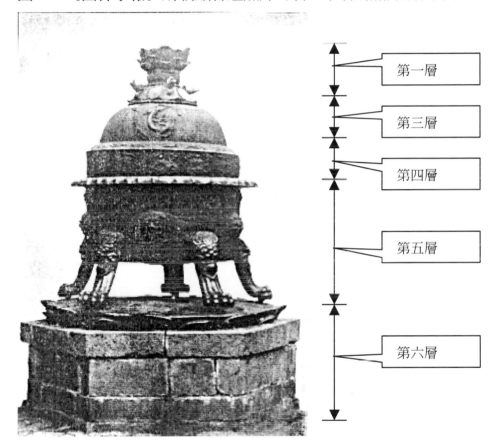

第一層

第三層

第四層

第五層

第六層

〔註231〕王昶錄文作「盧」，然拓片殘泐，存疑。

〔註232〕王昶錄文作「福冷」，然拓片殘泐，存疑。

〔註233〕王昶錄文作空格，據拓片補。

〔註234〕王昶錄文作「趙再」，然據雅昌藝術網所示拓片，當作「趙吉」。

〔註235〕王昶錄文作「榮」，然拓片殘泐，存疑。

〔註236〕王昶錄文作「呂仲」，然據雅昌藝術網所示拓片，當作「呂仁」。

圖 2.4：《國粹學報》所載李鳳高拓本（請左旋觀看）：

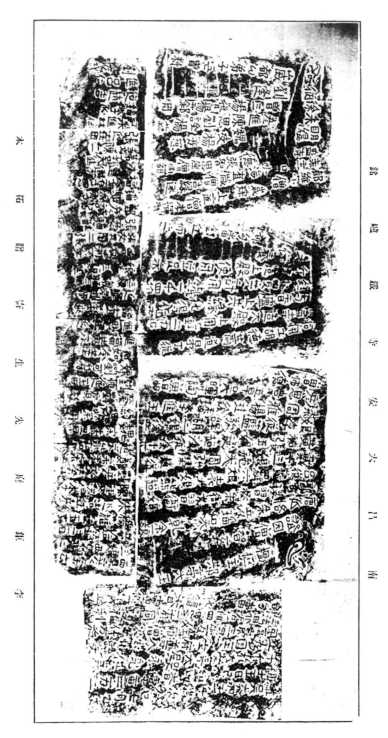

圖 2.5：《東方雜誌》所載鐵香爐照片

圖 2.5：《東方雜誌》所載鐵香爐照片

南昌大安寺之鐵爐

爐身二尺六寸足二尺七寸蓋及頂三尺通高八尺三寸吳大和五年鑄而陳士業江城名蹟記稱赤烏元年造王闢泉亦引通志作赤烏井云其爐不知亡於何代今寺中惟此爐巋然獨存而志獨不載何也宜案寺以晉時西域僧安世高來此因名大安或謂謝尙施宅爲之然寺要當爲晉所建焉有炎晉未建寺以先孫吳已造爐於是耶蓋傳志誤以大和爲赤烏致陳氏王氏騎其說而兩失之至歸壽亭侯款云云是又未暇深攷之歧誤矣

宣統己酉江寧傅春官識

二、關於鐵香爐本身的情況

作爲難得一見的楊吳時期金石文獻，在清代金石學盛行的背景下，大安寺鐵香爐成爲眾多金石名家的關注對象。在梳理鐵香爐本身的情況之前，先整理歷代題識和詩文（筆者標點）如下：

1. 熊飛渭〈寓普賢寺和鐵香爐歌〉：

爐在北城大安寺，舊《志》載赤烏元年造，今按鑄字，係吳大和三年，大和乃楊行密之子溥稱吳僭號也。

江城蕭寺畫掩門，只似山居學龜息。有友丁萬好奇者，無端弔古城南北。繩金十層闥前健，更指鐵爐祛宿惑。鑄字老眼費摩挲，新詩辯證陋迷識。此間白象卅萬斤，亦在南唐年鑄勒。當時僭亂豈銷兵，毋乃佞佛人心蝕。器重道遠艱動移，不然久存安可得。空王世界難爲君，彼云水溢猶邪慝。即今魚鱉皆乞命，井泥澤竭呼無力。何不灑將一滴珠，化爲霖雨滋稼穡。就貯百斛何足貸，以作農器良娿娿。欲傾西江江以盡，江盡淮沸偏不測。願言拜手乞天工，水火相濟勿相剋。

2. 朱彝尊〈跋〉：

曹生曰瑚好集金石文字，從上元燈市購得鐵香爐識十紙以示余，文稱吳太和五年歲次癸巳七月己丑鑄此香爐，收買鐵仄錢打造，計重一萬二千斤，安大安寺大殿上，爲國王吳主、府尊令公、十方萬姓永充供養，證因僧智玄、鑄鑪匠丘師立。所云「國王吳主」者，唐亡十二年，吳猶不改天祐年號，至楊行密次子隆演乃始建元；第四子溥雖御文明殿即帝位，國人猶稱曰「王」而以「主」代帝也。「府尊令公」者，太和三年以中書令徐知誥爲金陵尹也。十國之主，率多佞佛，楊氏所有二十九州往往鑄金刊石，若昇之興化院，江之開福院、安國寺均有鐘，鐘有銘，見於王象之《碑目》。若大安有寺，《金陵梵刹志》不載，然銘既有拓本，則茲器尚存無疑。題名百人中有金一娘、段二娘、雷三娘、魏四娘、張五娘、孫六娘、金七娘、戴十三娘、丘六十娘〔註237〕，雜之都勾當工人，姓名中畫字夭斜，

〔註237〕考《金石萃編》錄文：無「金一娘」，或即「余一娘」；無「段二娘」，或即「胡二娘」；無「雷三娘」，或即「□三娘」；無「金七娘」。以上皆可以拓片證明之。

丁口無別。夫爲國以禮，務使男女各正其位，故授受不親，不雜坐，不交爵，不同巾櫛椸枷，言不出梱，所以坊民閒，其可踰乎？竊國之主教民無術，失禮制之防，混冠衣於巾幗，而民不知恥，君子以爲國非其國矣。〔註238〕

3. 錢大昕〈跋〉：

右大安寺香爐題字，在南昌府大安寺，山陰徐壁堂知南昌縣拓以遺予。字皆陽文，首云「吳太和五年歲次癸巳七月乙亥朔十五日己丑鑄此香爐，重一万二千斤，於大安寺大殿永充供養。上爲國王□□、府尊令公、州縣文武官僚」云云。又一面云「尚用工胡德、蕭道昂、丁從，□寺造，大殿上用釘二万口，與香爐上共緣化得鐵及錢，收買共計用鐵一千四伯斤，打造上殿，使用竝足，永充供養。」秀水朱氏跋略載此文，頗以意更其次第，於鑄此香爐下增入「收買鐵仄錢打造」七字，今驗前後，別無「鐵仄錢」之文，殆誤以「及」爲「仄」爾。此爐重一萬二千斤，後云「緣化得鐵及錢收買共計用鐵一千四伯斤」者，乃指打造鐵釘所用之數，牽合爲一，失其實矣。朱氏所見拓本得之上元燈市，故疑此寺當在金陵，不知其在南昌也。

4. 王昶〈跋〉：

按鑪在南昌府大安寺，《江西通志》：「寺在省城北，有鐵香鑪，高六尺許，識云吳赤烏元年造，其鑪不知亡於何代。」今寺中惟此鑪焉，然尚存而《志》獨不載，何也？《志》稱：「大安寺，初名東寺，晉時有西域僧安世高，本安息王太子，避位來止於此，遂名大安寺。唐武德間改爲宣明寺，大中間又改普濟寺，明初重建，復今額。」鑪造於楊溥大和五年，款云「於大安寺大殿永充供養」，或吳時即復大安之名矣。

5. 翁方綱〈大安寺鐵香爐歌〉：

東湖吉金保大年，此爐更在廿載前。竹垞跋本紙僅十，我今手拓文始全。其高八尺圍徑丈，黝光如漆琱文旋。庚庚陽識化波磔，烏金重計萬二千。上爲國王吳主鑄。府尊令公奉以虔。是時政在徐太尉，楊花李樹謠兆焉。郴亭檀越職斯舉，僧證因者同勸緣。誰令

〔註238〕此處據朱彝尊原文，王昶《金石萃編》卷一二二收入朱跋，略有省文。

異聞詫泉志，蝕文訛作鐵厄錢。太和五歲癸巳，楊吳末造蹟罕傳。圖經不見洪與李，（李宗諤、洪芻）那問梵刹金陵編。新晴日剔古花綠，天斜字半垂寶蓮。七官背形想漢隸，破體且莫論媸妍。（此內七作□〔註239〕，漢碑有之）三椽茆刹砌生艸，雄尊尚想齋吉蠲。西峰峭影落甎級，靜覆古樹秋空圖。

6. 馮登府〈跋〉：

右大安寺鐵香爐銘拓本，吾友朱寄園客豫章，歸拓以見餉。爐共六層：上一層三面有字，北面十四行三十字至十四字，西南面七行，東西面十一行二十字或十一二字；第二層惟南面有字，三十六行；第三層足下有二人名；第四層無字；第五層蓮花瓣上通著「五」字，東北面有人名二行；下一層八面竝人名。銘有「惟吳太和五年歲次癸巳七月乙亥朔十五日己丑，鑄重一萬二千觔，於大安寺大殿永充供養」云云。共八十一字，中有十字不可辨。皆正書陽文。竹垞檢討曾得拓本於三山市上。跋云：「大安寺不載於《金陵梵刹志》，疑此爐尚存。」蓋以寺在金陵，不知在南昌也。而《江西通志》載大安寺在省城，北有鐵香爐，高六尺許，識云「吳赤烏元年造其爐」，不知亡於何代，而此爐獨不載。據寄園言，寺中惟此一爐，豈《志》有誤耶？又考寺爲晉謝尚捨宅，在赤烏後，則不應先有此爐，「赤烏」是「太和」之誤無疑矣。當修《志》時，但據傳聞，致有是失，志乘之不可徵信如此。王司寇《金石萃編》亦考之未審耳。又爐腹積水不竭，清冽中茗飲，寺人名曰「爐泉」，亦寄園云。〔註240〕

7. 徐榮〈大安寺觀赤烏二年鼎〉：

豫章城頭霜欲冰，訪古曉隨鴉鵲興。大安寺鼎喧萬口，入門正見秋雲層。蟠螭三足踞高座，上有豕腹危崚嶒。攀援瞻顧不得上，觀者先後梯而升。傳聞漢水冷徹骨，洗眼可見雲中蠅。項間款識篆非篆，赤烏二年作者僧。大檀越主首誰列，大王乃以邟亭稱。是時佛入未千載，將相江東先服膺。慈恩不救青益入，勝蹟尚有精藍仍。金銅偓人久辭漢，泗水古物終飛騰。焦山常武有著錄，咫尺未許函

〔註239〕筆者按：此字爲左右顛倒的七。
〔註240〕馮登府作跋時尚且有第六層內容，根據趙慈垕文所言，第六層在咸豐年間被砌石包圍，可知馮跋當作於咸豐以前。

牛矜。後來寶鼎亦紀號，即今成毀安能憑。信哉空門有佛力，保此尋丈無騫崩。徘徊撫翫不忍去，生如汝壽知誰能。

8. 況夔笙〈識語〉：

朱竹坨《曝書亭金石跋尾》、馮柳東《石經閣金石跋文》並箸錄。大安寺在南昌府治後。鑪頂高一尺二寸，圍徑三尺；蓋高一尺八寸，圍徑八尺八寸；中間爐身高二尺六寸，圍徑一丈一尺；其下蓮花脚高二尺七寸，圍徑一丈六尺五寸。通計高八尺三寸。陽識其文，曰：「維吳太和五年歲次癸巳七月乙亥朔十五日己丑鑄此香爐，重一萬二千斤，於大安寺大殿永充供養。上爲國王吳主、府尊令公、州縣文武官僚，三界萬姓、師僧父母、什方施主，法界有情、四恩三有，同沾福利。都勾當鑄香鑪丘師立、檀越主鄭亭大王、證因僧智元。同用工胡德、蕭道旻、丁從。當寺造大殿上用釘二萬口，與香鑪上共緣化得鐵及錢收買，共計用鐵一千四百斤，打造上殿，使用並足，永充供養。都勾當釘丘師立。」其餘寺僧及捐施男女各姓名不備錄。竹坨所見拓本未全，缺施錢人姓名尚多也。臨桂況夔笙記。

9. 李鳳高〈南昌大安寺楊吳大和五年鐵罏考〉：

南昌府北大安寺鐵罏，連蓮座共五層，高七尺餘。（《金石萃編》云，未詳其高，大若干尺，共六層，誤。）第三層罏足爲虎頭形，故通著「王」字。（《萃編》云，第五層蓮花瓣上通著「王」字，誤。）罏上層三面有字，中層均人名。罏身一層無字。足下蓮花瓣上有字，亦人名，多剝落。考罏爲楊吳大和五年所造，王蘭泉《金石萃編》引《通志》云，吳赤烏二年造，其罏不知亡於何代，今寺中惟此罏巋然尚存，而《志》獨不載，何也？此說大非，按：《志》本有「赤烏元年」之文，今《志》云，其實晉始建寺，孫吳先造此罏，此理所必無者。並云舊志紀載此類正多，後賢宜愼讀也。據此大安之止有此罏無疑。

朱竹坨〈跋〉云，大安有寺，《金陵梵剎志》不載。又以文有「府尊令公」，遂指徐知誥爲金陵尹以實之。此因拓本得自上元燈市，故誤以爲在金陵耳。惟謂文稱「收買鐵仄錢打造」，似又誤以「及」字爲「仄」字，如錢氏竹汀所指者。但錢氏謂朱氏略載此文，頗以意

更其次第，似又非也。朱氏約言造爐作爐之意，並非錄其全文，未可即指爲意更也。錢氏釋其文云「尚用工」，「尚」字碻爲「同」字。承上文而言，「丁從」下爲「當」字甚明了，反缺而不載。又云，此爐重一萬二千斤，後云「緣化得鐵及錢收買，共計用鐵一千四百斤」者，乃指打造鐵釘所用之數，牽合爲一，則失實矣。余觀後文「賈彥琮、李三娘」等下云「共捨鐵三百」，下層北面有捨鐵之文，下缺必是捨鐵之數。據此可知，前言一萬二千斤者，總數也，後係分言諸人捨鐵細數。故於「胡德」等云，共緣化得鐵一千四百斤。又於某某下云，捨鐵若干。如近日募化所記之細數冊耳，何得牽合爲一。

又朱氏樂作《江城舊事》。於爐文「邦亭大王」（《萃編》於「邦」誤作「邰」，「大」誤作「六」，必係拓本之誤，今據爐文正之。）云，鄱陽湖一名宮亭湖，《史記》裴駰注，盛宏之《荊州記》，皆云鄱陽湖即宮亭湖，宮亭一作邦亭，遂以德化王澈曾封鄱陽郡公，邦即指其人。是又誤也。考《十國春秋》，澈於武義元年封鄱陽郡公，乾貞元年改封平原王，大和二年又徙封德化王，五年鑄爐，何得仍數年前之舊地以爲名乎？其爲輾轉傅會無疑。考《冷齋夜話》、《高僧傳》（此書已力辨安世高非晉人）均云，安世高爲沙門，漢桓帝建和初至長安，靈帝末南行，舟次廬山邦亭湖廟下，神降語曰：「我以多嗔故墮此，今周廻千里，並吾所治，恐此身將墮地獄。」因以縣千疋並雜寶物，令安世高立法營塔，使生善地。迨舟抵豫章，即以廟物爲造東寺（即大安寺）。此言邦亭大王者，或舉初施爲寺者而言之耶？（據此，則安世高之建寺已在漢末，漢既有寺，吳赤烏時或另有一爐亦未可知，《通志》與《萃編》均云晉時西域僧安世高，殆未深考。）

又文云「證因僧智元」者，陸氏《南唐書‧浮屠傳》云，智元，豫章龍興寺僧，烈祖時嘗召爲譯其旁行之書。或即其人與？餘人均不可考。按當時如龍興寺鐘爲南平大王所捨，林仁肇重鑄（南唐乾德五年），皆著官銜，故文亦雅潔可誦。撫州唐鐘爲危全諷所鑄（唐大順時），敍鑄鐘文，與此略類，然其人皆有官級可考。此爐諸人均無可考見，想亦當時流俗祈福所製。

己酉之夏，余君霽華擬拓此鑪文，因相與親至鑪下，徘徊審視。見其鑄造甚古樸，字均陽文，雖較王氏所釋者少蓮辮上之字，而王氏徒據拓本誤處甚多，當另爲釋文於後以正之。但蓮花瓣南面已破壞不全，不知何年被人以磚石圍繞，益銹蝕難拓，因命工將磚石撤去，洗滌重拓。已模糊不清。相與慨歎者久之。

又見前面牆上有「大安寺」三字，内則破屋數楹，均小民雜居，污穢不堪，深以不得其所爲慮。擬募捐建亭，爲保存古物計。詢其主者，則云寺久爲某姓所有。案明末閱氏箋臆云，向爲豪右書社，雖以余生長里下，未悉其字。己亥冬，始得詳閱於榛蕪瓦礫中。庚子再遊，已鼎建大士堂，是必先爲豪右佔去，後始復舊可知。今又不知何年竟爲某姓所主。噫！鼎祚屢移，滄桑數變，而此物巋然獨存。使後之人摩挲古制，得以考正文字之誤謬，（「大和」，諸書多作「太和」，有此足正其誤。）不亦幸乎。惟是今去輯《萃編》時，僅百餘年，已不能如其完全，倘仍聽其上爲風雨所飄搖，下爲土石所埋蝕，則後之朽壞殘闕，更不知伊於胡底。此有心人所以必寶護愛惜於古物之存留也！

10. **趙慈亙〈糾正《南昌大安寺楊吳大和五年鐵鑪考》〉：**

予於辛丑寓西江之頤園，北隅即吳大安寺也。而寺已久廢，存一門榜，鑪則巋然獨存。每過其間，輒徘徊鑪下，手自摩挲，亟思精拓一紙，卒卒未果。後於壬寅春，始獲得精拓一本，閱諸篋衍，已十年矣。昨讀《國粹學報》（五十六期），見漢陽李君（鉅庭）有〈南昌大安寺楊吳大和五年鐵鑪考〉，並將鑪攝影入銅，圖考均備，不謂不善。其所論大致尚稱精覈，然深以蘭泉爲誤。予諦視良久，不竟擊案嗟歎，考古誠不易矣！殆蘭泉實未大詑耳。不憚楮墨，亟宜糾正。他年滄桑，恐遺嗜古之士，更爲一誤再誤矣。

前年己酉五月，晤吾友譚君（西震），語予云，日前過東湖躍龍橋畔（即高橋），見有人手持一鐵亭然，高尺餘，上既無頂，而下復無座，四柱之間，如有字隱起，且駁蝕已甚，佇路求售，旋爲外人以賤值攫去，意頗啟啟。後數日，市人即有知爲大安寺之鑪，不翼而去之一段矣。予因有潯陽之行，未至其所審視之。惜哉！千七百餘年之古物，一旦竟成殘器，良可悼惜！今觀此影片，殆無疑議矣。

　　讀《曝書亭》、《石經閣》兩跋，備載尺寸，通計高八尺三寸。《金石萃編》云，共六層，又云五層蓮花瓣上，通著「王」字（係指蓮花座上之爐足虎頭間字）。又引《通志》云，吳赤烏二年造，（《通志》作元年，亦耳食非目驗也。）其爐不知亡於何代，今寺中惟此爐尚存，而志獨不載何也。（蘭泉雖引《通志》，無確鑿定評。）李君謂爐爲五層，高七尺餘，直以爲楊吳大和視之，不知是爐確有六層。及赤烏年號，殆亦未深究焉。

　　第一層爲仰俯蓮花頂，二層爲四柱如亭然（失去即此層）。下者爲銘字，中有一盤螭（刻螭示人爲爐之正面也），再下爲爐項，間列圍畫十一，皆瑞獸祥禽，不可名狀。五層爲爐身，並足，環繞虎首，首間著「王」字。其六爲蓮花瓣爐座也。今以爐頂之仰俯蓮花，偃蓋於著螭之一端，故李君目爲五層矣。自後蓺爐□□〔註241〕無門也（此理更可明爲六層矣）。「赤烏」字在項間，後邊署款數行，悉爲風雨消磨，僅存「赤烏二」（下恍惚「年」字，「造」字上或係「己未」二字，然字意與吳興所出赤烏塼爲一法。）及次行「造」字而已。（即徐鐵孫先生〈懷古山舍詩〉「項間款識篆非篆，赤烏二年作者僧」云云。）其餘文字，皆在蓋上。其下蓮座間，亦鑄有姓氏，惜爲石砌，不能悉拓。（莫仲武云，咸豐年間砌石保護。）深以爲恨事！

　　又李引《冷齋夜話》，似尚精當。據此，初建寺之時代，必在漢末無疑矣。（所謂東寺者）赤烏鑄爐，是亦宜也。其中當晉隆安二年，舊寺或廢，重爲葺造。（今《志》云晉時始建寺，始建恐非，惟謝尚古寺，信然。）而赤烏至楊吳大和，遠距七百餘年，其中時移世易，興敗屢遷，鐵爐埋失，其時乃從而配鑄。（上蓋下座皆楊吳大和間配鑄，共權其重，故混合而言之，爲一萬二千斤也。）是以目爲孫吳先有爐，楊吳後有寺也，此理顯然。

　　噫！予不幸生於今世，而得獲蘭泉未觀之文字，發析眾疑，其欣快孰逾於斯。尤可寶貴者，赤烏文字傳世，石刻尚有一二，而金類幾如星鳳。茲爐數字，年加駁蝕，更畏儈父磨滅。（曩時，吳絅齋

〔註241〕此處兩字，前者爲（門＋契－大），後者爲（門＋夫），無法輸入，備述於此。

學使屬人推拓，云如再有來者，立將字滅磨去。）後之君子，無由
得覩斯文，撫此不勝感慨繫焉！

11. 傅春官〈識語〉：

爐身二尺六寸，足二尺七寸，蓋及頂三尺，通高八尺三寸。吳
大和五年鑄，而陳士業《江城名蹟記》稱「赤烏元年造」，王蘭泉亦
引《通志》作「赤烏」，並云「其爐不知亡於何代，今寺中惟此爐，
巋然獨存，而志獨不載，何也？」官案：寺以晉時西域僧安世高來
此，因名「大安」。或謂謝尚施宅為之，然寺要皆為晉所建焉。有炎
晉未建寺，以先孫吳已造爐於是耶？蓋舊《志》誤以「大和」為「赤
烏」，致陳氏、王氏襲其說而兩失之。至《曝書亭集》跋云云，是又
未暇深攷之歧誤矣。宣統己酉江寧傅春官識。

12. 葉昌熾〈評語〉：

南昌大安寺鐵香爐，楊吳大和五年造，據其款識，重一萬二千
斤，高六尺，共六層，五層皆有字，製作瑰麗，非琢石可及。吾吳
圓妙觀，亦有元時鐵香爐，題字如竹篾方，以視大安爐，不啻小巫
之見大巫矣。

13. 陳邦福〈題識〉：

明拓江西大安寺鐵香爐題字拓本，為蘇州洞庭西山包山寺僧聞
達舊藏。細審此鑪當日題字，字體甚雜，當出楊吳時工匠手筆，無
可疑議。矯毅尊兄昨過予齋，出示此拓，爰書數語以志始末。一九
七二年歲在壬子端陽後一日，鎮江陳邦福墨移，時年八十，寫記於
蘇州東北街蕭王弄三十一號圽門之健堂僑寓。

根據以上王昶序言與銘文著錄，並參考諸家跋文、詩歌、識語、考證，筆者
對大安寺鐵香爐的基本情況總結如下：

第一，根據王昶跋語所引《江西通志》，「寺在省城北，有鐵香鑪，高六
尺許，識云吳赤烏元年造，其鑪不知亡於何代」，大安寺似有二爐：其一為孫
吳（229～280）赤烏二年（239）所造，已經損毀〔註242〕；其二即此造於楊吳

〔註242〕王昶引《江西通志》的說法，認為是晉代的安世高，傅春官識語從之，誤。
安世高是東漢時人，李鳳高之文已辨其非。且據考證，安世高是否為安息國
太子尚且存疑，見李鐵匠（1944～）：〈安世高身世辨析〉，《江西大學學報》
（社會科學版），1989年第1期，第63～66頁。關於安世高的研究，參見福

大和五年的鐵香爐。對此，上引熊詩、馮跋、傅識、李文都認爲並無孫吳之爐，而徐詩則徑直認爲此乃孫吳之鼎。但據趙慈壺勘察，楊吳時期的鐵香爐實際是在孫吳時期遺留下來的鐵香爐的基礎上另加鑄造的。趙文云：「赤烏字在項間，後邊署款數行，悉爲風雨消磨，僅存『赤烏二』（原註：下恍怫『年』字，『造』字上或係『己未』二字，然字意與吳興所山赤烏塼爲 ·法。）及次行『造』字而已。……而赤烏至楊吳大和，遠距七百餘年。其中時移世易，興敗屢遷，鐵爐堙失。其時乃從而配鑄。（原註：上蓋、下座皆楊吳大和間配鑄，共權其重，故混合而言之，爲一萬二千斤也。）」。徐詩亦云：「項間款識篆非篆，赤烏二年作者僧。」可知項間確有「赤烏二年」字樣。當然，有「赤烏二年」字樣並不是說就是孫吳時所造，字可以是後世所刻。

第二，關於鐵香爐的分層，王跋、馮跋都認爲有六層。況識分四部分介紹鐵香爐，李文認爲有五層。然而趙文云：「第一層爲仰俯蓮花頂；二層爲四柱如亭然（原註：失去即此層），下者爲銘字；中有一盤螭；再下爲爐項，間列團畫十一，皆瑞獸祥禽，不可名狀；五層爲爐身，並足，環繞虎首，首間著『王』字；其六爲蓮花瓣爐座也。」以趙文所描述並根據王昶序言考證，可知：第一層爲仰俯蓮花頂，三面有字；第二層爲四柱狀亭子，南面有銘文；第三層爲盤螭，其足下有銘文；第四層爲爐項，環列瑞獸祥禽十一種；第五層爲爐身，包括五足；第六層爲蓮花瓣爐座，八面都有銘文。筆者並補充兩點：1、關於五足，徐詩云：「蟠螭三足踞高座」，誤。前文所述徐詩認爲此爐乃孫吳時期之鼎，或徑以鼎視之，故云「三足」。2、第二層已經在宣統元年（1909）五月前遺失，趙文云：「前年己酉（1909）五月。晤吾友譚君（原註：西震）語予云。日前過東湖躍龍橋畔。（原註：即高橋）見有人手持一鐵亭然。高尺餘。上既無頂。而下復無座。四柱之間。如有字隱起。且駁蝕已甚。佇路求售。旋爲外人以賤值攫去。意頗啟啟。後數日。市人即有知爲大安寺之爐。不翼而去之一段矣。」趙文所指失去的第二層，即因此而失去。趙慈壺認爲李鳳高不知此事，故有五層之說。（圖 2.4）

安敦（Antonino Forte，1940～2006）等學者的綜合研究：Antonino Forte, *The Hostage An Shigao and His Offspring: An Iranian Family In China, Kyoto*: Italian School of East Asian Studies, 1995. 和 Tilmann Vetter, *A Lexicographical Study of An Shigao's and his Circle's Chinese Translations of Buddhist Texts*, Tokyo: The International Institute for Buddhist Studies of the International College for Postgraduate Buddhist Studies, 2012.

第三，關於爐高，趙文云：「讀《曝書亭》、《石經閣》兩跋，備載尺寸，通計高八尺三寸。」然而，《曝書亭集》並無尺寸記載。《石經閣金石跋文》則與《金石萃編》一樣同引《江西通志》記載的「高六尺許」為據，可能是轉錄之誤。趙文的數據當來源於況識，幾乎同一時期傳識所記錄的尺寸與趙相同。至於李文的七尺餘，未知何據。而翁詩所云「其高八尺」或為概言。因此，當以八尺三寸為準。

第四，關於鐵香爐的經歷。趙文云：「其下蓮座間，亦鑄有姓氏，惜為石砌，不能悉拓（原註：莫仲武云咸豐年間砌石保護），深以為恨事。」可知鐵香爐在咸豐（1851～1861）年間下層周圍曾被砌石保護。李鳳高拓文時，「但蓮花瓣南面已破壞不全，不知何年被人以磚石圍繞，益銹蝕難揚，因命工將磚石撤去，洗滌重揚。已模糊不清。相與慨歎者久之」，可知其曾命人移走砌石，洗滌重拓，但已經難辨其銘文。李鳳高拓片所見字數明顯比王昶錄文少，可證之（圖 2.3）。趙文又提到宣統元年（1909）五月之前第二層被賤賣的情況，可知第二層確已遺失（圖 2.4）。至於今日，則鐵爐已杳不可尋。筆者曾於 2010 年 8 月 16 日，根據南昌應宗強先生的指點，前往南昌市豫章後街尋找大安寺舊址，但當地已經都是居民樓，毫無寺廟和鐵香爐踪影。

三、關於楊吳鐵香爐的時空背景

根據上文對銘文的考釋，可知完整的鐵香爐問世於楊吳大和五年（933），地點為洪州大安寺。此一時空定位，對瞭解鐵香爐問世的緣由非常重要。時空的定位可分兩點：

（一）首先是空間

大安寺鐵香爐位於洪州，即楊吳政權鎮南軍節度使駐地，名義上統轄江西地區洪、江、饒、信、撫、袁、吉、虔八州〔註243〕。此時鎮南軍節度使徐知詢〔註244〕，在楊吳權臣徐溫親子中排行第二，是被徐溫選擇以接替其兄徐知訓的掌權人物。但力有不逮，在徐溫去世後數年，最終被徐溫養子徐知誥排擠在外。先鎮潤州，後入洪州，並死於任上。〔註245〕

〔註243〕翁俊雄（1931～）：《唐後期政區與人口》，北京：首都師範大學出版社，1999年，第 190～193 頁。

〔註244〕朱玉龍：《五代十國方鎮年表》「洪州」條，第 444～445 頁。

〔註245〕馬令：《南唐書》卷八〈徐知詢傳〉，第 5320 頁。

之所以一個統轄八州的鎮南軍節度使成了貶職，與權力被分割不無關係。在徐知詢就任之前的順義元年（921），楊吳政權任命了三個獨立方鎮：以徐知誥領江州奉化軍節度使，以張延翰通判軍府事〔註246〕；以李德誠爲撫州昭武軍節度使〔註247〕；以王綰爲虔州百勝軍節度使〔註248〕。可知，鎮南軍節度使並無多少實力可言，何況楊吳·南唐時期，節度使權力本身已經弱化，中央集權逐步加強。〔註249〕

（二）其次是時間

鐵香爐出現時間，因有銘文爲證，前輩金石學家已有注意，朱彝尊跋語云：

> 所云「國王吳主」者，唐亡十二年，吳猶不改天祐年號，至楊行密次子隆演乃始建元；第四子溥雖御文明殿即帝位，國人猶稱曰「王」而以「主」代帝也。「府尊令公」者，太和（筆者按：當爲大和）三年以中書令徐知誥爲金陵尹也。十國之主，率多佞佛，楊氏所有二十九州往往鑄金刊石，若昇之興化院，江之開福院、安國寺均有鐘，鐘有銘，見於王象之《碑目》。〔註250〕

朱氏所做推論，一半是以鐵香爐的鑄造來證明十國君主佞佛，稍似淺顯。但另一半指出一個關鍵點，即當時當權者爲徐知誥，翁方綱之歌亦云：「是時政在徐太尉」。李鳳高之文引用朱鑾（1780～1842）所撰《江城舊事》〔註251〕記載，駁斥其關於「郴亭大王」是指德化王楊澈的觀點，甚是。李氏又云：「或舉初施爲寺者而言之耶？」認爲「郴亭大王」並非楊吳時期之人，而是鑄爐時追述的前人，但只是猜測。

暫且撇開楊吳時期的佛教信仰，也不去管「郴亭大王」到底是誰，單從大和五年正處在徐知誥當權這一點來入手，是否會得到更多信息呢？以下試論之：

〔註246〕朱玉龍：《五代十國方鎮年表》「江州」條，第432～440頁。
〔註247〕朱玉龍：《五代十國方鎮年表》「撫州」條，第453～461頁。
〔註248〕朱玉龍：《五代十國方鎮年表》「虔州」條，第461～470頁。
〔註249〕宋靖：〈十國地方行政考〉，第276～314頁。
〔註250〕葉昌熾云：「王象之《碑目》昇之興化院，江之開福院、安國寺，皆有鐘銘，今佚。」見前揭《語石》卷一，第19頁。
〔註251〕關於朱鑾及其《江城舊事》，參見能先、向東：〈朱鑾與《江城舊事》〉，《江西圖書館學刊》，1991年第3期，第71頁。

　　在徐知詢赴任洪州之前，他一度（927～929）繼承其父徐溫業績坐鎮金陵，掌握楊吳大權。然而，這僅僅是名義上的，實權已經被徐知誥霸占。在本書第一章，筆者已經著重研究從徐溫掌握楊吳實權到南唐建立這三十年間的歷史變化，認爲楊吳後期政治，其大致特徵由三條發展線索構成：政治中心轉移、政權形態轉變、權力結構變化。其中，政治中心轉移和政權形態轉變共同反映了權力結構的變化。〔註252〕三條主線並行發展軌跡，可以由下圖表示：

圖 2.6：大安寺鐵香爐鑄造年代所處時間位置

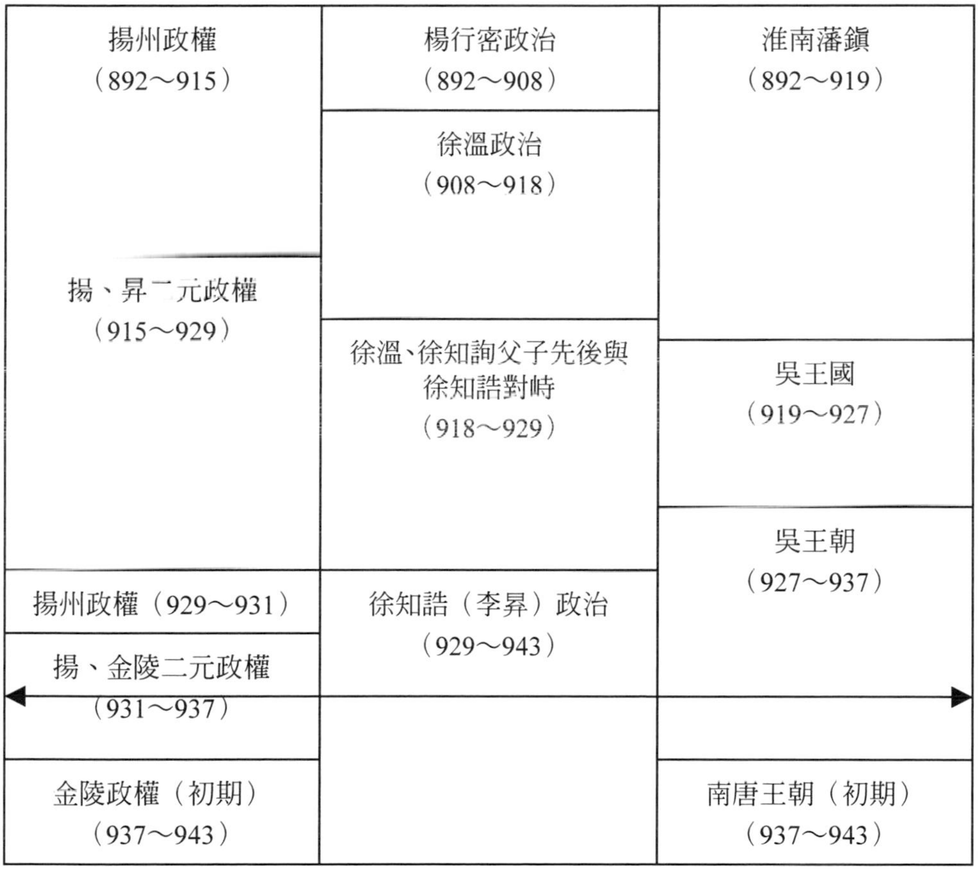

揚州政權 （892～915）	楊行密政治 （892～908）	淮南藩鎮 （892～919）
	徐溫政治 （908～918）	
揚、昇二元政權 （915～929）	徐溫、徐知詢父子先後與 徐知誥對峙 （918～929）	吳王國 （919～927）
		吳王朝 （927～937）
揚州政權（929～931） 揚、金陵二元政權 （931～937）	徐知誥（李昇）政治 （929～943）	
金陵政權（初期） （937～943）		南唐王朝（初期） （937～943）

　　圖中雙向箭頭表示大安寺鐵香爐鑄造年代，即大和五年（933），可知此時正處在由徐知誥掌權的吳王朝揚、金陵二元政權時期。另外，這一時期楊吳政權具體人事情況也應予以揭示：

〔註252〕詳見本書第一章第三節。

　　首先，關於徐溫親子。根據本章第一節考證，徐溫有五位親子：徐知訓、徐知詢、徐知諫、徐知證、徐知諤。其中，徐知訓早亡；徐知詢在鐵香爐問世後第二年卒於任上；徐知諫死於徐知詢就任鎮南軍節度使之前；徐知證與徐知諤則一心歸附徐知誥而始終未有二心，亦因此而頗受徐知誥善待。可見在任上的徐知詢是徐溫親子中唯一被區別對待的人。

　　其次，再看楊氏子孫。楊行密有六子：楊渥、楊渭、楊濛（？～937）、楊溥、楊潯、楊澈。其中，楊渥繼承楊行密之位，但因驕橫而被張顥、徐溫所弒；楊渭繼任吳王之位而早卒；楊濛後封丹陽王，雖有不臣之心，但始終沒有大動作，只是徐知誥在將要篡位前夕，才因一個不恰當行為而被殺〔註253〕；楊溥爲繼任楊渭的吳王，稱帝後以其兄楊渭的風格而貫之，最終讓出皇帝之位。楊澈在大和元年至六年間出任爲江州奉化軍節度使〔註254〕，但與楊潯一樣，史無其大事。〔註255〕

　　最後，看楊行密元從功臣。據筆者統計，楊行密元從功臣在大和五年之前去世的有陶雅（857～913）、劉威（857～914）、秦裴（856～914）、劉信（859～928）等二十多人〔註256〕，僅這個數字，就足以表明元從功臣的勢力已經式微。何況，從上圖可知，從楊行密之死到吳唐禪代，一直由徐溫、徐知誥父子掌握著楊吳政權的實權，在這期間元從功臣紛紛去世，其子孫除了歸附徐氏之外，別無更好抉擇。

　　以上即是大安寺鐵香爐出現於大和五年的時間背景。可見，當時政治趨勢已經完全倒向徐知誥一方，離南唐開國僅剩四年而已。這樣的情況下，作爲徐溫親生諸子中唯一一個與徐知誥持有不同政見的前任重臣，其赴任洪州，肯定心有憤懣。誠然，沒有確切的銘文證據來說明鐵香爐與當時在任的鎮南軍節度使徐知詢有何關係，但並不表示就沒有這一段歷史。筆者認爲，大安寺鐵香爐的出現，是徐知詢利用中元節祭祀徐溫的機會來祈求自己的政治生命能夠重振。試考如下。

〔註253〕《九國志》卷四〈周本傳〉，第3271頁。

〔註254〕朱玉龍：《五代十國方鎮年表》「江州」條，第433～434頁。

〔註255〕楊行密諸子情況，參見何永成：〈楊行密傳位研究〉，第552～553頁；曾嚴爽：《南唐先主李昇研究》，第53頁。

〔註256〕詳見本書第一章第三節。

四、大安寺鐵香爐的鑄造原因試考

大安寺鐵香爐的問世與徐知詢不無關係，一定程度上反映了他當時的政治現狀。但是，尚需解決的問題是：為什麼就選擇了大安寺？為什麼利用了鐵香爐？為什麼銘文中沒有反映？

（一）為什麼是大安寺？

筆者認為有三個原因使徐知詢做出了這個選擇：

（1）大安寺本身就可能有孫吳時期的舊爐存在。先看大安寺的沿革，相傳寺初建於東漢末年，為來華西域僧人安世高所建，故名大安寺。〔註257〕但至唐朝方有更詳細的記載，王昶跋文引《江西通志》曰：「唐武德（618～626）間改為宣明寺，大中（847～860）間又改普濟寺，明初重建，復今額。」但其復名時間或可提前至大曆年間（766～779）大安寺主參禪於馬祖道一（709

〔註257〕之所以用「相傳」二字，是對此說沒有確切的證據來證明，《江西通志》僅是一部明清地方志，其記載必有上溯之意。據嚴耕望（1916～1996）考證，從漢末到南北朝，豫章一帶沒有「大安寺」記載，且豫章地區初次有佛教寺院的記載似在晉成帝之時，見氏著《魏晉南北朝佛教地理稿》，上海：上海古籍出版社，2007年，第135頁。當然，嚴氏關注的重點在高僧的駐錫與遊錫，而很多寺院祇有因為與高僧產生聯繫才會流傳史冊，所以也不排除當時確實有大安寺的可能性。但根據唐雲俊研究，見於載籍的魏晉南北朝時期東南地區具名佛寺中，江西地區並無一所。並認為江南有佛寺之始是在赤烏十年（247）建初寺之創建。見唐雲俊：〈東南地區的早期佛教建筑〉，《東南文化》，1994年第1期，第135～143頁。顏尚文的研究亦未揭示當時豫章有寺，見顏尚文：〈後漢三國西晉時代佛教寺院之分佈〉，載林富士編《禮俗與宗教》，中國大百科全書出版社，2005年，第173～215頁。不過張弓依舊認為安世高在豫章創建「東寺」（即所謂大安寺前身）是可能的，見張弓：《漢唐佛寺文化史》，北京：中國社會科學出版社，1997年，第24～25頁。又，馮登府跋語云：「又考寺為晉謝尚捨宅」，傅春官識語從之，不知何據。若聯繫到六朝時期捨宅為寺的風氣之存在，此說最具可信度。李鳳高以釋惠洪（1071～1128）《冷齋夜話》為據，認定寺初建於漢末，曰：「考《冷齋夜話》、《高僧傳》（此書已力辨安世高非晉人）均云，安世高為沙門，漢桓帝建和初至長安，靈帝末南行，舟次廬山𥔢亭湖廟下，神降語曰：『我以多嗔故墮此，今周廻千里，並吾所治，恐此身將墮地獄。』因以縑千疋並雜寶物，令安世高立法營塔，使生善地。迨舟抵豫章，即以廟物為造東寺（即大安寺）。此言𥔢亭大王者，或舉初施為寺者而言之耶？」趙慈皇從此說，曰：「又李引《冷齋夜話》，似尚精當。據此，初建之時代，必在漢末無疑矣。（所謂東寺者）赤烏鑄爐，是亦宜也。」李、趙二文，一定程度上是為了解釋孫吳時期鐵香爐的存在事實。

～788）之時。〔註258〕不過，雖然其遭廢棄在晚清〔註259〕，但在戰亂頻繁的唐末，大安寺受喪亂之苦而導致原有舊爐遭破壞的情況也是存在的，所以才會在此基礎上重配鑄。另外，香爐形制本以足直接觸地，但觀鐵香爐照片，五足之下尚有蓮花瓣底座，其爲後來增加的可能性很大。不過考慮到五足型香爐至遲在北周（557～581）時期才出現〔註260〕，第六層蓮花底盤上五足型香爐是否就是孫吳時期流傳下來的，尚無法確證。何況，「赤烏二年」這樣的銘文，完全可以是楊吳時期爲了某種目的而刻上去的。亦即，是否有孫吳時期鐵香爐的存在，尚難確證。

（2）大安寺本身所具有的靈性。即便無法確證楊吳時期大安寺是否眞有孫吳時期的鐵香爐存在，也可以從大安寺本身的特殊性來考慮。大安寺是晚唐時期洪州宗的道場之一，其之所以會成爲洪州宗的道場，當與其建寺傳說有一定關係。這個傳說多大程度上是眞實的，已不可考。但它使大安寺成爲了一個神聖空間〔註261〕，從而使其與其他普通寺廟相比更具靈性。此傳說的影響，一直到北宋還存在，釋惠洪《冷齋夜話》即有關於大安寺緣起的記載。〔註262〕因此，徐知詢仰慕大安寺的靈驗性，以之爲鐵香爐供養地，似有可能。

〔註258〕靜、筠二法師：《祖堂集》卷一四，北京：中華書局，2007 年，第 611 頁。又，李芳民在其《唐五代佛寺輯考》之「洪州」條中對大安寺有著錄，並認爲晚唐貫休《題大安寺通禪師院》所指即爲此大安寺，見氏書，北京：商務印書館，2006 年，第 226 頁。馬祖道一徒孫黃檗希運亦曾駐錫大安寺，見釋道元：《景德傳燈錄》卷九，成都：成都古籍書店，2000 年，第 145 頁。由上可知，大安寺最早在八世紀下半葉即已恢復舊名，但尚未能排除大中年間（847～860）曾一度改爲普濟寺的可能性。

〔註259〕馮跋有「寺人名曰」之語，當知馮時寺尚在。而李文云：「又見前面牆上有大安寺三字，内則破屋數楹，均小民雜居……詢其主者，則云久爲某姓所有。」可知，大安寺當在晚清遭廢棄。

〔註260〕冉萬里（1967～）：〈唐代金屬香爐研究〉，《文博》，2000 年第 2 期，第 13～23 頁。

〔註261〕關於空間的「神聖」模式，最初由宗教史家伊利亞德（Mircea Eliade，1907～1986）在其著作《聖與俗——宗教的本質》（*The Sacred and the Profane: The Nature of Religion*）（楊素娥譯，臺北：桂冠出版社，2000 年）中提出。段玉明（1958～）用此理論對相國寺的「神聖空間」做了考察，參見氏著《相國寺——在唐宋帝國的神聖與凡俗之間》，成都：巴蜀書社，2004 年，第 27～47 頁。

〔註262〕釋惠洪：《冷齋夜話》卷二，北京：中華書局，1988 年，第 24～25 頁。

（3）大安寺這個名稱本身的涵義。雖說大安寺因安世高而取名，但數百年後，寺名來源已不重要，其字面含義更爲人們所關切。亦即，徐知詢選取大安寺爲供養地點，目的可能在於祈求吳國「大安」。寺名具有美好涵義，在漢唐時代各個寺院創寺立名時就已存在，有學者認爲：「此類寺名系列，包含著多層的理念，多角的命意，多樣的禱祝，可綜合稱之爲興國安邦的期冀。它是佛釋教化與王朝政治，互爲依傍、互相爲用的簡明表徵。」〔註263〕當然，寺名來源也是多樣化的，並非所有寺名都具有美好涵義。然而，觀洪州其他寺院名號，沒有與「大安」涵義相近的寺名。〔註264〕也就決定了選擇大安寺的獨特之處。

（二）爲什麼是鐵香爐？

徐知詢選擇了大安寺，而大安寺又恰好有前人留下的鐵香爐，雖然不能盡信，但不妨先對鐵香爐進行推測。

（1）爲什麼是香爐？

中國古代與佛教寺院直接相關並且多由信徒集資鑄造的法器有銅鐘與香爐等，然據筆者所見，現在能夠見到的善男信女鑄鐵香爐以「永充供養」的情況，尚不多見。相反，唐人多以銅鐘爲供養物，據獨孤及（725～777）所述，當大雲寺銅鐘鑄成之後，「於是此邦民人和會，膜拜縱觀，川塞衢溢。」〔註265〕可見民眾對銅鐘的虔誠。相比之下，香爐的受關注度明顯要小得多。

當然，數據的差別，與香爐本身不易保存和較少被篆刻銘文有關。而之所以少有銘文傳世，更表明了香爐與銅鐘的不同功用，這是產生這種區別的根本原因。在中國古代，除作爲青銅器的編鐘之外，大型鑄鐘有四種分類：梵鐘、道鐘、朝鐘、更鐘。〔註266〕其中直接與佛教有關並被放置在寺院中的是梵鐘，作爲一種法器，正如武周（684～704）時吳少微所說：

夫鐘者，梵場之信鼓也。聚萬法者，莫大乎信鼓。是故佛置信鼓，所以窮遠究微，一切賢聖，恒河沙數者也；所以開教設敬，使天下之人，善勸而淫懼也；所以制鬼神之端，而魔魅不得閃其奸，

〔註263〕張弓：《漢唐佛寺文化史》，第237～238頁。
〔註264〕李芳民：《唐五代佛寺輯考》，第225～229頁。
〔註265〕獨孤及：〈洪州大雲寺銅鐘銘並序〉，《全唐文》卷三八九，第3959頁。
〔註266〕關於中國古代的大型鑄鐘及其分類與現存情況，參見王福諄（1937～）：〈中國古代的千斤大鐘〉，《鑄造設備研究》，2006年第5期，第48～54頁。

義剎不得載其毒也。故以聽則不惑，以念則受福者，信鼓之謂矣！

〔註267〕

可見，梵鐘因其能夠發出洪亮的聲響，而被視爲能夠祛除「魔魅」的法器，使「聽則不惑」。因此，對於一般民眾來說，梵鐘的意義更多地存在於對過往的追悔，對現實的警戒。然而，無論是從形制上，還是從功能上來說，香爐不具有這種功用。

筆者認爲，徐知詢選擇香爐的含義有二：

第一，香爐本身所具有的祈禱功能。中國古代的爐，除了專門的工業鑄造用爐外，按其用途可分爲三類：大香爐、焚紙爐、鐵燎爐。〔註268〕大安寺鐵香爐屬於大香爐，這類大香爐在北朝時期即成爲禮佛時必不可少的器具，是香供養的具體體現者。〔註269〕一般認爲，對於佛教徒來說，焚香從而使香煙繚繞，是追求超凡脫俗的一種行爲。〔註270〕但對於一般民眾來說，他們不會天天住在寺廟裏，這樣的超凡行爲也不可能成爲現實。事實上，民眾的進香，更多的是出於自身利益的祈禱行爲，即對未來的美好訴求，所謂「裊裊香煙可以將祈告者的請求帶往飄渺的天空之中」〔註271〕，這與梵鐘所注重的對於過往的追悔完全不同。這樣的功能，正可滿足徐知詢想要向佛祈求，希冀重掌權勢的願望。

第二，如果上述香爐與銅鐘的功能區別還不足以使徐知詢選擇香爐的話，那麼有一點不得不提及：香爐的「爐」字與廬州的「廬」字諧音，而廬州正是楊吳政權的建立者楊行密及其元從功臣的祖籍地兼發跡地，其在楊吳歷史上的重要性自不待言。〔註272〕作爲「三十六英雄」之一的徐溫也是在廬

〔註267〕吳少微：〈唐北京崇福寺銅鐘銘並序〉，《全唐文》卷二三五，第2379頁。

〔註268〕關於中國古代的大型鐵爐及其分類與現存情況，參見王福諄：〈古代大鐵爐〉，《鑄造設備研究》，2007年第4期，第50～56頁。

〔註269〕舟萬里：〈遼代香爐的初步研究〉，《文博》，2002年第4期，第62～71頁。

〔註270〕舟萬里：〈唐代金屬香爐研究〉，第13～23頁。

〔註271〕薛愛華（Edward H. Schafer，1913～1991）著，吳玉貴譯：《唐代的外來文明》（The Golden Peaches of Samarkand: A Study of Tang Exotics），北京：中國社會科學出版社，1995年，第343頁。亦如郭紹林（1946～）所說：「中國古代，人們以爲點燃香煙、燃放柴火（比如登泰山封禪，要燃放柴燎），神靈就會知道。所以，僧人、香客在佛像前的香爐中插上幾炷香，點燃後香煙裊裊，就算放出信息，同佛溝通了。」見郭紹林先生回覆筆者的電子郵件，2009年4月27日。

〔註272〕張金銑：〈廬州與楊吳政權〉，《合肥學院學報》（社會科學版），2007年第2期，第3～6頁。

州投靠了楊行密後才進入元從功臣行列，並以此發家。因此，徐知詢選取爐作爲祈禱媒介，也可能是在求得其已故父親徐溫的護祐。

（2）爲什麼是鐵製的？

顧名思義，鐵香爐即鐵鑄香爐。誠然，江西地區在唐五代時期，冶金業發達〔註273〕，鐵香爐的出現，當與此不無關係。若從香爐本身來看，唐代香爐質地大多爲銀、銀鍍金、銅、銅鍍金，考古所見尙無鐵製香爐。〔註274〕可見楊吳時期大安寺鐵香爐，是很特殊的。那麼，爲什麼會用鐵來製作香爐呢？以下數點值得考慮：

第一，這與晚唐時期「五德終始」觀念有一定聯繫。唐爲土德，若欲代唐而立，必爲金德。唐宋之際，受此觀念影響，數個政權都以此相標榜。如黃巢（？～884）大齊政權（881～884）以「金統」爲年號；取代後唐（923～936），並認爲後梁（907～923）爲僞政權的後晉（936～946）亦以「金德」自居；受後晉「金德」的影響，遼朝（907～1125）以「水德」自居〔註275〕。同樣，作爲　個自認爲與李唐王朝（618～907）有繼承關係的政權，楊吳政權也通過「五德終始」學說來標榜合法性。武義元年（919）「夏四月戊戌朔，（楊渭）即吳國王位。大赦，改元武義；建宗廟社稷，置百官，宮殿文物皆用天子禮。以金繼土，臘用丑。」胡三省註曰：「唐，土行也。吳欲繼唐，故言以金德王。」〔註276〕可見，楊吳政權確實自命爲金德。而徐知詢用鐵來鑄香爐而不是石料，亦當爲祈求楊吳政權能夠繼續由徐氏掌權，而不被身爲異姓的養子徐知誥所篡奪。

第二，鐵與銅都屬金，又何以鐵爲先呢？恐怕與鐵的金屬性質也有關係。相比於銅，雖然鐵容易生銹，不易長期保存，對於一般的鐵製工具來說確實如此。但對大安寺鐵香爐來說未必，其原因有二。首先，從楊吳時期一直到清末民初寺廢的一千年間，鐵香爐並未因生銹而被廢棄。即依然能夠見到前文所示照片，除了證明鐵香爐的鑄造工藝很是精湛之外，也當感歎其經歷一千年風雨後還能保存完好，鐵香爐表面棱角分明、獸圖栩栩如生，拓片上的

〔註273〕朱祖德：〈唐五代江西地區的經濟發展〉，《淡江史學》，第 19 期，2008 年 9月，第 37～55 頁。

〔註274〕冉萬里：〈唐代金屬香爐硏究〉，第 13～23 頁。

〔註275〕劉浦江（1961～2015）：〈德運之爭與遼金王朝的正統性問題〉，《中國社會科學》，2004 年第 2 期，第 189～203 頁。

〔註276〕《資治通鑑》卷二七〇，梁末帝貞明五年四月條，第 8843 頁。

字跡亦無粗糙痕跡。其次，馮登府跋語有云：「又爐腹積水不竭，清冽中茗飲，寺人名曰『爐泉』」，可知鐵香爐長期積水卻並無銹爛，甚至裏面的水可以泡茶。這也表明大安寺鐵香爐並無生銹之大礙。

第三，上述金屬性質外，鐵還有一點與銅有明顯差異，即鐵是黑色的，銅是紅色的。以黑色的鐵做原料，可能與楊吳政權尚黑有關。史載，（楊行密）「微時居常獨處，必見黑衣人侍其側。後既有眾，遂令部兵悉以黑繒冪其首，號曰『黑雲都』。」〔註277〕在這裡，從黑衣人到黑雲都的發展，可見黑色對於楊行密來說具有一種護祐的因素。另外，徐溫也是黑雲都的重要將領之一。〔註278〕亦即，徐知詢選取鐵爲鑄造原料，除了其金屬性質外，還考慮到了鐵本身的顏色。其目的是爲了向其父親祈禱，以取得一種護祐。

從以上推測來看，鐵香爐的特殊性已不煩言，而大安寺是否眞有孫吳時期的鐵香爐已經不甚重要了。

（三）爲什麼銘文中沒有反映？

古代大型工程的建設，大件器物的製造，一般都會有相應的記敘之文流傳於世，或載於典籍，或刻於碑銘。〔註279〕大安寺鐵香爐上的銘文，正是對當時鑄造行爲的眞實記錄。不過具體問題還得具體分析。

（1）銘文一般包括緣起與款識。其中緣起部分，必定清楚寫明發起原因與發起人及其身份，如乾德五年（967）南唐南都（即楊吳時期的洪州）留守林仁肇（？～972）發起鑄造龍興寺銅鐘，即在銘文中留下了一長串表明其身份的官名，甚至足資制度史考證〔註280〕。但縱觀鐵香爐銘文，並無發起人姓名，只有「檀越主郏亭大王」值得注意。史載，大和三年（931）九月，「吳鎮南節度使、同平章事徐知諫卒；以諸道副都統、鎮海節度使、守中書令徐知詢代之，賜爵東海郡王」〔註281〕，似乎可以解釋「郏亭大王」之意。然而，

〔註277〕《五國故事》卷上「僞吳楊氏」條，第3180頁。
〔註278〕《江南別錄》「義祖徐氏」條，第5131頁。
〔註279〕根據毛漢光先生的分類法，大安寺鐵香爐銘文似應屬於「佛教類」中的「佛教文序書字類」，此類下即有「鐘款識」一項。但若從內容來看，也可以屬於「記事纂言類」中的「記事類」，參見毛漢光：〈石刻分類與石刻集釋〉，《漢學研究》，第7卷第2期，1989年12月，第225～237頁。
〔註280〕〈龍興寺鐘款識〉，《金石萃編》卷一二二，葉五至葉六。李芳民遍輯唐五代洪州佛寺而無龍興寺，失考，見《唐五代佛寺輯考》，第225～229頁。
〔註281〕《資治通鑒》卷二七七，唐明宗長興二年九月條，第9061頁。

大和四年（932），楊吳「封昇東海郡王」〔註282〕，可見到大和五年時，徐知詢的「東海郡王」是否尚且保留，已成疑問，何況「邾亭大王」本非正式王號。〔註283〕那麼，爲什麼徐知詢沒有在銘文上留下其訴求呢？或與當時徐知誥掌權有關，一切行動必有所限制，如此私密的內心活動，恐怕徐知詢不敢在銘文中表現。也因此，才有了以上的曲折訴求。

（2）關於款識，在中古時期，無論是上層官僚，還是下層民眾，出於自身訴求而進行的祈願活動，一般都會通過各種方式留下自己的姓名等信息，以期願望能夠實現。這些社會活動包括功能互相交叉的造像、結社、鑄鐘等行爲。造像有造像記，興盛於北朝隋唐，更多地表現家族的行爲。而結社和鑄鐘則與鑄造鐵香爐一樣，反映了社會群體的活動。唐開成五年（840）越州餘姚縣平原精舍所結的「九品往生社」即是此類，當時有1250多人結社，並立碑記事，篆刻了其中200多人的名字。〔註284〕鐘銘文則是民眾希冀梵鐘能夠祛除邪惡的表達，如唐大順元年（890）撫州刺史危全諷（？～909）發起鑄造寶應寺銅鐘〔註285〕後，即在鐘銘上留下了境內官僚身份、姓名和境內百姓部分姓名。從這方面來說，人安寺鐵香爐銘文可以說是香爐銘文代表，除了簡單的發起原因和鑄造信息外，通篇都是民眾姓名。這應當是徐知詢所採取的自我保護方法，以下層民眾出資發愿鑄造鐵香爐來掩飾其自身的政治訴求，從而能夠得以避免來自徐知誥的責問。

（3）事實上，通篇銘文並非沒有反映，鐵香爐鑄造時間就是一個突破點。銘文曰：「大和五年歲次癸巳七月乙亥朔十五日己丑鑄此香爐」，七月十五日是佛教的盂蘭盆節，道教的中元節，更是民間的鬼節。中古時期，盂蘭盆節所宣揚的「目連救母」和中元節所包含的「地官赦罪」共同契合了儒家學說的祖先祭祀觀念，從而發展爲「中元節俗」。〔註286〕另外，中元節更注重的是

〔註282〕《新五代史》卷六二〈南唐世家〉，第766頁。

〔註283〕「邾亭大王」或虛指當地人所信仰的宮亭神而言，見扶松華：《環都陽湖的民間信仰》，南昌大學碩士論文，2006年，第7～8頁；魏斌（1976～）：〈宮亭廟傳說：中古早期盧山的信仰空間〉，《歷史研究》，2010年第2期，第46～64頁；斯軍：《長江與都陽湖交匯區域典型水神信仰變遷研究》，暨南大學碩士論文，2011年，第21～34頁。

〔註284〕俞樾（1821～1907）：《春在堂隨筆》，南京：江蘇古籍出版社，2000年，第19～20頁，又第24～25頁。

〔註285〕〈撫州寶應寺鐘款〉，《金石萃編》卷一一七，葉十一至葉十二。

〔註286〕蕭放（1960～）：〈亡靈信仰與中元節俗〉，《文史知識》，1998年第11期，第69～73頁。

家中祭祖，不必如清明節那樣親自上墳。〔註287〕就這點來說，徐知詢身處洪州，在無法前往金陵祭祀其父徐溫的情況下，用鐵香爐作為供養物來招引徐溫之魂，頗有可能。鐵香爐雖屬大香爐，但若考慮到其失去的第二層如趙慈皇所云「四柱如亭然」的形狀，則其形制已向專門的大型塔狀焚紙爐發展了〔註288〕，而焚紙正是「中元節俗」的一個重要部分。當然，無論是燒香還是焚紙，都免不了產生煙霧，這也是招引鬼魂的一種方式。總之，七月十五日這個特殊的鑄造日期〔註289〕，能夠讓人聯想到祭祀祖先的一些信息。不管中元節本身所體現出的宗教現象如何〔註290〕，就這處信息來說，把徐知詢與大安寺鐵香爐聯繫起來的可能性非常大。

小　結

通過本節論述，筆者對鐵香爐及其銘文做總結如下：

第一，即使沒有孫吳時期的鐵香爐，大安寺鐵香爐其作為楊吳時期遺物的身份還是可以被確定。鐵香爐的形制如王昶所述並有照片為證，時間是大和五年（933）七月十五日，即中元節，地點是鎮南軍節度使治所洪州城大安寺。

第二，身為徐溫親子，在與徐溫養子徐知誥的權力鬥爭中失敗的徐知詢，被任命為鎮南軍節度使後不久即去世。其在任內，選擇了中元節這一天鑄造了鐵香爐並供奉於大安寺，以祭祀其父親徐溫並祈求自己重掌權勢。

第三，為了表達其政治訴求，徐知詢首先選擇了具有建寺傳說並頗具靈驗性，且名稱有特殊含義的大安寺作為供養地；又根據香煙能夠與佛溝通從而方便上達訴求的性能及其與「廬州」之「廬」的諧音巧合，選擇了香爐作為供養物；受楊吳政權對黑色的護祐功能的重視和「五德終始」觀念的影響，徐知詢最後確定了以鐵作為供養物的材質。

〔註287〕高洪興：〈中國鬼節與陰陽五行：從清明節和中元節說起〉，《復旦學報》（社會科學版），2005 年第 4 期，第 132～140 頁。

〔註288〕王福諄：〈古代大鐵爐〉，第 50～56 頁。

〔註289〕上文所引〈龍興寺鐘款識〉所載鑄造時間為二月二十五日，〈撫州寶應寺鐘款〉所載為十月十一日，皆非特殊節日。

〔註290〕對中元節的宗教史定位，已有美國學者太史文（Stephen F. Teiser）的著作揭示。見太史文著，侯旭東（1968～）譯：《中國中世紀的鬼節》，上海：上海人民出版社，2016 年，第 1～34 頁。

　　第四，爲了不被徐知誥發現，徐知詢利用了下層民眾的佛教信仰，通過讓他們在鐵香爐上附加款識的做法，來掩飾其政治訴求。

　　總之，上述四點中的後三點雖屬推測，但可能性較大。就此而言，大安寺鐵香爐作爲一個獨特的供養物，出現在了獨特的時間段與空間點上，不僅反映了楊吳政治中節度使權力的消長、盧州對楊吳政權的重要性、楊吳政權以金爲德的意味、政權尚黑的事實、民眾的佛教信仰，等等。也是家族政治的體現，即兩個政治家族之間的衝突，往往各有訴求，徐氏宗家和分家之間即是如此。

第三章　沙陀武將家族與楊吳政治

第一節　楊吳、南唐境內沙陀人考

　　唐末五代的分裂局面下，不同地域的人們因各種原因而分散於離家鄉數千里的不同地方，不僅對當時的政治局勢產生了重大影響，也改變了他們各自的命運。學界對此也多有關注，包含粟特人在內的沙陀共同體東遷對中原政治局勢的影響，即其中一個重要議題。〔註1〕就楊吳政權而言，何永成曾關

〔註1〕　日本學人最早對粟特人及其在中國境內的動向進行系統關注，參見森部豐（1967～）《ソグド人の東方活動と東ユーラシア世界の歷史的展開》（關西大學出版部，2010年）一書參考文獻部分（第329～346頁）。近年的研究參見兩部粟特人墓誌為對象的著作：石見清裕（1951～）：《ソグド人墓誌研究》，東京：汲古書院，2016年；福島惠：《東部ユーラシアのソグド人：ソグド人漢文墓誌の研究》，東京：汲古書院，2017年。臺灣和香港地區，早年各有一篇博士論文：掛田良雄《粟特的研究》（臺灣師範大學博士論文，1988年）、關榮基《粟特研究》（香港大學博士論文，2000年），不過關注的人不多。就沙陀研究而言，臺灣地區先後有兩篇碩士論文：黃淑雯：《李克用研究》，中國文化大學碩士論文，1995年；黃英士：《沙陀與晚唐政局》，中國文化大學碩士論文，2011年。其中，《李克用研究》第五章內容單篇發表為〈李克用河東集團人物分析〉，《淡江史學》，第九期，1998年9月，第19～58頁。又有黃淑雯：〈沙陀早期歷史與東遷代北考述〉一文，刊臺灣開南大學通識教育中心《通識研究集刊》，第十五期，2009年6月，第115～132頁。大陸地區綜合研究見樊文禮（1955～）《唐末五代的代北集團》（北京：中國文聯出版社，2000年）、《李克用評傳》（濟南：山東大學出版社，2005年）兩書，但正如李丹婕所評，對於海外學者的成果吸收並不充分。參見李丹婕：〈評介《唐末五代的代北集團》〉，《中國邊疆史地研究》，2005年第3期，第137～140頁。近年系統關注則有李丹婕：〈沙陀部族與後唐的建立〉，《文史》，2005年第4

注過楊吳政權沙陀人存在情況，但十分簡略。〔註2〕故本章擬系統論述吳、南唐政權中的沙陀人動向，特別是他們南下後的家族發展情況，以期揭示楊吳政權核心政治家族之外的家族群體。

一、楊吳時期的沙陀人

楊吳時期，是沙陀人進入淮河以南地區的初始階段，也是他們的轉變適應時期。雖然說在開元十一年至二十六年間（723～738），曾經一度遷徙六胡州昭武九姓胡人於淮河流域，但不久即因風土不適而遷回〔註3〕；咸通十年（869），李國昌（原名朱邪赤心，？～887）也曾率沙陀部數千騎兵隨唐朝官軍南下淮河流域鎮壓龐勛之亂，但戰事一俟平定，即返回代北。〔註4〕因此，楊吳政權時期，可以說是沙陀人第一次定居於南方地區，此現象也更值得進一步關注。

在論述之前，先就沙陀人的範圍做一界定。樊文禮界定的代北集團成員包括：代北人（包括昭武九姓胡在內的沙陀三部落、包括吐谷渾、達靼、契苾等其他蕃族的五部之眾、代北漢人）、河東人和其他外來人員以及他們的直系後代。〔註5〕因此，下文所提及的李承嗣（866～920），雖然並未有材料表

輯，第 229～244 頁；袁本海：《沙陀的形成及其與北方民族關係研究》，中央民族大學博士論文，2010 年；趙榮織、王旭送：《沙陀簡史》，烏魯木齊：新疆人民出版社，2015 年。英文學界屬戴仁柱（Richard L. Davis，1951～）的系列傳記：戴仁柱撰，馬佳譯：《伶人‧武士‧獵手：後唐莊宗李存勖傳》，北京：中華書局，2009 年；Richard L. Davis, *From Warhorses to Ploughshares: The Later Tang Reign of Emperor Mingzong*, Hong Kong University Press, 2015.

〔註 2〕 何永成在《十國創業君主個案研究——楊行密》中整理出 6 位河東將領，即「安仁義、史儼、李承嗣、米志誠、史建章、安福慶」（第 311 頁），其中安福慶並未南下，詳見下文。

〔註 3〕 周偉洲（1940～）：〈唐代六胡州與「康待賓之亂」〉，《民族研究》，1988 年第 3 期，第 54～63 頁；樊文禮：《唐末五代的代北集團》，第 47 頁。

〔註 4〕 樊文禮：《唐末五代的代北集團》，第 108～111 頁。

〔註 5〕 樊文禮：《唐末五代的代北集團》，第 88～92 頁；另外，蔡家藝（1938～）也提出了沙陀族共同體的概念，也把代北地區的粟特、吐谷渾等民族看作「沙陀族共同體」的成員，參見蔡家藝：〈沙陀族歷史雜探〉，《民族研究》，2001年第 1 期，第 71～80 頁。當然，有的學者更重視把昭武九姓胡從沙陀人中剝離出來分析，如芮傳明（1947～）：〈五代時期中原地區粟特人活動探討〉，《史林》，1992 年第 3 期，第 7～13 頁；王義康（1965～）：〈後唐、後晉、後漢王朝的昭武九姓胡〉，《西北民族研究》，1997 年第 2 期，第 106～113 頁；劉惠琴（1972～）、陳海濤：〈唐末五代沙陀集團中的粟特人及其漢化〉，《煙臺師範學院學報》（哲學社會科學版），2001 年第 2 期，第 58～64、92 頁。

明他是沙陀人，甚至可以直接認爲他是漢人，但因爲身處代北集團，故而也看作廣義範圍內的「沙陀族共同體」成員。〔註6〕

（一）楊吳政權沙陀人來源

楊吳政權初年，由於政局影響，許多北方武將因各種機緣進入南方，其中包括沙陀人數千。先列表如下，以揭示楊吳政權沙陀人之來源：

表3.1：唐末沙陀人南下列表

姓名	南下時間	南下原因	史料來源
安仁義（？～905）	光啓三年（887）	初事李國昌於塞上，以過奔南河，隷秦宗權軍中。光啓三年，擢爲馬軍指揮使，從（秦）宗權弟宗衡攻維揚。及宗衡遇害，復奔行密。	《九國志》卷三〈安仁義傳〉
米志誠（？～918）	乾寧四年（897）	志誠，沙陀部人，少嫻騎射，以驍勇聞。乾寧四年，奔於行密。	《九國志》卷二〈米志誠傳〉
李承嗣（866～920）史儼（？～916）		兗、鄆爲汴人所攻，勢漸危蹙，遣使乞師於武皇（李克用），武皇遣承嗣帥三千騎假道於魏，渡河援之。……及（朱）瑄、（朱）瑾失守，承嗣與朱瑾、史儼同入淮南。	《舊五代史》卷五五〈李承嗣傳〉
史建章		未幾，泰寧節度使朱瑾率部將侯瓚來歸，太原將李承嗣、史儼、史建章亦來奔。	《新唐書》卷一八八〈楊行密傳〉

由此表可知，楊吳政權的沙陀人來源可以分爲兩類：第一，以安仁義爲例，從李國昌的陣營出來之後，在楊行密與秦宗衡爭奪揚州之時，由秦宗衡部主動來投；第二，以史儼、李承嗣、史建章等人爲例，楊行密立足揚州之後，與朱溫交戰時，受李克用派遣，援助朱瑾後失敗，不得已南下。其中，第二類也包括米志誠，他南下的時間與前三人同時，當屬同一原因。總之，不管是出自李國昌麾下還是李克用麾下，都屬於同一個代北集團。存疑的是，安仁義脫離李國昌麾下，屬於個人行爲還是集體行爲，並不清楚。

尚需辨析，爲楊吳初年江淮地區其他政治勢力中疑似沙陀人之存在，章群（1925～2000）最早注意到這些人，他在《唐代蕃將研究》一書中寫道：

<hr>

〔註6〕樊文禮：《唐末五代的代北集團》，第98頁。

史儼與李承嗣，都是李克用派去助朱瑾以抗朱全忠者，卒以敗挫而南奔。……竊疑唐末出現於江淮地區的兩姓人物，如康儒、康旺、安景思等，都是隨承嗣、史儼而南渡的。〔註7〕

其中，「康旺」當爲「康眡」之誤。另外，在其書附表九〈安、康兩姓人物表〉中，也收入了關於康儒、康眡、安景思三人的史料，並提到了另外一位康姓人物——康鞊。〔註8〕對此，有必要對活躍於唐末江淮地區各政治勢力的疑似沙陀人進行綜合考辨。故先在章群之表的基礎上整理相關史料，並考辨如下：

表 3.2：唐末江淮楊行密以外政治勢力疑似沙陀人列表

姓名	主公	行　事	史料來源
石鍔	高駢	駢遣大將石鍔以師鐸幼子及其母書並駢委曲至揚子諭師鐸。〔註9〕	《資治通鑑》卷二五七，光啓三年四月條
康眡 安景思	孫儒	大順二年……儒將康旺（眡）取和州，安景思取滁州。神福擊降旺，逐景思。	《新唐書》卷一八八《楊行密傳》
史光憲	馬殷	楚王殷遣中軍使史光憲入貢，帝賜之駿馬十，美女二。過江陵，高季興執光憲而奪之，且請舉鎮自附於吳。	《資治通鑑》卷二七五，天成二年五月條

先看表二，石鍔爲高駢將領，然事蹟僅此一見，亦不知何時加入高駢麾下。不過從高駢所招納的多爲黃巢餘黨，且此處讓石鍔曉諭的畢師鐸亦屬黃巢餘黨來看，石鍔爲黃巢餘黨的可能性爲大，可以排除其爲沙陀人。〔註10〕安景思、康眡作爲孫儒將領，爲孫儒守城，終又失之，爲沙陀武將的可能性很大。孫儒本出自秦宗衡部，安仁義也同樣出自此集團，如果前文所提及的

〔註7〕 章群：《唐代蕃將研究》，臺北：聯經事業出版公司，1986 年，第 197 頁；又見章群：〈唐代的安、康兩姓〉，收入黃約瑟（1953～1993）主編《港臺學者隋唐史論文精選》，西安：三秦出版社，1990 年，第 56 頁。

〔註8〕 章群：《唐代蕃將研究》，第 213、214、226 頁，其中提及康眡、康儒、康鞊、安景思四人。

〔註9〕 《舊唐書》卷一八二〈畢師鐸傳〉（第 4714 頁）、《新唐書》卷二二四〈高駢傳〉（第 6400 頁）皆以「石鍔」爲「古鍔」。

〔註10〕 關於高駢對黃巢餘黨的招降，參見周藤吉之（1907～1990）：〈唐末淮南高駢の藩鎮體制と黃巢徒黨との關係について——新羅末の崔致遠の著《桂苑筆耕集》を中心として〉，《東洋學報》，第 68 卷第 3、4 號，1987 年，第 1～36 頁；張卉：《從〈桂苑筆耕集〉看唐末高駢鎮淮史事》，中央民族大學碩士論文，2007 年，第 35～37 頁。

安仁義脫離李國昌麾下屬群體行為成立的話，在秦宗衡部內當存在一定數量的沙陀人。當秦宗衡被孫儒所殺，部分沙陀人如安仁義投靠楊行密，而安景思、康暀等人則繼續留在孫儒帳下，其中還有人在孫儒死後隨劉建鋒等人進入湖南，成為日後馬楚政權的臣子，如史光憲等。由此亦可知，上文提及章群所言康暀、安景思為隨李承嗣、史儼〔註11〕南下，顯誤。

　　另外，章著提及的康軿是文人，《新唐書・藝文志》曰：「康軿《劇談錄》三卷。字駕言，乾符進士第。」〔註12〕故而康軿非武將，與唐末沙陀武人多武將的形象不符。且據考證，其為池州人〔註13〕，顯然可以排除在外，章群誤。

　　總之，在楊行密勢力之外，疑似沙陀人者僅安景思、康暀、史光憲等人，且前二人又為楊行密所敗，後一人入馬楚政權，除了投降的康暀之外，其他二人不予歸入楊吳政權的沙陀人行列。〔註14〕

表3.3：唐末五代楊吳政權疑似沙陀人列表

姓名	時間	行　　事	史料來源
石令言	中和三年（883）	行密訪（張訓）以方略，悅之，令從石令言攻同川，克其城。	《九國志》卷一〈張訓傳〉
何瓖	景福二年（893）	景福二年，廬州刺史蔡儔叛，遣何瓖來寇，神福迎擊於青斗山，大破之，遂傳城下。	《九國志》卷一〈李神福傳〉
石率	乾寧四年（897）	黃州陷，戰不利，（馬珣）與張訓、呂師造、咸知進、石率等，收散兵三百人，自黃州間道，緣分寧絕山谷而東。	《九國志》卷一〈馬珣傳〉
康儒	光化二年（899）	婺州刺史王壇為兩浙所圍，求救於宣歙觀察使田頵，夏，四月，頵遣行營都指揮使康儒等救之。	《資治通鑑》卷二六一，光化二年四月條
	天復三年（903）	頵有良將康儒，與頵謀議多不合，行密知之，擢儒為廬州刺史，頵以為貳於己，遂與潤州團練使安仁義同舉兵。	《資治通鑑》卷二六四，天復三年八月條

〔註11〕「史儼」又作「史儼兒」，見《舊五代史》卷1〈梁太祖紀〉，第16頁。本文統一為「史儼」。

〔註12〕《新唐書》卷五九〈藝文志〉，第1542頁。

〔註13〕李暉（1943～）：〈《劇談錄》及其作者史實考辨〉，《安徽廣播電視大學學報》，2005年第2期，第95～100頁。

〔註14〕關於安景思，《九國志》卷三〈田頵傳〉又云：大順二年「十月，頵率敢死士千人，夜襲儒將張景思、沈粲二寨破之，擒粲而返。」第3262頁。

姓名	時間	行　　事	史料來源
何饒	天復二年	（徐）綰等果召田頵，頵引兵赴之，先遣親吏何饒謂（錢）鏐曰：……	《資治通鑑》卷二六三，天復二年九月條
石膳	天復三年	（楊行密）出（朱延壽）夫人嫁蘄州刺史石膳。	《九國志》卷三〈朱延壽傳〉
史實	天復三年	左押衙、充右弩隊都指揮使、溧陽・洛橋鎮遏使、知茶鹽・権麴務、銀青光祿大夫、檢校刑部尚書、兼御史大夫、上柱國史實。	楊行密〈舉史實牒〉〔註15〕
史氏	天祐五年（908）	既至，（嚴）可求跪讀之，乃太夫人史氏教也。（胡注：按路振《九國志》，（楊）渥母史氏封武昌郡君，蓋渥嗣位後尊爲太夫人。）	《資治通鑑》卷二六六，開平二年五月條
何朗	天祐六年	辛亥，吳越兵內外合擊淮南兵，大破之，擒其將何朗等三十餘人，奪戰艦二百艘。	《資治通鑑》卷二六七，開平三年四月條
何蕘	天祐九年	時新王遣典客何蕘說（李）遇曰：……	《九國志》卷一〈李遇傳〉

〔註15〕 楊行密：〈舉史實牒〉，《全唐文》卷一二八，第1277頁。此牒內容來源不詳，據《景定建康志》（《宋元方志叢刊》第二冊）卷四九〈史寔傳〉：「史寔亦崇之裔，以溧陽人知溧陽縣事，蓋僞吳天復二年也。被牒云：『溧陽洛橋鎮遏使知茶鹽権麴務銀青光祿大夫檢校刑部尚書兼御史大夫上柱國史寔：譽馳鄉里，才達變通。禦邊徼以多能，緝兵戎而有術。加以洞詳稼穡，善撫蒸黎。賦輿深見其否臧，案簿窮知其利病。以久無宰字，尤藉招攜。俾分兼領之榮，庶養新歸之俗。倘聞報政，別議酬勞。差兼知溧陽縣事。』」（第2146頁）而《全唐文》所錄有所不同：「敕淮南觀察使東南諸道行營都統牒：左押衙充右弩隊都指揮使溧陽洛橋鎮遏使知茶鹽権麴務銀青光祿大夫檢校刑部尚書兼御史大夫上柱國史實：牒奉處分，前件官譽馳鄉里，才達變通。禦邊徼以多能，緝兵戎而有術。加以洞詳稼穡，善撫蒸黎。賦輿深見其否臧，案簿窮知其利病。以久無宰字，尤藉招攜。俾分兼領之榮，庶養新歸之俗。倘聞報政，別議酬勞。事須差知溧陽縣事。準狀牒舉者，故牒。天復三年十一月九日牒。使檢校太師守中書令吳王押。」（第1277頁）可見，從文書格式來看，《全唐文》本更加符合唐代書儀格式；就時間而言，《全唐文》本的記載也更爲詳細，年月日皆有；從內容來看，《全唐文》本的史實職銜更加詳細，可以得知其爲「右弩隊都指揮使」，應該是追隨楊行密征戰的將領。不過兩種文本時間差距一年，且《全唐文》本的史料來源不詳，故筆者兩存之，以俟後考。此外，史寔的東漢祖先史崇，雖見於《景定建康志》，且從記載來看，在溧陽形成大族，但似乎未見於東漢的相關史料，亦待詳考。

姓名	時間	行　　　事	史料來源
曹筠	天祐十年	十年，遣招討使李濤攻越，戰於臨安，裨將曹筠奔於越，濤敗被執。溫間遣人語筠曰：「吾用汝為將，汝軍有求，吾不能給，是吾過也。」赦筠妻子不誅，厚遇之。秋，越人攻毗陵，溫戰於無錫，筠感溫前言，臨戰奔歸，遂敗越兵。〔註16〕	《新五代史》卷六一〈徐溫傳〉

　　在這些人裏，石、何、康、史、曹數姓皆有，人數分別為 3、4、1、2、1人。

　　若以乾寧四年十一月數千沙陀人南下為界限，在此前即出現的有石令言、何瓌、石率三人，其餘皆出現於此後。具體而言，石令言、何瓌、石率三人雖然並無史料表明他們是沙陀人，但從身為將領這一點來看，有其可能性。果真如此，則來源當為秦宗衡部，何瓌、石率或與安仁義一同降於楊行密，石令言或在此前即入帳下。

　　乾寧四年十一月之後才出現於史籍記載的疑似沙陀人者，雖然並不一定就是隨李承嗣等人南下的，但不排除這種可能。具體而言，康儒、何朗、曹筠三人明確顯示為武將，他們為沙陀人的可能性很大。石膳作為蘄州刺史，當以軍功而得此職，也必然是武將，或亦屬於沙陀人。何饒與何蕘，一為田頵親吏，一為吳王典客，皆負使者之責，且名字相仿，或即一人，又不以武顯，則不似沙陀人。至於楊渥母親史氏，從楊渥生於 886 年〔註17〕來看，當在安仁義等人歸入楊行密部之前就已經嫁於楊行密，則不可能是沙陀人將領的女兒或者妹妹之類，雖然確實不清楚其籍貫族屬。其中唯有史實可以確認並非沙陀人，據前引《景定建康志》，「史寔亦崇之裔，以溧陽人知溧陽縣事」，其中「史寔」當即「史實」。可知史實（史寔）為溧陽本地人，並能追溯祖先至東漢史崇。

　　另外，還有一位曾短暫居留於楊吳政權的粟特係沙陀人安重進，據《舊五代史・安重霸傳》：「弟重進，尤兇惡，事莊宗，以試劍殺人，奔淮南。重霸在蜀，聞之蜀主，取之於吳，用為裨將，隨重霸為龍武小將，戍長道，又殺人，奔歸洛陽。」〔註18〕此處所載安重進南奔楊吳政權似在後唐莊宗時期，然據更詳細的王仁裕（880～956）《玉堂閒話》記載：

〔註16〕據何勇強考證，曹筠從吳越國逃歸吳國，當在數年之後，見何勇強：《錢氏吳越國史論稿》，杭州：浙江大學出版社，2002 年，第 242～243 頁。
〔註17〕參見本書第一章第一節。
〔註18〕《舊五代史》卷六一〈安重霸傳〉，第 820 頁。

有安道進者，即故雲州帥重霸季弟，河東人也。性凶險。莊宗潛龍時，爲小校，常佩劍列於翊衛。忽一日，拔而玩之，謂人曰：「此劍也。可以刜鐘切玉，孰敢當吾鋒鋩？」旁有一人曰：「此又是何利器，妄此誇譚。假使吾引頸承之，安能快斷乎？」道進曰：「眞能引頸乎？」此人以爲戲言，乃引頸而前，遂一揮而斷。旁人皆驚散。道進攜劍，日夜南馳，投於梁主。梁主壯之，俾隸淮之鎮戍。有掌庾吏，進謂曰：「古人謂洞其七札爲能，吾之銛鏃，可徹其十札矣，爾輩安知之。」吏輕之曰：「使我開襟俟之，能徹吾腹乎？」安曰：「試敢開襟否？」吏即開其襟，道進一發而殪之，利鏃逕過，植於牆上。安蓄一犬一婢，遂挈而南奔，晝則從於蘆荻中，夜則望星斗而竄。又時看眼中神光，光多處爲利方，光少處爲不利。既能伏氣，遂絕粒，經時抵江湖間，左挈婢，右攜犬，而輒浮渡，殊無所損。淮帥得之，擢爲裨將，賜與甚豐。時兄重霸事蜀，亦爲列校，聞弟在吳，乃告王。蜀主王嘉其意，發一介以請之。迨至蜀，亦爲主將，後領兵戍於天水營長道縣。〔註19〕

此處「道進」即「重進」之誤。可知，安重進是在後梁時期因事從河東南下，戍於淮境，復因事南下楊吳政權。不過其南下具體時間不詳，大致而言在同光三年（925）前蜀政權滅亡之前。由王仁裕記載，更可知當時楊吳政權對此類北方沙陀將領一貫優待之，「賜與甚豐」。不過安重進畢竟只是短暫停留，不久即往前蜀政權，故不列入本章討論。〔註20〕

總之，出現於楊吳政權的沙陀人，無一例外是從北方南下的，且以李承嗣所率數千人最巨，且其中能夠明確沙陀人身份的有米志誠、史儼、史建章等。另外，也包括從其他途徑進入楊吳政權的沙陀人，如安仁義、康眭，以及不久即往他處的安重進等。至於其他並未獲知籍貫信息，而又通過姓氏能夠懷疑其爲沙陀人者，除了史實（寔）明確不是外，其他人皆等進一步史料發現。

〔註19〕 王仁裕：《玉堂閒話》（《五代史書彙編》第四冊）卷三，第 1876～1877 頁。
〔註20〕 關於前蜀、後蜀時期的粟特係沙陀人所經歷的「空間轉移」，參見胡耀飛：〈五代蜀地粟特係沙陀人考〉，劉亞娟主編《燕園史學》，第 21 期，2012 年 5 月，第 39～55 頁。

（二）楊吳政權沙陀人數量

由上表可知，楊吳政權境內的沙陀人，大部分是乾寧四年因朱溫切斷歸路而南下，其人數，據《舊五代史・李承嗣傳》所載：

> 克、鄆爲汴人所攻，勢漸危蹙，遣使乞師於武皇（李克用），武皇遣承嗣帥三千騎假道於魏，渡河援之。……及（朱）瑄、（朱）瑾失守，承嗣與朱瑾、史儼同入淮南。〔註21〕

由此可知，李克用派遣了3000名騎兵南下援助朱瑄、朱瑾兄弟，由李承嗣統帥。然而，據《新五代史・朱瑾傳》：

> 晉遣李承嗣、史儼等以騎兵五千救之。〔註22〕

則援軍之數當爲5000人。除此二者之外的其他史料，則概曰「數千騎」。〔註23〕然而，無論是3000還是5000，終因戰敗而隨李承嗣南下淮南，其將領還包括史儼、史建章、米志誠等。至於最後是否尚有3000或5000之數，則無法考究，但既然戰敗，當有所減員。

另外，在此之前，如前表所示，已有安仁義隨蔡人秦宗衡部南下。又據《新唐書・田頵傳》，當天祐二年（905），安仁義據潤州反叛，並最終被剿滅時：

> 行密遣使誚曰：「吾不忘公功，能自歸，當復爲行軍副使，但不可處兵。」仁義欲降，其子固諫，乃止。〔註24〕

若安仁義之子生於光啓三年（887）安仁義投降楊行密之前，則年齡在十九歲以上，頗合其不欲投降之血氣方剛形象；若生於此後，則年齡在十九歲以下，或不會堅持抵抗，諫阻其父親投降的意見也不一定會被採納。因此，筆者傾向於安仁義之子生於光啓三年以前，當安仁義投降楊行密之時，當爲攜家出逃。

不過，安仁義雖然攜家，但相比3000或5000騎兵，卻僅僅是一個零頭。總之，楊吳政權內的沙陀人當在3000或5000人左右。至於其他如安仁義一

〔註21〕《舊五代史》卷五五〈李承嗣傳〉，第743頁。

〔註22〕《新五代史》卷四二〈朱瑾傳〉，第451頁。

〔註23〕比如《舊五代史》卷五五〈史儼傳〉：「每以數千騎直犯營壘」（第744頁）；又如《新五代史》卷四一〈趙匡凝傳〉：「晉遣史儼等將兵數千救瑾」（第447頁）；《新五代史》卷六一〈吳世家〉：「晉遣李承嗣將勁騎數千助瑾」（第750頁）；等。另外，陳尚君《舊五代史新輯會證》據《冊府元龜》卷四一四改〈史儼傳〉中「數千騎」爲「數十騎」，然而依照其他史料所載，陳氏所據《冊府元龜》並不足取，作爲重要盟友，李克用也不可能派遣僅僅數十騎相援。見陳尚君：《舊五代史新輯會證》，復旦大學出版社，2006年，第1793頁。

〔註24〕《新唐書》卷一八九〈田頵傳〉，第5478頁。

樣零星進入楊吳政權的沙陀人，雖然亦有可能，但並不在史料記載範圍之內。另外也需注意，這數千沙陀人都是騎兵，原本是出援作戰而來，自然楊行密也需要倚靠他們作戰。因此，3000 或 5000 只能是基數，而不是最終的定數，隨著戰爭的傷亡與和平時期人口的自然增長，這個數字肯定會上下波動。不過古代的人口統計並不區分民族成份，所以還是無法獲知楊吳及其後的南唐政權時期沙陀人的確切人數。

（三）楊吳政權沙陀人子嗣

以上所論僅僅爲初入楊吳政權的沙陀人，若當他們在楊吳境內待上足夠長的時間，應當考慮到他們的子嗣問題。然而無法肯定他們在南下之前在代北老家皆有妻小，但既然他們南下之時的任務是出援作戰，則不一定能攜家帶口。當然，也無從得知他們在進入楊吳政權之後是否孤老一生，而只能從個案記載來有限地揭示他們在楊吳政權內的情況。

根據史料，除了安仁義有子以外，李承嗣亦有子孫。首先看其少子的記載，據徐鉉《稽神錄》中的一則故事：

> 李禪，楚州刺史承嗣少子也，居廣陵宣平里大第。晝日寢庭前，忽有白蝙蝠繞庭而飛，家僮輩竟以帚撲，皆不能中。久之，飛出院門，撲之亦不中。及飛出至外門之外，遂不見。其年禪妻卒，輀車出入之路，即白蝙蝠飛翔之所也。〔註25〕

白蝙蝠在唐人眼中被視爲引路之物，在這個故事中也不例外。〔註26〕但作爲徐鉉所記錄的這一條材料，其背景信息更爲重要，即：李承嗣有少子李禪，而李禪也已經有了自己的妻子，他們居住在揚州宣平里的一座宅第中。

除了李禪之外，李承嗣還有一子、一孫，根據徐鉉〈唐故隴西李氏夫人墓銘〉（以下簡稱〈李夫人墓誌〉）：

唐故隴西李氏夫人墓銘

> 夫人諱某，字某，其先太原人，故左司郎中贈太府卿諱潛之孫，今太弟洗馬裔之第三女也。伯仲世父，皆踐歷臺閣，抑揚聲實，相糾

〔註25〕徐鉉：《稽神錄》卷四〈李禪〉，第 72 頁。

〔註26〕唐人李頎（690？～751？）有〈送王道士還山〉一詩，末二句云：「先生舍我欲何歸，竹杖黃裳登翠微。當有巖前白蝙蝠，迎君日暮雙來飛。」彭定求（1645～1719）等編，傅璇琮等主編：《全唐詩：增訂本》卷一三三，北京：中華書局，1999 年，第 1352 頁。

以孝，相高以讓，芝蘭桃李，閨庭粲然。夫人襲圭組之英，發爲秀色；鍾姻睦之氣，凝爲淑性。柔而有則，愛而不驕，紉組之工，翰墨之妙，稟自天性，能必過人。及長，歸於李君。君名偁，故楚州刺史諱承嗣之孫，今禮部尚書度之少子也。舅甥之親，齊魯之匹，好合之美，潘楊之風。夫人移天睦族，率由典禮，不恃舊以廢職，不矜能以怠敬，門內之理，清芬穆然。嗚呼！嚴霜春零，蕣華朝墜。享年二十有五，某年月日，卒於京師某里之寓居。二族悲慟，六姻悽愴，仁而不壽，古則有之。以其年某月日，葬於江寧縣某鄉里之原，禮也。東海徐鉉，以世親之舊，實維私之敬，執紼永悼，列石爲銘曰：

　　天之命兮不可知，生此賢女兮鍾淑姿，嬪於盛族兮昭令儀。

　　與之才兮不與之壽，永凋落兮芳時，儼羈翣，道靈輴。

　　小江村兮長江湄，千秋萬代兮草離離，空餘初月如蛾眉。〔註27〕

在這裡，李承嗣尚有一子名度，度又有一子名偁。

　　此文當作於南唐年間，因爲文中提及這位夫人「卒於京師某里之寓居」，又說「葬於江寧縣某鄉里之原」，如果下葬地點與京師不遠，那麼這個京師即金陵，南唐的首都。〔註28〕另外，「今太弟洗馬」一語中，「今太弟」當指南唐元宗時期以齊王而爲人弟的中主之弟李景遂，〔註29〕亦可進一步確知此文寫作年代在南唐元宗時期以李景遂爲太弟（947～958）的年代。又根據李偁已經成家，而且其妻子以25歲去世的信息，可知李偁本人當出生於937年之前的楊吳時期。另外，李偁尚且是李度的「少子」，故而上面還有兄長，可惜史書中沒有記載。

　　值得一提的是，根據〈李夫人墓誌〉，這位夫人是「故左司郎中、贈太府卿諱潛之孫，今太弟洗馬裔之第三女」。根據李振中箋注，「潛」即楊行密淮南節度使幕府僚佐王潛，「裔」爲其子；此外，根據徐鉉〈唐故文水縣君王氏夫人墓銘〉「祖潛」、「考坦」〔註30〕的記載，又有徐鉉本人的妻子王氏，亦王

〔註27〕 徐鉉：《唐故隴西李氏夫人墓銘》，《徐鉉集校注》卷一七，第523～524頁。

〔註28〕 關於南唐以金陵爲都城，參見胡耀飛：《南唐兩都制研究》，陝西師範大學碩士論文，2011年。

〔註29〕 馬令：《南唐書》卷七〈李景遂傳〉，《五代史書彙編》第九冊，第5310頁；同書卷三〈嗣主書〉，第5273頁。

〔註30〕 徐鉉：〈唐故文水縣君王氏夫人墓銘〉，《徐鉉集校注》卷一七，第524～525頁。

潛之孫女，王坦（892～942）之女。不過李振中謂「王裔與王坦爲叔伯兄弟」則誤，二人明顯爲親兄弟。〔註 31〕當然，重要的是李承嗣家族所聯姻的這個王氏家族，不僅是楊行密元從，而且是文官世家〔註 32〕，對李承嗣家族的門風轉變，這是重要的體現。

2013 年 12 月，揚州市文物考古研究所在揚州市城北鄉三星村西莊組發掘的一座小型磚室墓（編號 2013YSXM18）中，出土了一方李承嗣女李娍（906～934）的墓誌，又提供了李承嗣家族的更多信息。〔註 33〕該誌題〈大吳尋陽陶公故夫人隴西李氏墓誌銘並序〉（以下簡稱〈李娍墓誌〉），作者署名爲「知左右軍簡詞將仕郎守秘書省挍書郎郭松□書」。根據筆者所得清晰拓片，參考劉剛、池軍、薛炳宏〈江蘇揚州楊吳李娍墓的考古發掘及出土墓誌研究——兼及徐鉉撰《唐故泰州刺史陶公墓誌銘》〉（以下簡稱〈劉文〉）錄文，可得錄文如下：

大吳尋陽陶公故夫人隴西李氏墓誌銘並序

知左右軍簡詞將仕郎守秘書省挍書郎郭松□書

大和甲午歲（六年，934）建酉月（八月）二十有五日（10 月 6 日），朝散大卿撿挍尚書右僕射守大理卿通判左右軍公事柱國賜紫金魚袋陶敬宣」夫人隴西李氏寢疾終於都城私第，享年二十有九。以是歲冬十月戊辰朔十八日乙酉（934 年 11 月 27 日）葬於江都縣界長樂里，禮也。」夫人諱娍，字惠容，其先涼武昭王玄成之後也。姓分苦縣，道濟群生。有子有孫，允文允武。世享榮祿，門益蕃昌。」曾祖諱思勖，唐涿州刺史。祖諱仲方，唐潞州大都督府右司馬撿挍

〔註 31〕 徐鉉：〈唐故隴西李氏夫人墓銘〉，第 524 頁。

〔註 32〕 關於王氏家族，可參考徐鉉所撰〈王坦墓誌〉的記載，見徐鉉：〈唐故朝議大夫行尚書禮部郎中柱國賜紫金魚袋太原王君墓誌銘〉，《徐鉉集校注》卷一五，第 479～482 頁。

〔註 33〕 根據考古報告，此墓誌的出土信息爲：「青石質，由誌蓋和誌石組成。誌蓋橫 61、縱 62、厚 11.5 釐米，盝頂橫 43.5、縱 42 釐米。中心有方格界，篆書陰刻 3 行 9 字『吳故隴／西李氏／墓誌銘』，四周由內向外分別陰刻八卦圖、十二生肖圖及星宿圖，四殳陰刻青龍、白虎、朱雀、玄武四神圖案。誌石橫 62、縱 61、厚 12 釐米。正面楷書陰刻誌文，側面陰刻牡丹紋。誌文 34 行，滿行 45 字，計 1217 字。」參見劉剛、池軍、薛炳宏：〈江蘇揚州楊吳李娍墓的考古發掘及出土墓誌研究——兼及徐鉉撰《唐故泰州刺史陶公墓誌銘》〉，第 61 頁。

兵部尚書。考諱承嗣，皇淮南節度」副使特進撿挍太尉使持節楚州
諸軍事守楚州刺史充本州團練使兼御史大憲上柱國隴西郡開國公」
食邑二千戶贈雁門節度使；母沛國朱氏，累封本郡太君。皇考太尉
韜略縱橫，襟襟豁達。弱冠屬唐」之季年，以豪俠之氣，詞辯〔註34〕
之用，應命於晉王（時鎮太原，後復稱唐），累遷至領將。兩以戎機，
入奏都下，召對便殿，詞旨詳明。」僖宗佳之，暨回，授汾州刺史，
再除洺州刺史。值青齊作亂，渝晉王之盟，遂統雄師，出討逋萆。
篦克鄆之地，擁步騎萬」餘。號令霜明，攻必克俊。時太祖武皇帝
龍興沘水，奮有江淮，威讋鄰封，聲振天下。向風」慕義者，不可
稱紀。公洞識時數，推誠於多事之秋，遂引戎斿，咸歸太祖。太祖
以英特」見遇，置之初筵，每贊奇謀，決勝千里。迨武皇晏駕，烈
宗紹立，時有巨〔註35〕逆，弒主虐人。及齊王奮發大忠，誅平兇黨，
參厥籌畫，公惟冠焉。爾後事機，多賴英斷。旋除楚州刺」史，獎
茂績也。到郡撫惸獨，遏豪強。革偽德風，民歌善政。遍蘇疲俗，
遽柒沉痾。」中年雖謝於明時，慶胃皆登於朝貴。今朝散大卿撿挍
尚書右僕射守鴻臚卿柱國賜紫金魚」袋匡祚、朝散大卿行尚書水部
郎中雲騎尉賜紫金魚袋匡祐，皆夫人之兄也；將仕郎試大」理評事
賜緋魚袋匡禪，即夫人之弟也。荀龍賈虎，一酪一蘇。能克紹於良
弓，盡昇榮於顯位。」夫人即掌武之第二女也。幼遵師傅，長實貞
莊。法內則之言，有關雎之德。賢和允著，仁孝」外彰。既備女功，
旁資惠性。音律得文姬之妙，篇章齊道韞之才。佳配是求，高門斯
得。笄年」歸於陶公。公乃故淮南行軍司馬武昌軍節度使知歙州團
練觀察處置等使」事特進撿挍太尉同中書門下平章事尋陽郡開國公
食邑三千戶贈太師封楚國公諡惠公，即太師之」第四子也。太師在
太祖取威之際，領貔虎之師，副心膂之用。戰無不捷，圖」必有成。
爰立大勳，尋遷巨鎮。屬郡黎元樂其化，連營士卒懷其恩。慶溢閨
門，是生秀茂。」月卿為人也，閑禮樂，敦詩書。厚德冠於品流，
文翰垂於簡牘。不以勳貴傲物，不以才智驕人。」顯陟清途，兼倅
二廣。剖判無滯，聲稱日新。益振家風，大美時論。」夫人爰從合

〔註34〕〈劉文〉作「辨」，誤。
〔註35〕〈劉文〉作「臣」，誤。

昏，頗叶宜家。蠲潔蘋蘩，雍睦伯仲。恆守如賓之敬，不虧中饋之儀。」鏘鏘和鳴，灼灼垂訓。有子五人、女二人，皆有才有藝，如珪如璋。騫翥之程，霄漢可致。」夫人適臻多福，矧在妙齡。期頌〔註36〕彤管之榮，將駕魚軒之貴。無何疾疹，俄遘纏綿。盡藥石之名公，歷」暄涼而不驗。以至薤凋濃露，蓮敗〔註37〕秋池。月卿傷奉倩之神，愛子泣子皋之血。庭除以之慘沮，親戚以」之悲摧。輀車將赴於玄宮，懿美是刊於翠琰。松早緣末職，備熟德門。雖紀遺音，深虞漏略。謹爲銘曰：」

李氏之源，其濬且澈。垂及後昆，唯英與哲。

仁德無際，功勳不絕。是生淑女，克播貞烈。其一。」

爰託高門，配乎賢德。秦晉疋敵，鸞鳳接翼。

宜彼室家，不渝閫閾。女功婦容，流之法則。其二。」

能遵詩禮，嚴奉蒸嘗。寒暄靡倦，筐筥斯張。

命何天促，疾遘膏肓。類紅蘭兮息茂，同曉月兮沉光。其三。」

吳江比淶，蜀嶺東傍。青鳥〔註38〕告吉，白鶴稱祥。

寒風蕭瑟，冬日蒼茫。卜玄宮兮在此，期千載兮未央。其四。」

通過〈李娥墓誌〉，可以得到李承嗣祖父李思勔、父李仲方〔註39〕，妻朱氏〔註40〕，子李匡祚、李匡祐、李匡禪，女李娥、婿陶敬宣（899～950）等人的確切信息。對比〈李夫人墓誌〉，此〈李娥墓誌〉所載「李匡禪」當即《稽神錄》所載「李禪」，惜「李度」不知是「李匡祚」或「李匡祐」中的哪位。此外，陶敬宣亦有墓誌，由徐鉉撰文，除了提及陶敬宣三子陶崇鼎、陶崇諒、陶崇倫名字外，未提及其夫人李娥詳情，僅曰「前夫人」而已，故從略。〔註41〕

〔註36〕〈劉文〉作「須」，誤。

〔註37〕〈劉文〉作「拜」，誤。

〔註38〕〈劉文〉作「鳥」，誤。

〔註39〕在傳世史料中，李承嗣祖父不詳，父見《舊五代史》卷五五〈李承嗣傳〉：「父佐方。」（第742頁）此處李承嗣父親名字當以墓誌爲準。

〔註40〕李承嗣妻子朱氏，根據楊行密有妻朱氏（即楊行密元從將領朱延壽之姐姐，見《九國志》卷三〈朱延壽傳〉，第3264頁），以及楊行密「待承嗣及史儼甚厚，第舍、姬妾，咸選其尤者賜之」（《資治通鑑》卷二六一，唐昭宗乾寧四年十一月條，第8511頁）等記載來看，或與楊行密妻朱氏同族，然不能確證。

〔註41〕徐鉉：〈唐故泰州刺史陶公墓誌〉，《徐鉉集校注》卷一五，第471～472頁。

由此，可以大致描述李承嗣家族的簡單譜系圖如下：

圖 3.1：李承嗣家族世系、聯姻圖

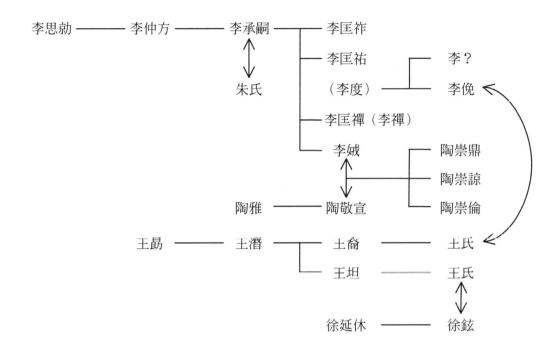

通過對李承嗣家族的分析可知，沙陀人將領是娶妻生子，並且能夠通過與楊行密元從將領家族、元從文官家族聯姻來發展自己家族的。由此，也可以大致推想其他沙陀將領的情況。普通士兵的情況則有待進一步考察。

二、南唐時期的沙陀人

進入南唐時期，楊吳初年南下的沙陀人已經繁衍到第三代，另外，也從北方陸續有新的沙陀將領因各種緣由南下。下文分論之：

（一）楊吳時期南下沙陀人後裔

根據〈李夫人墓誌〉，已知李承嗣之子孫在南唐中主時期的境遇。其中，更值得注意的是，李承嗣之子李度在當時官居「禮部尚書」，則李承嗣家族已經從李承嗣時期的以武顯轉向以文勝。另外，李俛所娶之妻，亦出身文官世家。則李承嗣家族至少從第三代開始，已經與南唐的文官家族聯姻，徹底轉變了門風。

　　還有一則材料也揭示了楊吳時期南下沙陀人之後裔的境遇，即陳致雍〔註42〕所撰〈龍衛軍副統軍史公銖諡議〉：

　　　　公銖，祖世朔方，捍藩顯功，爲唐名將。公銖，便弓馬，習戎事，有名父之風；刺郡部，近民情，知良史之節。性和不損，撫士寬容，考終之名，用以爲諡。按諡法，「寬容和平曰安」。其史公銖，請諡曰「安」。〔註43〕

此則〈諡議〉是對去世的蕃族將領史公銖進行諡議，以確定贈予他們什麼樣的諡號。這則〈諡議〉的歷史學價值，自然不僅僅提供了南唐時期一條賜諡的材料，也揭示了這位蕃族將領在南唐的存在。〔註44〕

　　從這則〈諡議〉中可知，史公銖「祖世朔方」，而且又是史姓，可知確爲粟特系沙陀人。不過對於史公銖南下時間，此〈諡議〉並無明言，但從其曾「刺郡部」，即擔任州刺史這一經歷來看，應當久居南國，而且在官場頗有資歷，則或許是楊吳時期南下的數千沙陀人之後裔。〈諡議〉又曰「有名父之風」，知其父親即爲將領，更證其第二代沙陀移民之身份。另外，更重要的是，史公銖雖然以南唐禁軍六軍系統中的龍衛軍〔註45〕副統軍去世，也當過州刺史，但他在任上「近民情，知良史之節。性和不損，撫士寬容」，則完全是一派儒將風采。對於史公銖的這一變化，或許與他在崇尚儒雅之風的南唐政權境內受到了一定的薰陶有關。

　　關於史公銖，除了陳致雍的這一則〈諡議〉有記載之外，凌迪知（1529～1600）《萬姓統譜》中亦有一條記載：

　　　　史公銖，南唐袁州刺史，廉明直幹，民皆安堵，時稱爲「文武刺史」。〔註46〕

〔註42〕關於陳致雍在禮學方面的成就及其身爲福建人所反映的晚唐五代福建地域文化，參見陳弱水（1956～）：〈中晚唐五代福建士人階層興起的幾點觀察〉，張國剛主編《中國社會歷史評論》，第3卷，北京：中華書局，2001年，第88～106頁；關於陳致雍的博物學成就，參見胡耀飛：〈南唐陳致雍《晉安海物異名記》佚文輯證〉，董劭偉（1979～）主編《中華歷史與傳統文化研究論叢》，第2輯，北京：中國社會科學出版社，2016年，第333～352頁。

〔註43〕陳致雍：〈龍衛軍副統軍史公銖諡議〉，《全唐文》卷八七四，第9147頁上欄。

〔註44〕關於諡議，參見朱玲玲：〈誄文與諡議起源考〉，《濱州學院學報》，2005年第4期，第88～90頁。

〔註45〕杜文玉師：《五代十國制度研究》，北京：人民出版社，2006年，第454～455頁。

〔註46〕凌迪知：《萬姓統譜》卷七四「安」條，《中華族譜集成》第二冊，成都：巴蜀書社，1995年，第94頁。

史公銖所謂「刺郡部」，即任職袁州刺史。而且，他在任上「廉明直幹，民皆安堵」，被譽爲「文武將軍」，正可印證其儒將形象。

不獨史公銖本人如此，他還有一位弟弟史公鎬，也是差不多的性格。據南唐入宋的吳淑（947～1002）所撰《江淮異人錄》載：

> 兵部尚書張翰典銓，有史公鎬者，江南大將史公銖弟也。性沖澹樂道，嘗求爲揚子令，會已除官，不果。翰見其曠達多奇，試謂之曰：「且爲揚子尉，可乎？」公鎬亦欣然從之。後爲瑞昌令，卒於官。時方晴霽，而所居宅上獨雲雨。時有望見雲氣上有一人，緋衣乘馬，冉冉而上，極高而沒。〔註47〕

在這裡，史公鎬被描述爲「性沖澹樂道」、「曠達多奇」的形象，雖然最後乘雲而去的記載已然變成了道家的仙話思維，但對史公鎬性格的描述還是有其現實依據的。甚至史公鎬本人被神仙化的這一現象，也或多或少反映了史公鎬作爲一位粟特人後裔，在宗教信仰方面已經與江淮間普通的漢人無異。

另有米崇楷，據徐鉉〈侍御史王仲連可起居舍人監察米崇楷可右補闕〉：

> 敕：朕嘗思古先哲王，所以致理區中，垂憲萬祀者。蓋有史臣以記其過，有諫官以弼其違。或面諍於庭，或舉書於冊。故政令所及，罔不化成。而怠惰之心，無自入矣。將振斯典，必求其人。某官王仲連，爰籍才能，亟參秩序。正己而率下，盡節而向公。某官米崇楷，早負時名，尋升閨籍。佩韋以臨事，慎獨以修身。而並服豸冠，咸司綱憲。或立朝多案劾之奏，或典刑有欽恤之心。叶我懋章，宜升右掖。勉修官業，以副簡求。直筆正言，無有所諱。可。〔註48〕

李振中因昇元四年（940）王仲連曾彈劾褚仁規（？～941）而繫此敕文於此年或稍後。由此文可知，米崇楷與王仲連一樣，爲南唐文官。惜無其人進一步信息，但南方米姓較少，若謂其爲楊吳時期南下之沙陀人後裔，不會感到意外。

總之，無論是李承嗣家族門風轉變，還是從史公銖、史公鎬兄弟爲人、爲治之道，甚至疑似沙陀人米崇楷之身居文官。進入南唐時期，原來楊吳時

〔註47〕吳淑：《江淮異人錄》卷上〈史公鎬〉，《宋元筆記小說大觀》，上海：上海古籍出版社，2001年，第253頁。

〔註48〕徐鉉：〈侍御史王仲連可起居舍人監察米崇楷可右補闕〉，《徐鉉集校注》卷七，第292頁。

期南下的沙陀人後裔，已經融入了南唐政權尚文的政治生活，而失去了作爲武將的性格特徵。

（二）新進南下的沙陀人

除了楊吳時期南下沙陀人的後裔，南唐時期還陸續接納了來自北方的其他沙陀將領及他們的部伍，史料有記載的有兩位：李金全（891～950）、白福進。

先關注李金全，「其先出於吐谷渾」，也是代北武將。〔註49〕關於其生平，《舊五代史》、馬令《南唐書》、陸游《南唐書》各有傳記，《資治通鑑》中也有相關記載，特別是對他從安州叛入南唐之事，皆有詳細描述。不過對本文來說，需要關注的是他在南唐政權內的活動，現摘錄其中相關內容如下：

1、及至金陵，李昇授以節鎮。後卒於江南。〔註50〕

2.1、李金全之叛也，安州馬步副都指揮使桑千、威和指揮使王萬金、成彥溫不從而死，馬步都指揮使龐守榮誚其愚，以徇金全之意。己巳，詔贈賈仁沼及桑千等官，遣使誅守榮於安州。李金全至金陵，唐主（烈祖李昇）待之甚薄。〔註51〕

2.2、（保大五年六月）唐主（元宗李璟）聞契丹主德光卒，蕭翰棄大梁去，下詔曰：「乃眷中原，本朝故地。」以左右衛聖統軍、忠武節度使李金全爲北面行營招討使，議經略北方。聞帝（後漢高祖劉知遠）已入大梁，遂不敢出兵。〔註52〕

2.3、（保大六年十一月）唐主（元宗李璟）命北面行營招討使李金全將兵救河中，以清淮節度使劉彥貞副之，（查）文徽爲監軍使，（魏）岑爲沿淮巡檢使，軍於沂州之境。金全與諸將方會食，候騎白有漢兵數百在澗北，皆羸弱，請掩之，金全令曰：「敢言過澗者斬！」及暮，伏兵四起，金鼓聞十餘里，金全曰：「向可與之戰乎？」時唐士卒厭兵，莫有鬬志，又河中道遠，勢不相及，丙寅，唐兵退保海州。〔註53〕

〔註49〕《舊五代史》卷九七〈李金全傳〉，第1296頁；樊文禮：《唐末五代的代北集團》，第96頁。
〔註50〕《舊五代史》卷九七〈李金全傳〉，第1297～1298頁。
〔註51〕《資治通鑑》卷二八二，晉高祖天福五年七月條，第9216頁。
〔註52〕《資治通鑑》卷二八七，漢高祖天福十二年六月條，第9368頁。
〔註53〕《資治通鑑》卷二八八，漢高祖乾祐元年十一月條，第9403～9404頁。

2.4、（保大八年正月）唐主（元宗李璟）聞漢兵盡平三叛，始罷李金全北面行營招討使。〔註54〕

3.1、（保大六年）秋，漢伐河中，圍李守貞。守貞遣從事朱元、李平奉表來乞師。以潤州李金全爲西面行營招撫使，壽州劉彥貞爲副；諫議大夫查文徽爲監軍使，兵部侍郎魏岑爲沿淮巡撫使。聞河中平，遽班師。〔註55〕

3.2、九年春正月，周帝即位，劉旻稱帝於太原。……乃命李金全耀兵於淮上而止。〔註56〕

3.3、烈祖以金全爲天威統軍，遷潤州節度使。漢隱帝時，李守貞以河中反，乞兵於金陵。金全與查文徽等出師泝陽。諸將銳於進取，金全獨以爲遠不相及，乃止。保大九年，以金全爲大將，耀兵淮上。方與諸將會食，候言澗有羸兵數百，欲掩之，金全不許曰：「過澗者斬！」及暮，伏兵四起，旌旗蔽日，金鼓聞數十里。金全曰：「適可與戰乎？」及歸，語人曰：「吾得全軍而還，爲功大矣。」其後不復用，卒於鎮。〔註57〕

4.1、（保大六年）九月，漢護國軍節度使李守貞間道表求援師，以鎮海軍節度使李金全爲北面行營招討使，救河中。師次沂州。冬十一月，退保海州。〔註58〕

4.2、保大八年春正月，李金全始罷北面行營招討使。〔註59〕

4.3、金全至，拜天威統軍，出爲潤州節度使。漢隱帝時，李守貞以河中叛，來乞師，魏岑、查文徽議宜爲出師。劉彥貞以攻取自任，元宗欲藉金全宿將威望，以爲北面行營招討使，救河中，彥貞副之，文徽爲監軍使，岑爲沿淮巡檢使。師出泝陽，次沂州，金全曰：「諸君以河中在何處，而欲自此轉戰以前耶？勢必不相及，徒爲國生事爾。」嘗會食帳中，候騎告北兵數百並澗，皆羸弱。諸將欲

〔註54〕《資治通鑑》卷二八九，漢隱帝乾祐三年正月條，第9419頁。
〔註55〕馬令：《南唐書》卷三〈嗣主書〉，第5274頁。
〔註56〕馬令：《南唐書》卷三〈嗣主書〉，第5276頁。
〔註57〕馬令：《南唐書》卷一二〈李金全傳〉，第5343頁。
〔註58〕陸游：《南唐書》卷二〈元宗紀〉，第5475頁。
〔註59〕陸游：《南唐書》卷二〈元宗紀〉，第5476頁。

掩擊之，金全下令曰：「敢言過澗者斬！」及暮，伏兵四起，旗幟蔽日，金鼓聲聞十餘里，諸將乃服金全善料敵。逾月，退保海州，遂引歸。金全曰：「吾全軍而還，不得爲無功矣。」拜右衛聖統軍，領義成軍節度使，兼侍中。保大八年八月，卒於金陵，年六十。多內寵，子男女凡三十二人。元宗命少府監王仲連持節冊贈中書令，諡曰「順」。金全卒後，閩、楚之役興，用事者皆少年，不更軍旅，覆敗相踵。周人乘我罷弊，攻取淮南，國遂衰削，不復能振。人始思金全，恨其已卒云。〔註60〕

上述九則史料出自四種史書，對李金全入南唐之後的敘述頗有出入，大致可以按時間順序歸納爲以下數事：

1、李金全在南唐烈祖李昇昇元四年（940）南下，官拜「天威統軍」（史料3.3、4.3），並出爲「潤州節度使」，即所謂「授以節鎮」（史料1）。其中，天威軍爲南唐禁軍系統六軍之一〔註61〕。至於李金全出任潤州節度使，因爲昇元年間潤州節度使另有其人，故而當在保大年間。〔註62〕李金全在昇元年間並未出任藩鎮，似乎也是「唐主待之甚薄」（史料2.1）的體現，胡三省亦云：「李金全爲奸將所惑，背父母之國，委身於他邦，其見薄宜也。」〔註63〕

2、保大五年（947）六月，中原被契丹所佔領時期，恰逢契丹主耶律德光去世，南唐遂蠢蠢欲動，任命時任「左右衛聖統軍、忠武節度使」的李金全爲「北面行營招討使」（史料2.2），但因爲又聽聞劉知遠已經佔得先機，故而作罷。其中，衛聖軍爲南唐禁軍系統之侍衛諸軍之一〔註64〕，忠武軍地處中原，實爲遙領，則保大五年之前，李金全依然得不到重用。

3、保大六年（948），因爲北方後漢王朝境內河中節度使李守貞叛亂，並遣使南唐求援，故而後者欲發兵回應。於是再次任命時任潤州鎮海軍節度使（史料3.1、4.1）的李金全爲「北面行營招討使」（史料2.3、4.1、4.3），與副使劉彥貞（史料2.3、3.1、4.3）、監軍使查文徽（史料2.3、3.1、4.3）、沿淮巡檢使魏岑（史料2.3、3.1〔沿淮巡撫使〕、4.3），所謂「西面行營招撫使」（史

〔註60〕 陸游：《南唐書》卷一○〈李金全傳〉，第5543～5544頁。
〔註61〕 杜文玉師：《五代十國制度研究》，第452～453頁。
〔註62〕 朱玉龍：《五代十國方鎮年表》「潤州」條，第401頁。
〔註63〕 《資治通鑑》卷二八二，晉高祖天福五年七月條，第9216頁。
〔註64〕 杜文玉師：《五代十國制度研究》，第457頁。

料 3.1），當為誤書，因為沂州在楊吳政權的正北面。另外，由李金全時任潤州鎮海軍節度使可知，其在保大五年之後的一段時間內，出鎮潤州。或許南唐政權此後開始重視李金全。

4、李金全等人出兵的路線為，秋九月（史料 3.1、4.1），從海州沭陽縣出發（史料 3.3、4.3），軍次沂州（史料 2.3、4.1、4.3），並在待了數月之後，於十一月丙寅日（史料 2.3、4.1）退保海州（史料 2.3、4.1、4.3）。期間，在沂州之時，李金全憑藉久在北方軍隊中的經驗，避免了一場敗仗。（史料 2.3、3.3[「保大九年」誤]、4.3）

5、保大八年（950）正月，因為中原政治局勢穩定，便取消了李金全的「北面行營招討使」一職。（史料 2.4、4.2）另外，此前李金全因「全軍而還」（史料 3.3、4.3），也被「拜右衛聖統軍，領義成軍節度使，兼侍中」（史料 4.3），但衛聖統軍此前已有，而義成軍節度使則還是遙領，兼侍中更無實際意義，則雖然有封賜，南唐已經感到李金全並無利用價值，所謂「其後不復用」（史料 3.3）。

6、保人八年八月，李金全於南唐首都金陵去世，享年六十歲。南唐元宗冊贈中書令，賜諡曰「順」。（史料 4.3）即所謂「卒於江南」（史料 1）。至於「卒於鎮」（史料 3.3）的說法，若以此「鎮」為潤州，則因為保大八年二月便有李弘冀上任潤州 [註65]，那麼李金全似不可能卒於潤州。另外，所謂保大九年遣李金全耀兵淮上的說法（史料 3.2、3.3），更是有誤。疑史料 3.3 中的「九年」為「六年」之誤。

7、李金全的私人生活方面，則是「多內寵，子男女凡三十二人」（史料 4.3）。而這三十二人，雖然並未有史料揭示他們的下落，但推測當繼續生活在南唐政權之內。另外需要提及的是，李金全南下之時，「將麾下數百人詣唐軍」[註66]，這數百人中，應該也包括了李金全的部分內寵、子女。李金全麾下數百人，除了其子女之外，剩下的當為追隨他的將士。李金全當初南下就任安州時，「將千騎如安州巡檢」[註67]，則這數百人當屬於「千騎」的一部分。而作為出仕沙陀三王朝之一的後漢沙陀將領，李金全麾下的「千騎」，亦當包括許多沙陀人。

[註65] 朱玉龍：《五代十國方鎮年表》「潤州」條，第 401 頁。
[註66] 《資治通鑑》卷二八二，晉高祖天福五年六月條，第 9214 頁。
[註67] 《資治通鑑》卷二八一，晉高祖天福二年七月條，第 9180 頁。

　　綜上，通過六點歸納，可以清晰地瞭解李金全及其部下在南唐時期的情況。就李金全本人來說，他最初並未被重用，只是當李守貞求援時，才率軍出征回應，但也配備了副使、監軍使等，名爲協助，實際當爲防範。聲援雖然未果，但李金全還是發揮了其出色的將才，避免了一場敗仗，從而受到一定的封賜。不過，不久他就去世了。至於他的部下和子女，具體情況不明。

　　另外，李金全死後，陳致雍曾爲之議諡，其〈太尉李金全諡議〉云：

> 夫功成事卒，身歿名垂，平昔茂勳，足以定寵。故其資性忠果，威略有成，履行端莊，聲實無替。往以大憝移國，僞梁僭圖，金全有致討之功，復安天步，紹宗繼統。入扈乘輿，式掌兵機。克總侯府，而又累仗全越，出捍邊危。種落安寧，疆場肅靜。酬勳錫壤，皆踐大藩。金全知皇運中興，能以義諭臣僚，聿來慈服。諡法，「慈和徧服謂之順」，李金全請諡曰「順」，謹議。〔註68〕

這則〈諡議〉，除了描述李金全所謂歸「順」南唐「中興」之國外，也概括了他在北方的業績，可以作爲其一生的寫照。

　　最後看白福進，根據陳致雍〈右千牛衛將軍白福進諡議〉：

> 伏以一昨，中州阻兵，民庶遷蕩。福進持其部伍，靡所依歸。此不右招，彼何寧族。來思之念，順軌是圖。按諡法，「深慮通遠曰思」，謹議。〔註69〕

白福進，從其姓氏來看，或爲吐谷渾人。〔註70〕又因爲「中州阻兵」而「靡所依歸」，所以南下南唐。而且「持其部伍」，則南下之時已經是一位帶兵將領。關於白福進南下，據《資治通鑑》所載，南唐保大七年（949），

> 唐兵渡淮，攻正陽。十二月，潁州將白福進擊敗之。〔註71〕

在史籍中，除了此〈諡議〉，白福進僅此一見。雖然《通鑑》說白福進作爲後漢潁州將領擊敗了南唐的進攻，但此後不久，後漢爲後周所代，中原一時擾亂，白福進身處開封以南的潁州，在北歸無路的情況下向昔日的敵人南唐投降，亦非不可能。若二「白福進」果爲一人，那麼陳致雍此則諡議當寫於保

〔註68〕陳致雍：〈太尉李金全諡議〉，《全唐文》卷八七四，第9148頁上欄。
〔註69〕陳致雍：〈右千牛衛將軍白福進諡議〉，《全唐文》卷八七五，第9152頁上欄。
〔註70〕吐谷渾在代北地區有白義成部，出過白達子、白奉進父子，參見樊文禮：《唐末五代的代北集團》，第96頁。
〔註71〕《資治通鑑》卷二八八，漢隱帝乾祐二年十二月條，第9416頁。

大七年之後，白福進亦去世於南唐境內。不過，白福進僅僅以職掌宮廷禁衛，且多爲盧衛的右千牛衛將軍〔註72〕去世，則作爲新來降將，在南唐地位並不顯赫。

綜上，南唐時期的沙陀人中，李度官居禮部尚書，史公鉄、史公鎬、白福進，以及疑似的米崇楷皆可算作南唐時期沙陀人中的中層官員，李金全則在失意數年之後尚且有限地發揮一下了餘熱。由此可見，從前文關於楊吳時期其他疑似沙陀人的整理，以及筆者對沙陀武將作戰地域情況所作的揭示（詳見下文）來看，這 3000～5000 人的沙陀將士，在爲楊吳政權效力時，應該已經被楊吳統治者分散在漢人將士之中，從而就整個民族共同體來說，已經失去了其獨立存在的基礎。〔註73〕到了南唐時期，除了逐漸文官化的楊吳時期沙陀人後裔外，新入南唐政權的沙陀人雖然受到善待，但南唐對利用他們的長處還是有所顧慮，比不上楊吳時期對沙陀武將的大量起用，或許也因爲有安仁義叛亂的案例在先。

小　結

楊吳・南唐政權境內沙陀人，根據上文所述，已經可以知其大概。從人數上來說，其基數大約在 3000 或 5000 人左右。隨著戰爭的傷亡和人口的自然增長，這個數字定有變化。從李承嗣家族的例子來看，也可以確定在沙陀將領中間，存在婚育現象，並且子孫也出仕楊吳・南唐政權。另外，從李金全的例子看，在乾寧四年（897）之後，也有一些沙陀將領及其部下因各種緣由而脫離北方政權南下，只是人數不能與楊吳時期相比。

值得一提的是，進入北宋之後，雖然江淮地區似未出現有名的沙陀人後裔〔註74〕，但 1990 年在湖北省英山縣畢家坳北宋墓地（唐宋時期地處楊吳・南唐政權境內的蘄州）出土了北宋皇祐四年（1052）「畢昇碑」。雖然此碑主人是否就是北宋所謂發明印刷術的畢昇尚未可知，對於畢昇是否爲

〔註72〕《舊唐書》卷四四〈職官三〉，第 1902～1903 頁。

〔註73〕此點承蒙呂思靜博士於第二屆中國民族史研究生論壇（北京：中央民族大學，2011 年 5 月 7～8 日）上予以提示，謹此致謝！

〔註74〕蔡家藝論述了遼、宋、金、西夏境內的沙陀族遺民，其中宋朝境內的沙陀族遺民，僅僅列舉北方地區，也從一個側面說明了沙陀人在南方的銷聲匿跡。參見蔡家藝：〈遼宋金夏境內的沙陀族遺民〉，《民族研究》，2004 年第 5 期，第 73～81 頁。

粟特人後裔也尚有爭論，〔註75〕但若將時間上溯到吳、南唐時期，那麼也許此碑主人畢姓者或許是吳、南唐政權境內所居住的沙陀人之後裔，亦未可知。

另外，進入南唐之後，楊吳時期南下的沙陀人已經與南唐其他臣子融合，並轉變了尚武的門風。這種轉變，既有大環境的影響，似也與沙陀家族本身的積極融入有關。不過，即便付出了種種努力，無論是楊吳時期即已經南下的沙陀人，還是南唐時期新近南下的沙陀人，他們在吳、南唐政權中的政治地位依然不高。

第二節　沙陀武將家族的「空間轉移」

古人的生命旅程，如果沒有發生特別重大的轉折性事件，將不會有根本性變化。特別是在交通不發達的情況下，由於客觀條件限制，很多人終其一生只能在離出生地不遠的小範圍內活動。這種非常普遍的現象，通過一代代傳承，形成了某個地域的人們特殊的行為方式和心理特徵。因此，當古人生活發生了明顯的「空間轉移」〔註76〕時，這種在異域文化背景下的人生經歷，

〔註75〕 對於畢昇為粟特人持讚同意見的有：林梅村（1956～）：〈英山畢升碑與淮南摩尼教〉，《北京大學學報》（哲學社會科學版），1997年第2期，第137～147頁。持反對意見的有：孫啓康：〈對《英山畢升碑與淮南摩尼教》一文中幾個問題的商榷〉，《江漢考古》，2005年第2期，第89～94頁。筆者基本同意林梅村的猜想，但孫啓康的質疑也有其道理，原因在於林梅村所據的例證皆過於誇張和泛泛。比如林文提到陳州母乙起義時，說：「母乙起義的中心在今河南及安徽交界地區，不過母乙起義曾『南通淮夷』，似乎和淮南的摩尼教組織發生過聯繫。」此處「淮夷」，據筆者愚見，在中原政權官方史書《舊五代史》中的敘述中，應該指的是與朱梁政權相對抗的楊吳政權，而非所謂「淮南的摩尼教組織」。事實上，近年學界也已否定母乙為摩尼教信徒，參見林悟殊（1943～）、王媛媛：〈五代陳州母乙之徒非「末尼黨類」辨〉，《中國史研究》，2012年第2期，第91～104頁。
〔註76〕 近來，馮金忠（1973～）對唐代藩鎮武職僚佐兩種類型的遷轉進行了分類，包括職級和官職的遷轉、地域上的遷轉流動，並著重研究了藩鎮軍將入朝為官的現象。見馮金忠：〈唐代河朔藩鎮武職僚佐的遷轉流動——以與中央朝官間的流動為中心〉，嚴耀中（1947～）主編《唐代國家與地域社會研究——中國唐史學會第十屆年會論文集》，上海：上海古籍出版社，2008年，第173～193頁。此處所討論的可以說是馮金忠所謂「地域上的遷轉流動」，然而又不純粹是地域，已經涉及到了不同政治背景下的地域空間，故而以「空間轉移」名之。

就更值得關注。在本節，筆者即在上一節對楊吳‧南唐政權境內沙陀武將整體情況整理的基礎上，揭示出入於楊吳政權的沙陀武將們這種「空間轉移」現象，並申論其時代背景。

一、沙陀武將：聯繫兩個集團的紐帶

關於晚唐政局，雖然有學者認為：「從黃巢起義以後的歷史，基本上是以李克用和朱全忠兩大勢力集團為中心而展開的。」〔註77〕但當時的南方並不在朱、李二家控制範圍內，其中對朱全忠南下具有成功抵禦作用，從而保障了南方相對穩定的勢力，即楊吳‧南唐政權。〔註78〕在以往的研究中，或單獨關注李克用（847～908）代北集團，或僅僅研究楊行密（852～905）淮南集團，都沒有把兩個集團聯繫起來。但並不表明兩個集團之間沒有關聯，此節即針對光啟三年（887）到乾寧四年（897）南下的五個沙陀武將——安仁義、米志誠、李承嗣、史儼、史建章——之「空間轉移」進行研究。

根據前文表 3.1 所示，除安仁義外，其他四位都是先效忠於李克用的。李克用作為沙陀集團的首領，其實力來自其父親李國昌的遺產。另外一人米志誠的情況頗有不明，但乾寧四年作為沙陀部人南奔，時間與李承嗣等三人相同，想必也是同時期因為清口之戰而南下的。因此，這五人在南下之前屬於代北集團是毫無疑問的，其所投奔的亦無一例外是楊行密所領導的淮南集團。

雖然楊吳是以淮南籍特別是廬州籍將領為基礎而建立的一個地方性政權，在跟隨楊行密建吳的 73 位籍貫明確的文武功臣中，廬州籍將領占 36.98％；如果加上整個淮南道和臨近河南道，則為 78.08％。〔註79〕但也不能忽視

〔註77〕樊文禮：〈唐末五代代北集團的形成和沙陀王朝的建立〉，張國剛主編《中國中古史論集》，天津：天津古籍出版社，2003 年，第 474 頁。

〔註78〕吳楓（1926～2001）、任爽：〈從分合大勢看南唐的歷史地位〉，收入《吳楓學術文存》，北京：中華書局，2002 年，第 208～228 頁；朱祖德：〈唐末楊行密據淮及其對政局的影響〉，《淡江史學》，第 9 期，1998 年，第 59～75 頁。

〔註79〕何永成：《十國創業君主個案研究——楊行密》，第 313 頁。雖然由於在對一些人物籍貫進行處理時的失誤，此統計數據尚有修正餘地，但大致能反映實情。而其失誤之處如，據何文，除此五人外還有一位安福慶。然而，據《資治通鑑》卷二六○，唐昭宗乾寧二年正月條，安福慶已為朱溫將領朱友恭所擒（第 8462 頁），並無南下楊行密政權之可能，故當排除之。然而不可否認，

其他籍貫的人物，如沙陀人在楊吳政權中的事蹟。〔註 80〕上述五人都出身於
代北集團，特別是李克用統治時期（883～908）〔註 81〕；而他們後半生所出
仕的淮南集團，特以楊行密統治時期（883～905）爲主。在幾乎同時的二十
多年間，代北集團和淮南集團各自奠定了核心政區，並形成了獨特的政治、
軍事、文化特徵，在此基礎上的「空間轉移」對五人的人生影響非常大。在
上一節，筆者已經通過對五位沙陀武將及其他沙陀人生平的梳理，部分揭示
了這些沙陀家族的從武到文之轉變。下文中，筆者繼續從政治特徵、軍事特
徵、文化特徵三方面來全面揭示五人南下之後的境遇。

二、「空間轉移」：沙陀武將命運的轉變

（一）政治特徵的轉移

作爲中古時期的地域集團，其政治特徵必然與其首領的表現分不開。首
先，必須確立整個集團的對外政治立場，不致在戰爭中失利；其次，必須很
好地處理對內政治，不致發生內部軍事衝突。〔註82〕以下分論之：

何永成對楊行密集團人物的總計是目前較完備的，見氏著第 206～342 頁。另
外，早在楊吳時期，即有史家信都鎬所撰《淝上英雄小錄》一書，「淝上」即
廬州，其中所載淝上籍者占總數 60%，見陳振孫（1183？～1262？）：《直齋
書錄解題》，上海：上海古籍出版社，1987 年，第 135 頁。曾國富（1962～）
統計了《十國春秋》吳國列傳中的廬州籍人物，共計 19 人，占所有 120 人左
右的 16%，並總結了他們的特點，參見曾國富：〈唐末五代廬州人氏事迹述
論〉，《合肥學院學報》（社會科學版），2013 年第 5 期，第 8～12 頁。

〔註80〕以往，他們僅僅在關於粟特人、沙陀人的研究中才被提及，如對安仁義和米
志誠的關注，或者作爲移民史的一個注腳。分見：樊文禮：〈唐代的安姓胡
人〉，《內蒙古大學學報》（人文社會科學版），1998 年第 2 期，第 55～62 頁；
范景鵬（1982～）、米月：〈米姓回族粟特人遷居中國的考察〉，《煙臺大學學
報》（哲學社會科學版），2009 年第 2 期，第 104～108 頁；吳松弟：〈唐後
期五代江南地區的北方移民〉，《中國歷史地理論叢》，1996 年第 3 期，第 102
～121 頁。

〔註81〕代北集團的活動時間，從李克用的初始經營以降，經歷「沙陀三王朝」的統
治，直到宋初才消除影響。見鄧小南（1950～）：〈論五代宋初「胡／漢」語
境的消解〉，《文史哲》，2005 年第 5 期，第 57～64 頁。

〔註82〕對外和對內的兩項任務，作爲確保集團領袖地位的兩個要素，應當承自「河
朔故事」三個涵義之後兩種。見張天虹（1979～）：〈「河朔故事」再認識：
社會流動視野下的考察——以中晚唐五代初期爲中心〉，嚴耀中主編《唐代
國家與地域社會研究——中國唐史學會第十屆年會論文集》，第 194～241
頁。

　　對外政治特指一個政治集團在對外交往中抱持的立場，它影響到該集團的用人原則。五人之所以選擇投奔淮南集團，除了軍事形勢造成的偶然性因素外，也因爲代北集團和淮南集團的對外政治立場都是對抗朱溫勢力，尊奉唐朝正朔〔註83〕。在一個王朝將要衰亡時，各個欲繼承這一王朝正統性的勢力之間以舊王朝的正朔爲標榜，本是平常事，晉、梁之間的不間斷戰爭即以此爲原則〔註84〕。另外，淮南集團對唐王朝的尊奉，除了在清口之戰（897）等一系列戰爭中抵抗朱溫勢力的南下〔註85〕外，還體現在政令方面所具有的合法性來源，即通過由中央派出的江淮宣諭使李儼行使境內封拜之權〔註86〕。代北集團與淮南集團在對外政治中都採取了尊王攘汴的立場，雖各有其用意〔註87〕，至少在形式上取得了一致，這也是五位沙陀武將順利進入該集團的前提。

　　對內政治則集中於集團的首領與將領之間的關係上。作爲「集團之領袖人物，是否具有其領導風格、領袖特質，從而形成其獨特之魅力；並能察納雅言，以集團之整體利益爲考量，趨利避害，帶領集團衝破險阻，創造前景，應爲判斷其勝任與否之要件。」〔註88〕

　　關於李克用與其將領之間的關係，歷來學者都重視其「義兒軍」〔註89〕。正如有學者所說：「一個政治家要善於審時度勢，善於集聚力量，善於利用人才，才能鞏固根基，才能使自己的事業立於不敗之地。」〔註90〕而李克用正

〔註83〕《資治通鑑》卷二六六，梁太祖開平元年四月乙亥條，第8675頁。
〔註84〕關於晉、梁爭衡中雙方對尊王旗號的利用，見方震華：「The Price of Orthodoxy：Issues of Legitimacy in the Later Liang and Later Tang」，《臺大歷史學報》，第35期，2005年6月，第55～84頁；李崇新（1965～）：〈試論唐末五代晉梁爭雄的政治策略博弈〉，《南京理工大學學報》（社會科學版），2005年第6期，第17～22頁。
〔註85〕楊行密和朱溫之間最大的一次交鋒，即「清口之戰」，此戰是兩個政權矛盾的總爆發，也是最終確立楊吳政權在淮南和江南統治權的戰爭，此後衝突日稀。見張金銑、趙建玲：〈唐末清口之戰及其歷史地位〉，第76～80頁。
〔註86〕《新唐書》卷一八八〈楊行密傳〉，第5458頁。
〔註87〕李克用盡忠唐室的原因，樊文禮歸納爲：沙陀風俗、個人品格、漢族官員的影響，見樊文禮：〈李克用盡忠唐室及其背景分析〉，《煙臺師範學院學報》（哲學社會科學版），2000年第1期，第11～17頁。楊行密與朱溫的對立，一方面由於唐中央的拉攏政策，另一方面也爲了抵禦朱溫的南下擴張，見高學欽：《五代時期十國與中原王朝的政治關係研究》，福建師範大學碩士論文，2004年，第71～72頁。
〔註88〕何永成：《十國創業君主個案研究——楊行密》，第324頁。
〔註89〕樊文禮：《李克用評傳》，濟南：山東大學出版社，2005年，第69～75頁。
〔註90〕趙榮織：〈五代義兒與社會政治〉，《新疆師範大學學報》（哲學社會科學版），2004年第2期，第131～135頁。

是利用了「義兒」來集聚力量以壯大代北集團。但也不可忽視其他非義兒將領，畢竟代北集團並非「義兒集團」。如李承嗣與史儼，皆為代州雁門人，從小即跟隨李克用出征，立功無數。而當他們在清口之戰中不得已南下時，李克用深感歎息，史稱：

> 及（朱）瑄、（朱）瑾失守，承嗣与朱瑾、史儼同入淮南。承嗣、史儼皆驍將也，淮人得之，軍聲大振。武皇深惜之，如失左右手，乃遣趙岳間道使於淮南，請歸承嗣等，楊行密許之，遣使陳令存請修好於武皇。〔註91〕

可見李克用對李承嗣和史儼的器重。然而他們最終還是留在了淮南，這不僅是因為道路不通的原因，也與楊行密的用人方針分不開。

關於楊行密的對內政治，大體四種評價〔註92〕。除治國方針之外，與如何對待將士有關的兩點為：「知人善任」、「寬宏大量」〔註93〕。因為有這些品質，楊行密的對內政治就整體而言是成功的〔註94〕，從而奠定了楊吳政權立國的基礎。對於五人的來投，楊行密即以「用其所長」的原則安排他們的位置。安仁義來投後，楊行密「悉以騎兵委之，列於田頵之上」，其下胡三省云：「楊行密起於合肥，一時諸將，田頵為冠，一旦得安仁義，列於頵上，卒收其力用。史言其知人善任。」〔註95〕李承嗣等三人南下後，楊行密「推赤心不疑，皆以為將」〔註96〕，且「淮人館遇甚厚，妻孥第舍必推其甲，故儼等盡其死力。」〔註97〕由於史建章的事蹟史籍記載很少，所以，下表中以安仁義、米志誠、李承嗣的官職升遷列表如下：

〔註91〕《舊五代史》卷五五〈李承嗣傳〉，第 743 頁。
〔註92〕四種意見分見：何永成：《十國創業君主個案研究——楊行密》，第 321～324 頁；朱祖德：〈唐末楊行密據淮及其對政局的影響〉，第 64～65 頁；孫先文（1974～）、張金銑：〈楊行密軍事思想初探〉，《宿州教育學院學報》，2004 年第 1 期，第 67～69 頁；丁貞權：《五代時期的楊吳政權》，第 20～21 頁。
〔註93〕朱祖德：〈唐末楊行密據淮及其對政局的影響〉，第 64～65 頁。
〔註94〕楊行密集團的內部矛盾，在楊行密在世時期雖有一定反映，但很快就被平定了。詳見第一章。
〔註95〕《資治通鑑》卷二五七，唐僖宗光啓三年十一月條，第 8365 頁。
〔註96〕《新唐書》卷一八八〈楊行密傳〉，第 5455 頁。
〔註97〕《舊五代史》卷五五〈史儼傳〉，第 744 頁。

表 3.4：楊吳政權內部沙陀武將職位升遷表

將領	時　間	升　　遷	史　　料
安仁義	景福元年（892）	以功奏授檢校尚書左僕射、潤州刺史	《九國志》卷三〈安仁義傳〉
	乾寧二年（895）	潤州團練使安仁義	《資治通鑑》卷二六○，第8477頁
	天祐二年（905）	平盧軍節度使安仁義（按：當為遙領）	《新唐書》卷一○〈昭宣帝紀〉
米志誠	乾寧四年（897）	以功遷馬軍指揮使	《九國志》卷二〈米志誠傳〉
	天祐四年（907）	淮南右都押牙米志誠	《資治通鑑》卷二六六，第8687頁
	天祐六年（909）	行營都指揮使米志誠	《資治通鑑》卷二六七，第8715頁
	天祐十　年（914）	以功加檢校太傅、領泰寧軍節度使（按：當為遙領）	《九國志》卷二〈米志誠傳〉
李承嗣	乾寧四年（897）	行軍副使李承嗣	《資治通鑑》卷二六一，第8511頁
	乾寧四年（897）	表承嗣領鎮海節度使（按：當為遙領）	
	天復二年（902）	副使李承嗣權知淮南軍府事	《資治通鑑》卷二六三，第8577頁
	天祐九年（912）	以承嗣為楚州節度使	《舊五代史》卷五五〈李承嗣傳〉
史儼	天祐五年（908）	滁州刺史史儼	《資治通鑑》卷二六七，第8706頁

註：表中凡有動詞者其係時為授官之時，無者則為官職第一次出現之時。

　　由表 3.4 可知，雖然無法與淮南籍貫的武將相比，作為外來的沙陀軍人，能夠如安仁義一般做到團練使，如李承嗣一般做到淮南行軍副使權知軍府事等等，已屬待遇優厚。當然，這種升遷速度始終是慢的，特別是在天祐二年（905）安仁義發動叛亂之後。不論如何，在楊行密時代，楊氏對沙陀軍人的待遇，不論是政治還是經濟，都屬優厚。

（二）軍事特徵的轉移

在兩個集團的對外政治相近之前提下，五位沙陀武將從代北集團進入了淮南集團，並受到了楊行密的厚待，很大程度上還得益於代北武將和淮南武將由地域差別所造成的軍事風格之異。關於這五人在淮南集團中的征戰情況，可以下表示之：

表 3.5：沙陀武將在楊吳政權內征戰情況表

將領	時間	地　點	戰役記載	史料來源
安仁義	文德元年（888）	宣州當塗縣	文德元年，從（楊）行密破趙鍠於葛山。	《九國志》卷三〈安仁義傳〉
	龍紀元年（889）	常州城	与（田）頵攻杜稜於常州，破之。	
	大順元年（890）	常州武進縣	（楊）行密乘虛襲據浙右，命仁義率眾敗（孫）儒將劉建鋒於武進。	
	景福元年（892）	宣州廣德縣	景福元年，（楊）行密、仁義及田頵背城戰，（孫）儒軍大敗，破五十餘寨。	
	乾寧二年（895）	杭州	（楊）行密遣將臺濛圍蘇州，安仁義、田頵攻杭州，以救（董）昌。	《新唐書》卷二二五〈董昌傳〉
	乾寧三年（896）	湖州	安仁義戰船，從湖州將渡江，以應董昌。王（錢鏐）命武勇都指揮使許再思等御之，仁義竟不敢渡。	《吳越備史》卷一〈武肅王〉
	乾寧三年（896）	蘇州	乾寧三年夏，同安仁義破越之蘇州。	《九國志》卷三〈田頵傳〉
	乾寧三年（896）	婺州東陽縣	安仁義由南蕩率餘黨攻東陽，刺史王壇堅壁自固。	《吳越備史》卷一〈武肅王〉
	乾寧四年（897）	睦州	（武肅）王（錢鏐）命行軍司馬杜稜、都監使吳璋率兵救東陽，安仁義復攻睦州。一夕大風雨，賊眾驚擾而遁。	
米志誠	乾寧四年（897）	泗州	龐從寇青口，葛從周寨淠河。志誠俱為前鋒，連戰皆勝。	《九國志》卷二〈米志誠傳〉
	天復三年（903）	宣州廣德縣	田頵叛於宣州，志誠與臺濛敗頵於廣德。	

將領	時間	地　點	戰役記載	史料來源
米志誠	天祐二年（905）	潤州	（安）仁義復入潤州，行密遣王茂章、李德誠、米志誠等圍之。	《新五代史》卷六一〈吳世家〉
	天祐四年（907）	潁州	淮南右都押牙米志誠等將兵渡淮襲潁州，克其外郭。	《資治通鑑》卷二六六，第8687頁
	天祐六年（909）	洪州高安縣	湖南遣苑玫屯上高，以爲（危）全諷聲援，命志誠與王祺率兵破之。	《九國志》卷二〈米志誠傳〉
	天祐十年（913）	常州無錫縣	十年，從徐溫敗錢瑛於梁谿。	
	天祐十一年（914）	壽州	後又破王茂章於淮上。	
	天祐十一年（914）	袁州	十一年，隨柴再用討劉崇景於袁州，敗袁人於萬勝岡。	
李承嗣	乾寧四年（897）	泗州	汴將龐師古、葛從周出師，將收淮南，朱瑾率淮南軍三萬，與承嗣設伏於清口，大敗汴人，生獲龐師古。	《舊五代史》卷五五〈李承嗣傳〉
史儼	乾寧四年（897）	泗州	淮人比善水軍，不閑騎射，既得儼等，軍聲大振。尋挫汴軍於清口。其後併鍾傳，擒杜洪，削錢鏐，成（楊）行密之霸蹟者，皆儼与（李）承嗣之力也。	《舊五代史》卷五五〈史儼傳〉
	天祐五年（908）	滁州	帝（朱溫）從吳越王（錢）鏐之請，以亳州團練使寇彥卿爲東面行營都指揮使，擊淮南。……淮南遣滁州刺史史儼拒之，彥卿引歸。	《資治通鑑》卷二六七，第8706頁

注：關於李承嗣與史儼「併鍾傳，擒杜洪，削錢鏐」，由於沒有詳細記載而略之。

　　從上表可知，沙陀武將在楊吳政權中豐富的從戰經歷，這是他們軍事生涯的延續，更反映出代北集團與淮南集團之間的軍事風格差異。

　　代北集團的武將以沙陀人爲主，生存區域在游牧與農耕之間的地帶〔註98〕，故而其軍事風格畢現北方游牧民族特點。其中最突出的就是對騎兵的重視，這體現在兩個方面：

〔註98〕劉芸：《沙陀史研究》，蘭州大學碩士論文，2006年，第26～30頁。

第一，對騎兵隊伍建設的重視。如安仁義，「其治軍嚴，善得士心」〔註99〕。因其如此，才使得「淮南將王茂章攻之，踰年不克」〔註100〕。

第二，將士對自身武藝的加強。這不僅表現於兩軍對陣時，對陣前騎鬥的熱衷，如周德威（？～919）先後生擒梁將陳章和燕將單廷珪就是典型的例子〔註101〕。就南下的這幾位沙陀武將來說，安仁義的話可爲代表：

> 仁義以善射冠軍中，當時稱朱瑾槊，米志誠弩，皆爲第一，仁義常曰：「志誠弩十，不當瑾槊之一；瑾槊十，不當吾弓之一。」人以爲然。〔註102〕

在這裡，安仁義和米志誠、朱瑾等北方將領的馬上武功不是自吹，而是「人以爲然」。因此之故，在安仁義謀反，楊行密遣王茂章等人圍攻潤州城時，安仁義「每与茂章等戰，必命中而後發，以此吳軍畏之，不敢近。」〔註103〕

淮南集團，就整體而言，對騎兵的重視程度不及代北集團。雖然安仁義向楊行密投降後被「盡以騎軍委之」〔註104〕，李承嗣、史儼的歸附也使楊行密大喜過望〔註105〕。但是，這也從一個側面反映了淮南集團畢竟還是一個以步軍爲主的政權。步兵的主導地位，也限制了淮南武將對自身武藝的更高追求，轉而注重戰略戰術的修養。〔註106〕

騎兵受限自然有其地理因素，但也因此使得淮南集團對水軍的重視爲北方強敵所不及。從楊行密被孫儒逼出揚州城，從而沿江進占宣歙道〔註107〕，到通過利用水網的優勢在清口之戰中取得勝利〔註108〕，再到繼續沿江西上擊敗成汭水軍〔註109〕。淮南集團的每一次軍事行動，大都有水軍的身影。可以

〔註99〕《新唐書》卷一八九〈田頵傳〉，第5478頁。
〔註100〕《資治通鑑》卷二六五，唐昭宣帝天祐二年正月條，第8639頁。
〔註101〕趙雨樂（1963～）：〈唐末五代陣前騎鬥之風——唐宋變革期戰爭文化考析〉，《西北大學學報》（哲學社會科學版），2005年第6期，第122～127頁。
〔註102〕《新唐書》卷一八九〈田頵傳〉，第5478頁。
〔註103〕《新五代史》卷六一〈吳世家〉，第751頁。
〔註104〕《九國志》卷三〈安仁義傳〉，第3263頁。
〔註105〕《資治通鑑》卷二六一，唐昭宗乾寧四年十一月條，第8510～8511頁。
〔註106〕比如陶雅，「性沉靜，好讀書，手不釋卷。雖臨陣敵，常褒衣博帶。自幼年戲弄，未嘗有錐刀傷手。及爲大將，每矢石交飛，終莫能中。」見《九國志》卷一《陶雅傳》，第3～4頁。
〔註107〕《資治通鑑》卷二五七，唐昭宗文德元年八月條，第8381頁。
〔註108〕張金銑、趙建玲：〈唐末清口之戰及其歷史地位〉。
〔註109〕《資治通鑑》卷二六四，唐昭宗天復三年五月條，第8608～8609頁。

說，對水軍的利用和對水戰的重視與否，決定了這個南方政權的存亡〔註110〕，也是淮南集團的一大軍事特徵。就沙陀武將來說，在這樣重視水軍的環境中，雖然身爲馬上英雄，也不得不與水軍有所瓜葛。比如乾寧三年（896）董昌（？～896）之亂時，受命接應董昌進攻錢鏐的安仁義，史載：

> 辛未，安仁義以舟師至湖州，欲渡江應董昌，錢鏐遣武勇都指
> 揮使顧全武、都知兵馬使許再思守西陵，仁義不能渡。〔註111〕

在此之前身爲騎軍將領的安仁義，由於兩浙地區的地理限制，轉而率領吳國「舟師」欲「渡江」作戰，在其軍事生涯上應重書一筆。當然，安仁義對水軍的認識，還要更早。從文德元年（888）到景福元年（892），安仁義在楊行密指揮下轉戰於太湖流域宣、潤、常、蘇四州之間，平定孫儒後又就任潤州刺史，對於當地河網密佈的水文地理必然十分熟悉。然而，安仁義畢竟是騎將，他對水軍的利用，還是出於陸路作戰的需要，而非直接進行水戰。〔註112〕

　　從表 3.5 也可以看出，沙陀武將在楊吳政權的征戰經歷，大多局限在南方地區。特別是在楊吳與朱梁和平年代，利用沙陀武將的騎戰優勢北禦強敵的機會非常少。可見從代北到淮南的軍事特徵上的空間轉移對沙陀武將的影響也是不容忽視。

（三）文化特徵的轉移

　　文化特徵並不是說偏指武將們對文臣所秉持的儒家文化的具備程度，而是對武將平時的精神生活與精神化的物質生活的總體觀察。

　　代北集團是沙陀貴族在東進過程中，融合了六胡州的粟特人，又在代北地區吸收了本地漢人而組成的一個混合族群。因此，代北武將的出身並非全都是沙陀人，其所表現出來的文化特徵也有多元化傾向。其中主要的一點，就是非漢族向漢族的「民族融合」傾向，久已居住在唐朝境內的粟特人自不必說〔註113〕，沙陀人也是如此〔註114〕。但尚有兩點不可忽視：一，「民族

〔註110〕關於唐末五代的水軍和水戰的地理分佈，見何燦浩（1944～）：〈唐末五代的水軍和水戰〉，《寧波大學學報》（人文科學版），2001 年第 1 期，第 40～45 頁。

〔註111〕《資治通鑑》卷二六〇，唐昭宗乾寧三年正月辛未條，第 8482～8483 頁。

〔註112〕關於水軍與步騎相配合的情況，見何燦浩：〈唐末五代的水軍和水戰〉。

〔註113〕劉惠琴、陳海濤：〈唐末五代沙陀集團中的粟特人及其漢化〉，第 58～64 頁。

〔註114〕見李鴻賓師（1960～）：〈沙陀政治與貴族漢化問題〉，氏著《隋唐五代諸問題研究》，北京：中央民族大學出版社，2006 年，第 160～172 頁。

融合」過程具有由淺入深的階段性特點〔註115〕；第二，「民族融合」程度在社會生活等方面並未全面深入〔註116〕。就李克用時期的代北武將集團來說，向漢文化的「民族融合」程度尚未發展到李存勖時期的深入，也正是這種不深入的「民族融合」，構成了李克用時期代北武將的文化特徵。其具體表現為：

第一，對忠義的重視。據統計，在李克用的眾多義兒中，只有李存孝最終背叛了他，其他人都能夠表現得忠心耿耿。〔註117〕在南下的幾位沙陀武將中，也只有安仁義背叛了楊行密。何況安仁義在被圍城後的關鍵時刻，還曾想過再次投誠，只是被他兒子勸阻，才負隅頑抗，最後束手就擒的。〔註118〕

第二，生活習慣的不羈。如對賭博的嗜好〔註119〕，及其所表現出來的粟特人重利遺風。安仁義就是如此，並把這種風氣帶到了淮南，史載：

　　仁義蕃性好貨，雖凋敝之後，科斂尤急。初，（孫）儒之亂，士
庶多奔豫章，及諸郡平，流者皆復，行密皆以循吏守之。唯浙右人聞
仁義所為，相與悲歎曰：「獨吾郡乃得蕃人！」以是多無歸者。〔註120〕

一句「蕃性好貨」，即把安仁義的善於經商之粟特人背景點了出來，不過安仁義本身並非商人，只好利用手中新得的權力向百姓伸手。

淮南集團的組成人員，除了個別例子外，都可以說是漢人。但不僅不同地域的漢人其所擁有的文化背景不同，甚至同一地域的漢人所擁有的文化特徵也不一樣。就前一點來說，楊行密集團中河南道將領，因為沾染有受河朔

〔註115〕傅樂成（1922～1984）把五代時期沙陀的漢化過程分為李克用、李存勖（885～926）、李嗣源（867～933）等時期，見傅樂成：〈沙陀之漢化〉，《華岡學報》，第 2 期，1965 年 12 月，第 137～154 頁；收入氏著《漢唐史論集》，臺北：聯經出版公司，1977 年，第 319～338 頁。曾成同意鄧小南〈論五代宋初「胡／漢」語境的消解〉一文的看法，認為沙陀人在宋初才真正完全漢化，見曾成：〈論五代沙陀漢化問題〉，武漢大學學年論文，2008 年。這裡需要特別指出的是，蘭州城市學院李鋒敏（1965～）〈唐五代時期的沙陀漢化〉（《甘肅社會科學》，1999 年第 3 期，第 49～52 頁）一文完全抄襲了傅樂成先生的大作，十分惡劣！

〔註116〕有學者認為五代時期的沙陀人尚存有游牧民族的殘餘，見王義康：〈沙陀漢化問題再評價〉，《陝西師範大學學報》（哲學社會科學版），1995 年第 4 期，第132～137 頁。

〔註117〕樊文禮：《李克用評傳》，第 69～75 頁。

〔註118〕《新唐書》卷一八九〈田頵傳〉，第 5478 頁。

〔註119〕王義康：〈沙陀漢化問題再評價〉，第 135 頁。

〔註120〕《九國志》卷三〈安仁義傳〉，第 37 頁。

軍人影響的淮西武將的好戰風格〔註121〕，而與淮南道將領的多具備儒雅氣質有所不同。就第二點來說，也不能忽視淮西武將和淮南武將各自內部的個體差異也一直存在。如果不以地域劃分，淮南集團武將的整體文化特徵為：第一類，貪殘暴戾〔註122〕，甚至明顯排斥文人；第二類，自身具備儒將氣質；第三類，在州郡任上重士養士之風。〔註123〕正是基於淮南武將集團內部的文化狀態的異同，尚得考察沙陀武將南下後所交往的人物之性情。對此，先列交往人物表如下：

表 3.6：沙陀武將在淮南政權中社會交往情況列表

主人物	交往人物	史料記載	史料來源
安仁義	田頵	沙陀叛將安仁義奔淮南，行密大喜，屬以騎兵，使在頵右，兩人名冠軍中，共攻常州。	《新唐書》卷一八九〈田頵傳〉
	劉威馬敬言	安仁義、劉威、田頵敗劉建鋒於武進。（馬）敬言、仁義、威屯潤州。	《資治通鑑》卷二五八，第8394頁
	朱延壽	田頵、安仁義結構延壽叛，將分地而治。	《九國志》卷三〈朱延壽傳〉
米志誠	臺濛	田頵叛於宣州，志誠與臺濛敗頵於廣德。	《九國志》卷二〈米志誠傳〉
	王茂章李德誠	（安）仁義復入潤州，行密遣王茂章、李德誠、米志誠等圍之。	《新五代史》卷六一〈吳世家〉
	王祺	天祐六年，危全諷將伐鍾陵。湖南遣苑玫屯上高，以為全諷聲援，命志誠與王祺率兵破之。	《九國志》卷二〈米志誠傳〉
	呂師造	行營都指揮使米志誠、都尉呂師造等敗苑玫於上高。	《資治通鑑》卷二六七，第8715頁
米志誠	徐溫	（天祐）十年，從徐溫敗錢瑛於梁谿。	《九國志》卷二〈米志誠傳〉
	柴再用	十一年，隨柴再用討劉崇景於袁州，敗袁人於萬勝岡。	

〔註121〕關於淮西武將性格特點的來源和流變，見曾現江（1976～）：《唐後期、五代之淮蔡軍人集團研究》，四川大學碩士論文，2002年，第4～24頁。
〔註122〕此類將領以廬州刺史張崇為最著，見《九國志》卷一〈張崇傳〉，第15～16頁。
〔註123〕以上三類見何永成：《十國創業君主個案研究——楊行密》，第314頁。

主人物	交往人物	史料記載	史料來源
米志誠	朱瑾	天祐十五年，朱瑾殺徐知訓，挈首突入府門。時兵衛倉卒，莫敢抗禦，（翟）虔驅率散卒，共閉關。瑾以是不得出，遂踰垣折足，自刎而死。會米志誠引十餘騎，問瑾所向，聲言以襲瑾爲名。虔乘闡謂曰：「瑾已戮矣，何不急自歸營？」因是志誠遂返。	《九國志》卷二〈翟虔傳〉
李承嗣	朱瑾 史儼	及（朱）瑄、（朱）瑾失守，承嗣與朱瑾、史儼同入淮南。	《舊五代史》卷五五〈李承嗣傳〉
	史建章	未幾，泰寧節度使朱瑾率部將侯瓚來歸，太原將李承嗣、史儼、史建章亦來奔。	《新唐書》卷一八八〈楊行密傳〉
	張顥	行軍副使李承嗣與張顥善，覺（嚴）可求有附（徐）溫意，諷顥使客夜刺殺之，客刺可求不能中。	《新五代史》卷六一〈吳世家〉
	陸泊	江南陸泊……性和雅重厚，時輩推仰之。副使李承嗣，與之尤善。	《稽神錄》卷一「陸泊」條

註：史儼與史建章的交往情況史料缺失，局限於與朱瑾、李承嗣的關係中，遂略。

通過上表，可以清晰地看到沙陀武將的社會交往情況。其中，與安仁義交往的四人中，田頵屬於上述淮南武將中第三類人物，劉威屬於第二類人物。因此，安仁義也受到了一定影響〔註124〕，不過由於田頵本人還有朱延壽等不甘於久居人下，安仁義最終走上反叛之路，亦當與之有關。與米志誠交往的數人中，除了朱瑾之外，幾乎全部是原先即屬於淮南集團的人物。事實上，朱瑾本人也並非惡類〔註125〕。可以說，與米志誠交往的人中，基本都是因爲共同參與某一次軍事行動而有來往，並在這一次次軍事行動中加強了對政權的認同感。米志誠的被殺害，原因在於徐溫爲了培養自己的勢力而進行的鏟除異己，所謂「聲言以襲瑾爲名」，真實目的可能是想助朱瑾一臂之力。

〔註124〕如彬彬有禮的吳越國人質錢傳璙（887～942）經過潤州時，安仁義曾想以自己的十個僕人換之，見《資治通鑑》卷二六三，唐昭宗天復二年九月條，第8583頁。又如安仁義臨死前，認爲李德誠對其有禮，遂主動把生擒他本人的戰功讓李德誠獨享，見《資治通鑑》卷二六五，唐昭宣帝天祐二年正月條，第8639頁。

〔註125〕朱瑾政變，與其說是反吳，不如說是反徐溫專權。詳見第一章第二節。

　　筆者認爲，沙陀武將的南下，不僅經過了政治和軍事的空間轉移，還有一個文化上的空間轉移過程。他們離開原有的社會關係網絡，來到一個新的環境，如果兩者之間的差異足夠大，必然會導致一些不適應甚至衝突。上述安仁義因爲「蕃性好貨」而被浙右人厭惡即是一例，也反映了當時南人、北人之間，甚至漢人、胡人之間的文化觀念差異。〔註126〕而米志誠的被殺則體現了楊行密死後，淮南政權內部高層對北方人的提防和排擠。

　　相比之下，只有李承嗣等人能夠壽終，偏處防守北方勢力南下的邊境。這可能是他本人遠禍避害的結果，而與陸洎等文人雅士的交往，以及前文第一節已經揭示的李承嗣家族與楊吳、南唐由武轉文之其他家族的聯姻，應該也對他的性格產生了影響。

三、時代背景：「空間轉移」在楊吳政權中的體現及其歷史地位

　　從屬於代北集團的沙陀武將出仕淮南集團，是本節論述的切入點，而筆者所想要揭示的，即楊吳政權內的「空間轉移」現象。會出現這種現象並非偶然，有其時代背景。本節即以與楊吳政權有關的「空間轉移」現象爲例著重探討這個問題。

　　如果把這種「空間轉移」放在大的時代背景下來看待的話，那麼至少可以理解爲什麼會有這種現象發生。在上文中，筆者業已揭示「空間轉移」所必需具備的幾個先決條件：第一，並存於世但又有很大甚至極大的政治、軍事、文化方面差別的地域空間；第二，所涉及到的兩個地域空間之內的少數甚而單個人員單向或雙向流動的可能性。基於此，可以把大規模的移民或流民現象排除在外，因爲移民與流民在一定程度上能夠改造甚至改變所移居地的地域空間特徵。因此，在排除這一情況後發現，晚唐五代時期，特別是王黃之亂之後〔註127〕，眾多林立的政權之間，一直存在著「空間轉移」現象。

〔註126〕關於唐代文化以秦嶺淮河爲界的南北差異，見張偉然（1965～）：〈唐人心目中的文化區域及地理意向〉，李孝聰（1947～）主編《唐代地域結構與運作空間》，上海：上海辭書出版社，2003年，第331～384頁。對於浙右漢人因胡人重利而輕視之的現象，頗似於曾在唐代流行的「識寶傳說」中對胡商的戒備心理，見趙世瑜（1959～）：〈識寶傳說：一個關於本土與異域的華北民間歷史隱喻〉，氏著《小歷史與大歷史：區域社會史的理念、方法與實踐》，北京：三聯書店，2006年，第152～164頁。

〔註127〕當然並不是說王黃之亂之前沒有「空間轉移」的現象。事實上，中晚唐時期在河北割據藩鎮統治下的河北地區，其地域空間特徵與唐朝其他地區截然不

〔註128〕在下表中，筆者以出入於楊吳政權的人物爲例羅列這些典型的「空間轉移」現象以見其實：

表 3.7：唐末五代出入楊吳政權之典型「空間轉移」現象列表

時間	人物	出	入	過　程	史源
乾寧元年（894）	唐令回	吳	梁	行密遣押牙唐令回持茶萬餘斤如汴宋貿易，全忠執令回，盡取其茶。	《資治通鑑》卷二五九，第 8458 頁
天復二年（902）	李儼	唐	吳	冬，十月，李儼至揚州，楊行密始建制敕院，每有封拜，輒以告儼，於紫極宮玄宗像前陳制書，再拜然後下。	《資治通鑑》卷二六三，第 8584 頁
天祐元年（904）	楊行密女	吳	吳越	楊行密遣錢傳璙及其婦並顧全武歸錢塘。	《資治通鑑》卷二六四，第 8629 頁
天祐元年（904）	馬賨	吳	楚	初，馬殷弟賨，性沉勇，事孫儒，爲百勝指揮使；儒死，事楊行密，屢有功，遷黑雲指揮使。……行密固遣之。是歲，賨歸長沙，行密親餞之郊。賨至長沙，殷表賨爲節度副使。	《資治通鑑》卷二六五，第 8638 頁
天祐三年（906）	王茂章	吳	吳越	李簡兵奄至宣州，王茂章度不能守，帥眾奔兩浙。	《資治通鑑》卷二六五，第 8656 頁
天祐四年（907）	呂師周	吳	楚	黑雲都指揮使呂師周與副指揮使綦章將兵屯上高，師周與湖南戰，屢有功，（楊）渥忌之。師周懼，……遂奔湖南。	《資治通鑑》卷二六六，第 8667 頁

同，也因此而造成了許多人在進入對方的地域空間之後因無法適應而產生惡果。最顯著的例子即被朝廷任命爲節度使的張弘靖（760～824）在長慶元年（821）進入幽州後因其與河北地區迥異的行爲方式而被囚禁，見陳磊：〈唐長慶元年幽州的軍變——從史料撰寫的層面看〉，《興大歷史學報》，第 25 期，2012 年 6 月，第 1～30 頁。

〔註128〕最著名的當是後晉時期被割讓給遼（契丹）的幽雲十六州的漢人，以及主動進入遼（契丹）的漢人，相關研究比較多。參見紀楠楠（1978～）：《論遼代幽雲十六州的漢人問題》，東北師範大學碩士論文，2006 年；鄭偉佳（1984～）：《唐末五代入遼漢人群體研究》，河北大學碩士論文，2009 年；史懷梅（Naomi Standen）：《忠貞不貳？——遼代的越境之舉》，曹流譯，南京：江蘇人民出版社，2015 年；鄭毅（1962～）：《10 世紀契丹王朝構建進程的中原因素》，瀋陽：東北大學出版社，2016 年。

時間	人物	出	入	過　　　程	史源
天祐八年（911）	錢鏢	吳越	吳	湖州刺史錢鏢酗酒殺人，恐吳越王鏐罪之，冬，十月，辛亥朔，殺都監潘長、推官鍾安德，奔於吳。	《資治通鑑》卷二六八，第8746頁
天祐十一年（914）	許貞劉崇景	吳	楚	吳柴再用等與劉崇景、許貞戰於萬勝岡，大破之，崇景、貞棄袁州遁去。	《資治通鑑》卷二六九，第8784頁
順義六年（926）	韓熙載史虛白	後唐	吳	史虛白，山東人。世儒學，與韓熙載友善。唐晉之間，中原多事，遂因熙載渡淮。	馬《南唐書》卷一三〈韓熙載傳〉
天成（926～930）中	孫晟	後唐	吳	天成中，朱守殷鎮汴州，辟爲判官。守殷反，伏誅，晟乃棄其妻子，亡命陳、宋之間。安重誨惡晟，以謂教守殷反者晟也。畫其像購之，不可得，遂族其家，晟來奔於吳。	馬《南唐書》卷一六〈孫晟傳〉
天祚一年（936）	高越盧文進等	後唐	吳	高越，燕人也。少舉進士，清警有才思，文價藹於北土。時威武軍節度使盧文進有女美而慧，善屬文，時稱「女學士」。越聞而慕焉，往謁文進，文進以妻之。晉高祖即位，文進南奔，越與之俱來。	馬《南唐書》卷一三〈高越傳〉

上述「空間轉移」現象，可以根據其原因分爲以下幾類：

第一，經商。如唐令回受楊行密之命前往汴梁持茶交易。和平時期的經商僅僅是一種往返性的行爲，有去有回，然而在朱梁與楊吳政權敵對的情況下，越境經商的風險很大。唐令回的例子不僅表明了分裂對立政權對商品經濟發展的阻礙，反映了節度使對商業的插手〔註129〕，還揭示出當時進行越境經營的商人之人生境遇也處在一種朝不保夕的狀態下。關於唐令回被朱溫扣押之後的情況，尚不得而知，但無論是好是壞，命運從此改變。

第二，出使。如李儼受唐昭宗的派遣，前往揚州對楊行密進行冊封，並賦予其在可控制的地域範圍內「承制除拜」的權力。與經商一樣，和平時期的出使異地進行冊封的行爲，也是有去有還的，可是這偏偏是一個亂世。李儼雖然保證了楊氏父子權力來源的合法性，然而他本人不過是一個已經

<hr>

〔註129〕關於晚唐五代時期商品經濟的發展及其局限性，見鄭學檬（1937～）：〈五代十國商品經濟的初步考察〉，氏著《中國古代經濟重心南移和唐宋江南經濟研究》，長沙：嶽麓書社，2003年，第304～324頁。

失去昔日輝煌的朝廷的使節，除了每次權力交接時象徵性地進行合法性宣示以外，對楊吳政權的政治起不到任何影響。而李儼本人也因爲戰亂而滯留在淮南，並且窮困潦倒，在朱瑾政變時因受徐溫疑忌而被殺。〔註 130〕當然，這只是一種情況而已，同樣負有溝通使命的馬賨在馬楚國的待遇就是賓至如歸了。作爲一個在淮南集團中生活多年的將領，已經在諸多方面融入這個集團，因此當楊行密出於結好兩國的目的送馬賨去馬楚政權時，他「不願去」〔註 131〕。從這個意義上說，馬賨來到馬楚，也是人生旅程中的一次「空間轉移」，祇不過由於馬楚在自己的兄長馬殷的治下，而沒有大起大落。

　　第三，和親。天復二年（902），吳越國發生徐綰（？～903）、許再思之亂，爲了求得楊行密的支持，以避免徐綰與楊行密部下宣州刺史田頵勾結，吳越王錢鏐聽從大將顧全武的建議，派遣他護送自己的第五子錢元璙前往揚州爲其求婚。〔註 132〕兩年之後，錢元璙與楊行密的女兒一起回到吳越境內。在這裡，對於楊行密的女兒來說，因爲這一次和親而離開生於斯長於斯的淮南前往兩浙，無疑是一次「空間轉移」。這也反映了晚唐五代時期各個政權之間政治婚姻的一個側面。

　　第四，叛逃。在上表中，王茂章、呂師周、錢鏢、許貞、劉崇景，都因爲各自不同的原因而叛逃鄰國。暫且不去管到底是誰的錯導致了他們的叛逃，至少對他們的人生來說，做出一個足以改變下半生歸宿的決定，必定需要很大的決心。而到了一個全新的地方之後，如何融入這個新環境也需要一個過程，甚至終其一生都會徘徊在邊緣地帶。如王茂章在進入吳越後，被錢鏐推薦給朱溫，從而進入朱梁政權，但是因爲屢喫敗仗，導致朱溫「拘之私第」，因爲是錢鏐所推薦，才「止落平章事、罷兵柄而已」，數月之後即卒。〔註133〕前文提及的在河東、後梁、楊吳、前蜀、後唐諸政權之間流轉的安重進也是一例，其特立獨行的性格，致在各個政權皆不能長久。當然，也有如呂師

〔註 130〕《資治通鑑》卷二七〇，梁末帝貞明四年六月條，第 8829 頁。
〔註 131〕《新五代史》卷六六，〈楚世家〉，第 822 頁。同樣受歡迎的，在五代時期還有從後周出使到高麗後留居當地的雙冀，參見黃約瑟：〈仕高麗朝的後周官人雙冀〉，氏著《黃約瑟隋唐史論集》，北京：中華書局，1997 年，第 139～164 頁。
〔註 132〕《吳越備史》卷一〈武肅王〉，《五代史書彙編》第十冊，第 6195 頁。
〔註 133〕《舊五代史》卷二三〈王景仁傳〉，第 318 頁。

周般入楚後因一系列戰功而被「奏遷檢校太傅」者。〔註134〕諸如此類，需要從「空間轉移」的角度來考察他們的人生軌跡，並進而關注這一叛將群體。

　　第五，仕進。在上表中，韓熙載、史虛白、孫晟、高越、盧文進等人的南下，並不能被歸結爲叛逃一類，因爲他們和原來的地域空間並無直接的利害關係，並且是積極主動，而非迫不得已地進入另一個地域空間。因此，這類人能夠較好地在新的環境中利用自身優勢展開新的生活，如韓熙載、孫晟等人此後在南唐政權中成爲不可或缺的政治人物。楊吳時期這類人的南下，當他們成功得到南方政權的優禮之後，更進一步吸引了南唐時期更多北方文士的南下。〔註135〕

　　上面對晚唐五代時期楊吳政權的「空間轉移」現象進行列表分析，以此表明五位沙陀武將的人生並不是單一個案，而有其時代背景。但上述五類，只是就表五所列人物進行的有限分類，尚不足以包括所有「空間轉移」現象的情況。比如隋唐兩朝一些日本留學生和學問僧長住唐土的現象，就屬於「留學」類的「空間轉移」。而本節重點討論的沙陀武將的「空間轉移」，也應該歸入單獨的一類，筆者稱之爲「戰敗」類。總之，通過對「空間轉移」的現象進行分類，並不是想說這種現象的普遍程度，而只是想在此基礎上重新認識歷史上的這些經商、出使、和親、叛逃、仕進等現象。特別是要充分關注到，如何從一個人的人生經歷的角度來看待在這些現象中的當事人。

小　結

　　上文中，筆者已從政治、軍事、文化三個方面全面認識了沙陀武將從代北集團到淮南集團的「空間轉移」。在這個過程中，雖然因爲兩個集團相同的政治取向和它們之間迥異的軍事行爲之差異，從而使得五位沙陀武將得到了楊行密的重視，但文化差異的存在最終沒能得到調和。或者說，沙陀武將在進入淮南政權後，沒有能夠得到普遍的認同，更由於勢單力薄而始終處於邊緣地帶。

　　揭示了這個個案後，筆者試圖關注所有涉及到楊吳政權的「空間轉移」現象，並歸納爲經商、出使、和親、叛逃、仕進、留學、戰敗等諸多種類。

〔註134〕《九國志》卷一一〈呂師周傳〉，第3354頁。
〔註135〕南唐時期的北方南下文士，部分參見曾嚴爽整理的「徐知誥（李昇）時期南奔士人表」，氏著《南唐先主李昇研究》，第83～84頁。

但本節並非要對所有這些種類進行清理，事實上也不可能做到。筆者所要表達的，是如何從「空間轉移」這樣一個角度來觀察具有特殊經歷的古人一生行止，乃至他們的家族變遷。因此，沙陀武將的個案促使進一步思考所有這些經歷過「空間轉移」的人及其家族的命運，對於認識楊吳、南唐時期的家族政治也是一個獨特的視角。

第四章　政權嬗代時期的家族個案

第一節　楊吳、南唐的亡國子孫及其家族

　　王仙芝、黃巢之亂時期興起的各類地方獨立勢力，在經過大大小小的兼併戰之後，紛紛於唐末或五代初滅亡。即使有幸建立起割據政權，也在數十年後因各種原因而衰落，最終爲鄰國所滅。這些獨立政權的統治者子孫們也因此而經歷了一個社會地位上的變動過程。或從此沉淪下游，或進入征服政權並一定程度上被安排生活，或逃入第三方政權求生。這樣的一些情況，數楊吳、南唐兩個政權所接納的這些亡國子孫數量最多，而學界對這類人群的綜合性關注卻不多。〔註1〕但這類人群對於認識唐末五代時期

〔註 1〕　伍伯常、林煌達（1967～）、張維玲等人綜合論述了北宋初期南方諸國臣子在宋廷的境遇，但並未系統關注南方諸國統治者的子孫，參見伍伯常：〈北宋選任陪臣的原則——論猜防政策下的南唐陪臣〉，《中國文化研究所學報》，第 41 期，2001 年 11 月，第 1～32 頁；林煌達：〈宋初政權與南方諸降國臣子的互動關係〉，《東吳歷史學報》，第 12 期，2004 年 12 月，第 95～128 頁；張維玲：〈宋初南北文士的互動與南方文士的崛起——聚焦於徐鉉及其後學的考察〉，《臺大文史哲學報》，第 85 期，2016 年 11 月，第 175～217 頁。個案方面，柳立言（1958～）從聯姻和仕官角度考察了吳越錢氏家族在北宋得以不墜家業的情況，參見柳立言：〈北宋吳越錢家婚宦論述〉，《中央研究院歷史語言研究所集刊》，第 65 本第 4 分，1994 年，第 903～955 頁；鄭銘德從錢氏宗族形成的視角論述了吳越錢氏的形成，參見鄭銘德：《忠孝世家：宋代吳越錢氏研究》，新竹清華大學碩士論文，2000 年。陳欣關注了南漢末主劉鋹及其後裔在宋代的情況，參見陳欣：《南漢國史》，廣州：廣東人民出版社，2010 年，第 234～240 頁。筆者關注過後蜀統治者邢州孟氏家族在宋初的境遇，認爲其因失去了鄉黨的支持和無法通過科舉來取得政治地位的保障，從而在宋初漸趨消逝，參見胡耀飛：〈論

社會階層的流動，家族政治的展開，是一個比較獨特的視角，值得予以討論。

在論述之前，則需要界定一下範圍。本節所謂的「亡國子孫」，是指唐末各地方藩鎮節度使一級及以上類型的割據勢力的子孫，即以至少當過一個藩鎮的節度使爲標準。因爲這類情況數量較少，但因身居節度使，故在原統治地根基較深，多形成家族勢力。〔註2〕至於那些州一級的割據勢力，因爲這類割據勢力數量較大，且統治地域和時間不長，社會影響力也弱，材料方面也不是很多，擬另文處理。本節具體論述範圍，則包括那些被楊吳、南唐政權所滅後進入楊吳、南唐政權的亡國子孫，或從第三方政權逃難而來的子孫。至於楊吳統治者楊氏子孫在南唐時期的境遇，因涉及到吳唐禪代問題，亦另文處理。〔註3〕下文中，筆者即按楊吳、南唐爲先後順序，根據傳世史料和新近發現的墓誌材料，梳理逃入這兩個政權的亡國子孫，以見兩國對他們的安置問題。

一、楊吳時期的亡國子孫

進入楊吳政權的亡國子孫，可按時間順序整理如下。其中還涉及到這些人在楊吳滅亡後於南唐政權境內的情況，亦一併敘述。

（一）宋州朱氏家族

宋州朱氏主要是指乾寧四年（897）被朱溫擊敗後南下楊吳的泰寧節度使（886～897年在任）宋州下邑人朱瑾；其子朱用貞爲大將康懷英（？～921）等裹挾投降朱溫，後事不明；又有海州刺史朱用芝「以其眾與瑾奔楊行密」，從年齡來看，此朱用芝當非朱瑾之子，或爲朱瑾侄輩。〔註4〕

此後，朱用芝事蹟不詳，朱瑾則被楊行密「迎之於高郵，待以殊禮，立解所服玉帶爲贈。授甲第，遺財鉅萬，表瑾領武寧軍節度、淮南行軍副使。」〔註5〕作爲楊吳將領，朱瑾參與了一系列與朱梁政權之間的戰役。雖然作爲北

唐宋之際邢州孟氏家族的地域遷徙與門風轉型〉，薛夢瀟主編《珞珈史苑·2012年卷》，武漢：武漢大學出版社，2013年，第133～168頁。至於本文所涉及到的唐末諸割據政權子孫境遇的學術史，詳見下文具體展開時所引。

〔註2〕 王鳳翔討論過秦岐政權李茂貞子孫在五代時期的境遇，即屬這一類群體，參見王鳳翔：《晚唐五代秦岐政權研究》，第195～261頁。

〔註3〕 相關聯的是楊吳權臣徐溫家族的子孫在南唐時期的境遇，參見第二章。

〔註4〕 《新唐書》卷一八八〈朱宣傳〉，第5466頁。

〔註5〕 《九國志》卷二〈朱瑾傳〉，第3249頁。

方武將，其作戰能力得到了楊吳政權的肯定，但並未受到重用。其後除了遙領武寧軍節度使外，還於天復三年（903）遙領平盧軍節度使，出任「東面諸道行營副都統」〔註6〕等職，但終未能再次實領一方爲節度使，甚至在天祐十五年（918）發動了一次政變，殺害權臣徐溫之子徐知訓，並在激勵被操控的吳王楊隆演不成後，自殺而亡。

（二）蔡州崔氏家族

蔡州崔氏主要是指光化二年（899）在朱溫壓境之下，被大將崔景思所劫持〔註7〕而逃亡楊吳政權的奉國軍節度使（897 年之前～899 年在任〔註8〕）崔洪（生卒不詳）；崔洪之兄（或弟）崔賢曾入質於朱梁政權，但被朱溫遣還，又被崔景思所殺〔註9〕；崔景思從其姓崔來看，爲崔洪族人的可能性較大。

此後，崔洪、崔景思在楊吳政權境內的史料不詳。值得一提的是崔洪的軍吏徐玠（868～943）日後成爲了楊吳、南唐政權的重臣。〔註10〕

（三）蔡州趙氏家族

蔡州趙氏主要是指山南東道節度使（892～905 年在任）趙匡凝（生卒不詳）家族，雖然光化二年（899）在朱梁政權的進攻之下，唐州刺史趙匡璠降於朱溫，隨州刺史趙匡璘被朱梁將領所擒，〔註11〕但最終趙匡凝還是於天祐

〔註6〕《九國志》卷二〈朱瑾傳〉：「天復三年，授瑾東面諸道行營都統、平盧軍節度使、同中書平章事。」（第 3249 頁）而《資治通鑑》卷二六三，唐昭宗天復三年正月條（第 8600 頁）和卷二六六，梁太祖開平二年五月條（第 8698頁）皆曰「副都統」，蓋都統爲楊行密和繼任的楊渥本人，故當以副都統爲準。

〔註7〕在《新唐書》卷一八六〈趙匡凝傳〉中，記載爲崔洪因懼大將崔景思而自己「驅民趨申州，遂奔行密」，第 5427 頁。《資治通鑑》卷二六一，唐昭宗光化二年二月條則記載爲崔景思「劫崔洪，悉驅兵民渡淮奔楊行密。兵民稍稍遁歸，至廣陵者不滿二千人」，第 8522 頁。

〔註8〕據郁賢皓編《唐刺史考全編》卷六一〈蔡州〉，崔洪於乾寧四年（897）至光化二年（899）在任，第 886 頁。而乾寧四年作爲崔洪以奉國節度使加同平章事的時間，知其出鎮奉國還要在此年之前。

〔註9〕《舊唐書》卷二〇上〈昭宗紀〉謂「洪以弟賢質於汴」，第 765 頁。《新唐書》卷一八六〈趙匡凝傳〉則曰「遣兄賢入質」，第 5427 頁。

〔註10〕馬令：《南唐書》卷一〇〈徐玠傳〉，第 5332 頁。

〔註11〕唐州刺史趙匡璠，陳尚君輯證《舊五代史新輯會證》卷一七下〈趙匡凝傳〉作「趙璠」（第 461 頁），《新唐書》卷一八六〈趙匡凝傳〉作「趙匡璠」（第 5427 頁）。《舊五代史新輯會證》僅有校勘，並無解釋。在筆者看來，據趙匡璘之名從匡、從玉來看，當以趙匡璠爲確。郁賢皓《唐刺史考全編》卷一九一〈唐州〉亦取「趙匡璠」，第 2627 頁。

二年（905）投奔了楊吳政權，其弟荊南節度使（903～905 年在任）趙匡明（生卒不詳）則與其子趙承規（生卒不詳）逃亡入蜀。〔註12〕

　　此後，趙匡凝在楊吳政權的事蹟亦少，僅有《新五代史・趙匡凝傳》提及一條：

> 匡凝至廣陵，行密見之，戲曰：「君在鎮時，輕車重馬，歲輸於梁，今敗乃歸我乎？」匡凝曰：「僕世爲唐臣，歲時職貢，非輸賊也。今以不從賊之故，力屈歸公，惟公生死之耳！」行密厚遇之。其後行密死，楊渥稍不禮之。渥方宴，食青梅，匡凝顧渥曰：「勿多食，發小兒熱。」諸將以爲慢，渥遷匡凝海陵，後爲徐溫所殺。〔註13〕

這一記載頗可反映趙匡凝在楊吳政權先後所受待遇的轉變，即楊行密時受到厚遇，而此後不再受待見，行爲稍有不愼，即被讒間，終於被殺。至於趙匡凝的子孫，惟《舊五代史・楊師厚傳》載其「攜妻子沿漢遁去」〔註14〕，知其家人當亦在楊吳、南唐政權，惜不知其詳。

（四）洪州鍾氏家族

　　洪州鍾氏家族主要是指天祐三年（906）被楊吳政權所滅的鎮南節度使（882～906 年在任）鍾傳（？～906）家族；其子鍾匡時繼任節度使數月即被擒，楊吳將領秦裴「虜鍾匡時等五千人以歸」〔註15〕；養子（次子）江州刺史鍾延規（鍾延圭、鍾匡範）則早已因不得立爲節度使而降於楊吳政權。〔註16〕

　　入楊吳政權後，無論是鍾延規還是鍾匡時，都沒有進一步下落。不過 1957年出土於南京中華門外一公里丁甲山北麓的宋景祐五年（1038）下葬〈杜鍾氏墓誌〉卻提供了鍾傳其他子孫的境遇，並牽涉到南唐另一鍾氏名人鍾蒨（？～975）〔註17〕。茲據《新中國出土墓誌》江蘇貳〈南京〉上冊拓片、下冊錄

〔註12〕　《舊五代史》卷一七〈趙匡凝傳〉，第 235 頁；趙匡明在其子趙承規的建議下
　　　　　入蜀，見《新唐書》卷一八六〈趙匡凝傳〉，第 5428 頁。
〔註13〕　《新五代史》卷四一〈趙匡凝傳〉，第 448 頁。《資治通鑑》卷二六五唐昭宣
　　　　　帝天祐二年九月條稍簡略，第 8646 頁。
〔註14〕　《舊五代史》卷二二〈楊師厚傳〉，第 296 頁。
〔註15〕　《資治通鑑》卷二六五，唐昭宣帝天祐三年九月條，第 8661 頁。
〔註16〕　《資治通鑑》卷二六五，唐昭宣帝天祐三年四月條，第 8659 頁。其名及身份，
　　　　　據《資治通鑑考異》所引《實錄》，作「鍾延圭」，《新唐書》卷一九〇〈鍾傳
　　　　　傳〉則作「次子匡範」，第 5487 頁。其餘史料皆作「養子鍾延規」。
〔註17〕　鍾蒨未見馬令、陸游兩《南唐書》立傳，其生平可參見吳任臣：《十國春秋》
　　　　　卷二七〈鍾蒨傳〉，第 390～391 頁。此篇傳記據多種材料整合而成，包括徐
　　　　　鉉《騎省集》、陸游《南唐書》等。

文，並參考邵磊（1971～）〈宋杜鎬妻鍾氏墓誌及其相關問題〉一文錄文，校正呂溱（1014～1068）〈杜鍾氏墓誌〉如下：

故龍圖閣學士禮部侍郎杜公夫人鍾氏☒」

……通判〔註18〕亳州 並 〔註19〕兼管內勸農事呂溱撰」

景祐五年冬十月戊子，太子中舍植與弟樞，奉〔註20〕」祖母夫人之喪，窆於江寧縣之安德鄉。又以」夫人之美德懿範，有足以激於人者，識於壟中。斯亦賢孫篤親之心，賢者不朽之事歟！」夫人姓鍾氏，其先家潁川。唐之季，天下紛擾，撫劍顧眄而稱侯王者以數十。」夫人之王父傳〔註21〕，保江西，民無他寇。朝廷知之，就畀江西節，封南平王，故」夫人遂為郡人焉。烈考諱蒨，仕南唐為祕書監。」夫人端而惠，柔而淑。自齔年至成人，無一語出於外。歲〔註22〕二十，執摯於杜氏。」先龍圖方從宦〔註23〕南唐，屬李氏舉而西，家國顛躓。相從於矛戟〔註24〕險阻中，而婦道益明。」先龍圖歸朝，用通經〔註25〕擢上第，以該極自業〔註26〕。□顯轍，陟內閣。出入金華，顧問」上前，為儒林龜筴。」夫人譚誦墳史，詳閑詩禮。潔薦祀，禮賓客，為閨門表的〔註27〕。杜氏在」朝久，族益大，中外姻黨日蕃熾。」夫人親疏撫視，一一有意，上下肅睦無間言。蓋內助於夫，外和於族〔註28〕，無一關於身者。」天聖五年（1027）春正月五日感疾，終於亰

〔註18〕 邵磊錄文「通判」前為「江寧」二字，而《新中國出土墓誌》錄文空缺，而拓片漫漶，故亦缺。

〔註19〕 邵磊錄文此字空缺，《新中國出土墓誌》考證為「並」字，似可從。

〔註20〕 此字據邵磊錄文，《新中國出土墓誌》錄作「表」，誤。

〔註21〕 此字據拓片及邵磊錄文，《新中國出土墓誌》錄文誤作「傳」，並歸入下句，為「傳保江西」，不辭。此字對於認定鍾氏為鍾傳之孫女十分關鍵，而《新中國出土墓誌》未能正確錄文，以至於謂之「事蹟無考」，頗為遺憾。

〔註22〕 「外歲」二字據拓片及邵磊錄文，《新中國出土墓誌》錄文空缺。

〔註23〕 此字據邵磊錄文，《新中國出土墓誌》錄作「官」，拓片形似「官」，而二字皆可通，存疑。

〔註24〕 「矛」、「戟」二字據拓片及邵磊錄文，《新中國出土墓誌》錄文空缺。

〔註25〕 「通」字據《新中國出土墓誌》錄文及拓片，邵磊作「遂」，並以「用」字上屬，不辭。

〔註26〕 此字據拓片及邵磊錄文，《新中國出土墓誌》錄文空缺。

〔註27〕 此二字據拓片及邵磊錄文，《新中國出土墓誌》錄文作「準的」。

〔註28〕 「內助於夫，外和於族」據拓片及邵磊錄文，《新中國出土墓誌》錄文作「內助□夫人和於族」，誤。

州萊蕪監之官舍〔註29〕，春秋七十有五。」夫人累封本郡君。二男：
長曰湜，大理寺丞；次曰津〔註30〕，萊蕪監判官。二女：長適尚書外
郎」樂黃庭，次適工部侍郎致仕朱巽。孫六人：曰植，太子中舍、知
杭州糧料院；曰杞，殿中」丞、知橫州；曰樞，太子中舍、知江寧府
糧料院；曰彬，大理寺丞、監福州稅；曰椿，陵州司」理參軍；曰松，
泉州德化縣尉。」夫人性慈厚，貴清淨。每晨起，瞻□□禮〔註31〕
四十九數；誦《金剛》、《度人》經各十五過。凡五十」年，雖大寒暑、
慶弔日，率如是。〔註32〕每平居燕坐，子孫列侍，必誨以善道，至於
成學。故二子」仕皆曰〔註33〕清白士，二女適外〔註34〕稱爲賢婦，諸
孫用能勤紹□業〔註35〕，聲聞於公卿間。」夫人之訓，豈有窮哉。固
將爲」本朝故事，發圖史光景，與魯恭姜、漢大家較德於前載矣。初，」
夫人之終也，二子先歿，諸孫幼，寓殯於萊蕪佛舍者餘十年。及二孫
登朝，始露章乞」告，遷祔於」先龍圖之塋，禮也。溙世金陵，與杜
氏爲里中舊。少歷諸親〔註36〕間語，」夫人之賢也熟；長與令孫遊知，」
夫人之教也深。謹用合聞見之美，刻次堅石，以爲千萬世法。銘曰：」

　　狥敫令人，蘭柔玉溫。輔佐君子，遂大其門。

　　西州舊京，地靈物清。」□爲故鄉，乃開佳城。

　　有孫其賢〔註37〕，有碑且堅。夫人遺問，如山之年〔註38〕。」

　　太子中舍□當江寧府糧料院樞書。」〔註39〕

〔註29〕此字據拓片及邵磊錄文，《新中國出土墓誌》錄文空缺。
〔註30〕此字據邵磊錄文，《新中國出土墓誌》錄文作「濃」，而拓片漫漶，待考。
〔註31〕此字據邵磊錄文，《新中國出土墓誌》錄文空缺，而拓片亦漫漶，待考。
〔註32〕此處邵磊錄文作「雖大寒暑、慶弔日，率如是」，《新中國出土墓誌》錄文作「雖有寒暑慶弔，□寧如□」，據拓片，或作「雖有寒暑、慶弔，日率如是」。
〔註33〕此處邵磊錄文作「□曰」，《新中國出土墓誌》錄文作「皆爲」，據拓片，或作「皆曰」。
〔註34〕此二字據拓片及邵磊錄文，《新中國出土墓誌》錄文空缺。
〔註35〕此字據拓片及邵磊錄文，《新中國出土墓誌》錄文空缺。
〔註36〕此字據拓片及邵磊錄文，《新中國出土墓誌》錄文空缺。
〔註37〕此二字據邵磊錄文：《新中國出土墓誌》錄文空缺，拓片漫漶，待考。
〔註38〕此字據邵磊錄文：《新中國出土墓誌》錄文空缺，拓片漫漶，近似「年」字，待考。
〔註39〕呂溙：〈故龍圖閣學士禮部侍郎杜公夫人墓誌〉，故宮博物院、南京市博物館主編《新中國出土墓誌》江蘇貳《南京》，北京：文物出版社，2014年，拓片，

邵磊已據此誌推得杜鎬妻鍾氏（953～1027）爲鍾蒨之女、鍾傳之孫女。邵磊又引到傳世的徐鉉〈鍾王氏墓誌〉，證得此王氏（884～958）爲鍾懷建、鍾蒨兄弟之母，鍾傳之妻。〔註40〕此外，邵磊還指出鍾蒨在開寶八年（975）南唐亡國之際「朝服坐於家，亂兵至，舉族就死不去」〔註41〕，但其女杜鍾氏之所以得以存活是因爲此前即已嫁給杜鎬。

　　從〈鍾王氏墓誌〉僅提及鍾懷建、鍾蒨兄弟來看，這兩人與鍾匡時當屬同父異母兄弟。而從時間上推斷，則兩人又可能在鍾傳子嗣中排行靠後，當鍾匡時進入楊吳政權後，或因年小而得以受到較爲和平的成長環境，並以文才出仕。可見，在鍾傳子嗣中，至少鍾懷建、鍾蒨兄弟在楊吳、南唐時期頗有較好的境遇。爲便於下文分析，茲錄〈鍾王氏墓誌〉如下：

唐故鍾氏太夫人太原縣太君王氏墓銘

　　夫人，太原祁人也，因官徙籍，遂居豫章。自緱嶺肇基，晉陽錫壤，光靈繁社，蔚爲大宗。圭組簪纓，與世陞降，聖曆中否，我亦不彰。故祖考某，皆蘊道居貞，流謙毓德。夫人有金玉之質，桃李之姿。柔順睦姻，以奉慈訓；組紃織絍，聿勵家風。宗族里閭，莫不稱美。先公司徒，纘戎嗣服，實臨我邦。夫人誕昭四德之華，用光九女之選。門內之理，實皆聽之。家人尚嚴，婦道貴順。主饋以敬，均養以慈。契闊夷險，始終若一。邦君內則，皆取正焉。嗚呼！昊天不庸，路寢即順。夫人棘心蓬首，率由舊章。素尚空玄，益所明習。常齋居晏處，諷誦眞文。雖祁寒盛暑，未嘗廢也。又以恭儉孝悌，文學道義，訓勵子弟，皆成其名。保大□年，詔封太原縣太君，從子貴也。二子：長曰懷建，由校書郎，歷東府掾，以群從百口，家於豫章，於是辭祿公朝，歸綜司政，因除洪州都督府司馬；次曰蒨，以屬詞敦行，從事戚藩，累登臺郎，爲集賢殿學士，會中令齊王避親讓寵，授鉞臨川，朝廷愼選英僚，以光幕府，除撫

上冊，第53頁；錄文，下冊，第32～33頁。亦參邵磊：〈宋杜鎬妻鍾氏墓誌及其相關問題〉，《碑林集刊》，第十九輯，西安：三秦出版社，2014年，第106～107頁。

〔註40〕邵磊：〈宋杜鎬妻鍾氏墓誌及其相關問題〉，第109頁。

〔註41〕陸游：《南唐書》卷三〈後主本紀〉，《五代史書彙編》第九冊，第5492頁。邵磊所引爲《十國春秋》卷二七〈鍾蒨傳〉，然其史源即陸游《南唐書》此處記載。

州觀察判官、檢校屯田郎中。既拜，而夫人疾亟。交泰元年（958）春二月十八日，卒於京師嘉瑞坊之官舍，享年七十有五。即以其年月日，歸葬於洪州某縣某里之原，禮也。嗚呼！富壽戩穀，天所以祐善；金石銘譔，世所以垂範也。二者無愧，可謂賢哉！鉉早奉世親，晚連姻好，景行懿德，敢用直書。其銘曰：

> 緱山不傾，清淮不湮。故我王氏，實生令人。
>
> 衛姬之智，孟母之仁。光昭祖禰，垂慶來雲。
>
> 西山之陽，章江之濱。靈仙攸宅，松檟相因。
>
> 遐壽歸全，以反吾眞。〔註42〕

（五）朗州雷氏家族

朗州雷氏家族主要是指武貞軍節度使（881年佔據朗州，898年正式受任爲武貞軍節度使）雷滿（？～901）〔註43〕及其三子雷彥威、雷彥恭、雷彥雄（？～909）。這一家族先後由雷滿、雷彥威、雷彥恭依次統治澧朗地區近三十年，亦積累了一股強大的勢力。但在馬楚政權的壓境之下，於開平三年（909）滅亡，雷彥恭「奔於楊行密，馬殷擒其弟彥雄等七人送於梁，斬於汴市」〔註44〕。對此，筆者已有專文述及。〔註45〕

關於雷彥恭進入楊吳政權後的境遇，傳世文獻僅有《資治通鑑》「淮南以彥恭爲節度副使」〔註46〕一句。然據2013年5月12日發佈於「百度知道」網站的一個問題，提問者提供了一方楊吳墓誌的三張局部誌文照片〔註47〕，

〔註42〕 徐鉉：〈唐故鍾氏太夫人太原縣太君王氏墓誌銘〉，《徐鉉集校注》卷一七，第519～520頁。

〔註43〕 雷滿以上世系不詳，張家界地方傳說有雷滿祖父雷萬春和父輩雷霆發、雷霆俊、雷霆進，並無堅實史料依據，不待詳考。見王正鵬（1964～）：〈四十八寨文物及相關考證〉，2014年10月8日，網址：http://user.sinovision.net/home/space/uid/34269/do/blog/id/237833.html，2014年10月28日瀏覽。

〔註44〕 《新五代史》卷四一〈雷滿傳〉，第446頁。

〔註45〕 胡耀飛、謝宇榮（1987～）：〈唐末五代初朗州雷氏政權的興衰和意義〉，杜文玉師主編《唐史論叢》，第24輯，西安：三秦出版社，2017年，第281～295頁。

〔註46〕 《資治通鑑》卷二六六，梁太祖開平二年五月條，第8701頁。

〔註47〕 承蒙濟南郭鵬兄提示此則材料，謹此致謝！惜提問者已經將墓誌出售，不知下落。網址見：http://zhidao.baidu.com/link?url=Na8h_mGIQOvrA9la5M0K9BdzYPKmc9DhNWtj-_cR_r_NQGUvfLmhRTpnEPDCvFkFoh03wPYhmRHcUqwHFvYxma&qq-pf-to=pcqq.group，2015年4月13日瀏覽。

其中提及與雷氏在楊吳政權境遇有關的信息，現按行文順序依次著錄三張照片的文字如下：

圖4.1：楊吳「棨字國華」墓誌照片（三張局部圖）

（第一張）：
　　　□□判官權知
公墓誌銘並序
棨字國華漢太尉將軍之□
諱具列明文咸德嘉猷斯之
駕　父諱脩皇任江陵府公
原李氏生有□□□□芳名……
翰長於學劍□□□在覈計……
　朗帥雷公也無何兵生隣……
　　　　　□出則□□……

（第二張）：
公安府君之元子也□□
髮即學致身假秩□門□
遂自桃源來歸□□便□
護戎律或使隣邦魯仲連
盛時芬芳□令譽其後
國家運膺□□□□□
□□尚書□□
⋯⋯

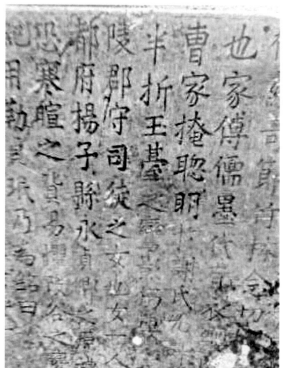

（第三張）：
□□奇節竹林念切□□
也家傳儒墨代有衣纓□
曹家掩聰明於謝氏九叶
牛折玉臺之鸞影獨□□
陵郡守司徒之女也女一人
都府揚子縣永貞鄉之原禮
恐寒暄之背易懼陵谷之變
記用勒貞珉乃爲銘曰

以上三張照片的錄文，已根據行文對第一張、第二張予以串聯。在此基礎上，可進一步連接，並標點、補字（以括號括出）如下：

□□判官權知……公墓誌銘並序

　　榮，字國華，漢太尉將軍之□……諱，具列明文，咸德嘉猷。斯之……駕　父諱脩，皇任江陵府公（安）……（太？）原李氏，生有□□，□□芳名……（公即）公安府君之元子也。□□……翰，長於學劍，□□□在核計……（束？）髮即學，致身假秩□門□……朗帥雷公也。無何，兵生隣（邦）……遂自桃源來歸。□□便□……□出則□□……（或）護戎律，或使隣邦。魯仲連……盛時芬芳，□令譽其後……國家運膺□□□□……□□尚書□□……□□奇節，竹林念切□□……也。家傳儒墨，代有衣纓。□……曹家掩聰明於謝氏九叶……半折玉臺之鸞影，獨□□……（廬）[註48]陵郡守司徒之女也。女一人……（江）都府揚子縣永貞鄉之原，禮（也）……恐寒暄之背易，懼陵谷之變（遷），……記，用勒貞珉，乃為銘曰：……

通過對這方墓誌的整理，可知墓主名榮，字國華，祖先中有官兩漢太尉、將軍者。其父名脩，曾任江陵府公安縣某官，娶（太？）原李氏。墓主為其父親長子，出仕於朗州武貞軍節度使雷公（或即雷彥威）。當雷彥威逃入楊吳政權時，隨之來到廣陵。墓主娶廬陵郡守、司徒之女，有女兒一人。葬於江都府揚子縣永貞鄉。

　　另外，據「國家運膺」來看，此誌當在楊溥正式稱帝之後。墓主人在進入楊吳政權之前即已成人，所謂「長於學劍」；甚至已經出仕雷氏政權，即「致身假秩」。在楊吳政權內的職任為「或護戎律，或使鄰邦」，即或掌軍事，或出使鄰國。其岳父從「廬陵郡守司徒」來推斷，或為在天祐六年至十五年（909～918）間任吉州刺史的徐玠。[註49] 蓋此時墓主尚在「束髮」之齡，與當時

<hr>

〔註48〕此字據「百度知道」網頁上提問者問題文字原文。提問者還提及誌文中有「刑部」二字，或在「尚書」二字前，即刑部尚書，然未見墓誌原文，「刑部」二字暫不列入。

〔註49〕陸游：《南唐書》卷七〈徐玠傳〉：「江西平，授吉州刺史。玠初為小校，以幹敏稱。及治郡，貪猥不治。烈祖輔政，罷之。」第5515頁。楊吳政權以天祐六年（909）七月擒撫州危全諷，逐吉州刺史彭玗，故徐玠此後出任吉州。至天祐十五年（918）七月，徐知誥入定揚州朱瑾之亂，始輔政楊吳，以厚重清儉為事，故如徐玠之「貪猥不治」，當在罷免之列。

四十多歲的徐玠之女年齡相當。而墓主父親進入新政權後出於鞏固自身家族的目的，選擇與同是他國逃亡而來的徐玠聯姻，亦屬可能。

總之，此方墓誌雖然未能提供雷氏家族本身的信息，但依然能就此確認朗州雷氏確實逃入楊吳政權，並且從其幕僚能夠保持一定官位來看，雷氏家族本身的境遇也不會很差，即可與前引《資治通鑑》「淮南以彥恭爲節度副使」一句相印證。

（六）撫州危氏家族

撫州危氏家族主要是指自稱鎮南節度使的撫州刺史（885～909 年在任）危全諷（？～909）家族，所控制地域至少包括危全諷本人所據之撫州和其弟信州刺史（894～909 年在任）危仔倡所據之信州。其家族成員至少還有出現於〈唐大順元年（890）撫州寶應寺鐘款〉的攝洪州別駕危互、節度左押衙危堯等人。〔註 50〕其中危互據元末黃溍（1277～1357）給危素（1303～1372）之父危永吉（1272～1328）寫的墓誌銘，「唐泉州錄事參軍凝，有子曰互，銀青光祿大夫、檢校刑部尙書、洪州別駕。互之子曰全諷、曰仔倡，居撫之南城」，可知爲危全諷之父。〔註 51〕天祐六年（909），楊吳軍隊於象牙潭一役擊敗危全諷所率「撫、信、袁、吉之兵號十萬」，最終「擒全諷及將士五千人，乘勝剋袁州，執刺史彭彥章」，並使得「信州刺史危仔倡請降，……危仔倡聞兵至，奔吳越」，「饒州刺史唐寶棄城走」，「吉州刺史彭玕帥眾數千人奔楚」。〔註 52〕此後，除了彭彥章、唐寶後事不詳外，危氏家族分爲兩支：

一爲危仔倡奔吳越後改姓元，開啓吳越元氏家族。〔註 53〕

二即危全諷進入楊吳政權。對於危全諷的境遇，史書頗有所載。《九國志·危全諷傳》曰：「送全諷維揚，親詰之，全諷不答。初，行密之攻趙鍠，遣使通聘於臨川，全諷報禮甚至，糧運兵器，皆取給焉，至是以舊恩釋之。先是，潤州刺史安仁義築第於邗溝之西，因以賜全諷，資給甚厚。天祐六年，以壽

〔註 50〕 朱克：〈唐大順元年撫州寶應寺鐘款〉，《金石萃編》卷一一七，《石刻史料新編》第一輯第三冊，臺北：新文豐出版公司，1977 年，第 2148～2149 頁。

〔註 51〕 黃溍：〈贈太常博士危府君墓誌銘〉，氏著《金華黃先生文集》卷三二，元刊本。此據王頲（1952～）點校《黃溍集》，第三冊，杭州：浙江古籍出版社，2013 年，第 782 頁。

〔註 52〕 《資治通鑑》卷二六七，梁太祖開平三年七月條，第 8714～8715 頁。

〔註 53〕 李翔：〈吳越國元氏家族演進述論〉，《寧波大學學報》（人文科學版），2015年第 5 期，第 12～16 頁。

終，諸子隨才敘錄。」〔註54〕可知危全諷諸子在楊吳政權頗有居官者，惜尚未見有具體事跡的危全諷之子。危全諷的後人，據黃溍〈危永吉墓誌〉記載，「而危氏在南城者，皆祖全諷。由南城徙金溪，則自全諷六世孫怦始」，此後開啟金溪危氏一支。〔註55〕宋濂（1310～1381）所撰〈危素墓誌〉亦曰：危全諷「封南庭郡王，南庭之後，復遷撫之金溪白馬鄉，譜圖亡，竟逸其名。」〔註56〕可惜兩篇墓誌銘對危全諷子孫情況皆未能揭示，僅能從遷居金溪的所謂「六世孫怦」開始展開其世系敘述。從這兩篇墓誌銘能夠確定的是，危全諷後世至少有一支回到了撫州，並輾轉在金溪定居。但仍然無法確知危全諷之子孫在楊吳、南唐時期的境遇，以及具體的居住地和南唐滅亡後的遷徙路徑。

（七）虔州譚氏家族

虔州譚氏家族主要是指被後梁任命為百勝軍防禦使（912～918 年在任）的譚全播（生卒年不詳），其家族雖然不如與其同時起事割據虔州的盧光稠家族〔註57〕，但亦有其統治基礎，深得虔州民心。楊吳政權於天祐十五年（918）對其進行征討的虔州爭奪戰持續了七八個月〔註58〕，即為一證。

譚全播戰敗被擒後，「吳以全播為右威衛將軍，領百勝節度使」〔註59〕，並最終「卒於江都，年八十五」〔註60〕，惜不知其具體卒年〔註61〕，子嗣情況亦不詳。

〔註54〕《九國志》卷二〈危全諷傳〉，第 3245 頁。

〔註55〕黃溍：〈贈太常博士危府君墓誌銘〉，第 782 頁。

〔註56〕宋濂：〈故翰林侍講學士中順大夫知制誥同修國史危公新墓碑銘〉，氏著《芝園後集》卷九。此據《宋濂全集》第五冊，杭州：浙江古籍出版社，2014 年，第 1648 頁。

〔註57〕中川学：〈唐末梁初華南の客戶と客家盧氏〉，《社會経済史学》，第 33 卷第 5 號，1967 年 12 月，第 441～460、544 頁。

〔註58〕關於虔州爭奪戰的始末，參見胡耀飛：〈唐末五代虔州軍政史——割據政權邊州研究的個案考察〉，杜文玉師主編《唐史論叢》，第 20 輯，西安：三秦出版社，2015 年，第 274～295 頁。

〔註59〕《資治通鑑》卷二七○，梁末帝貞明四年十一月條，第 8836～8837 頁。

〔註60〕《九國志》卷二〈譚全播傳〉，第 3246 頁。

〔註61〕據《九國志》卷一〈王綰傳〉，「順義元年，授百勝軍節度使」，若以此論之，則譚全播或卒於順義元年（921）之前，如此王綰方能被授為百勝軍節度使。然並無實據，附論於此。

（八）幽州盧氏家族

幽州盧文進家族主要是指後晉天福元年（936）以安遠軍節度使（934～936年在任）降吳的盧文進（生卒不詳）及其婿高越等人。需要指出的是，盧文進家族是楊吳時期唯一一個不屬於唐末獨立勢力的節度使家族。

盧文進入吳後的境遇，據馬令《南唐書・盧文進傳》謂：「烈祖以文進為天雄統軍、宣潤節度使。」〔註62〕《資治通鑑》則記載為，天祚三年（937）「二月，吳主以盧文進為宣武節度使兼侍中」，胡注曰：「宣武軍汴州，時屬晉，吳以盧文進遙領耳。」〔註63〕可知馬令《南唐書・盧文進傳》所謂「宣潤節度使」當是「宣武節度使」之誤。蓋宣州、潤州分別為節鎮，不可能合併為一個藩鎮授予降將，而以遙領不在政權境內的節鎮籠絡盧文進，方才合適。

二、南唐時期的亡國子孫

（一）吐谷渾李氏家族

吐谷渾李氏家族是指以安遠軍節度使（937～940年在任）李金全（891～950）為主的家族，因李金全於南唐烈祖昇元四年（940）叛晉降唐，故而成為南唐時期第一例受到接納的「亡國子孫」。關於李金全家族的規模和在南唐政權的境遇，筆者在第三章第一節已經予以整理。其中就家族規模而言，李金全於天福二年（937）從其主要活動的華北地區南下安州出鎮安遠軍時，「將千騎如安州巡檢」〔註64〕；天福五年投降南唐時，則「將麾下數百人詣唐軍」〔註65〕；最後於保大八年（950）八月在金陵去世時，被陸游《南唐書》記載為「多內寵，子男女凡三十二人」〔註66〕。就境遇而言，李金全本人受到了南唐烈祖李昇的重用，從天威統軍，轉左衛聖統軍、遙領忠武軍節度使，出任北面行營招討使，期間曾領潤州鎮海軍節度使，罷任招討使後拜右衛聖統軍、遙領義成軍節度使兼侍中。但去世過早，故其子女的情況不知其詳。至於李金全子嗣的情況未見於馬令《南唐書》，而見於陸游《南唐書》，則可

〔註62〕馬令：《南唐書》一二〈盧文進傳〉，第5341頁。
〔註63〕《資治通鑑》卷二八一，晉高祖天福二年二月條，第9169頁。
〔註64〕《資治通鑑》卷二八一，晉高祖天福二年七月條，第9180頁。
〔註65〕《資治通鑑》卷二八二，晉高祖天福五年六月條，第9214頁。
〔註66〕陸游：《南唐書》卷一○〈李金全傳〉，第5543頁。

能陸游本人有機會接觸過李金全的後裔，方可知之甚詳。故李金全子女在南唐境內的境遇不會太差，尚能保持其家族延續至南宋時期。

（二）光州王氏家族

光州王氏家族是指從光州固始縣南下，進占福建地區建立統治的王潮（846～898）、王審邽（858～904）、王審知（862～925）三兄弟及其他家族成員。〔註67〕由於王氏家族統治福建地區，建立王閩政權，先後稱王稱帝，加上子嗣眾多，故其後裔也十分龐雜。今福建地區眾多王氏族譜多少都會牽涉三兄弟，即所謂「開閩三王」。不過在五代北宋，除了王閩政權中出現的王氏成員外，其他地方的王氏成員尚不多見。所幸零星的墓誌能夠讓人追踪到一些線索，揭示王閩政權滅亡後王氏族人的情況。

1987 年在南京市雨花臺區西善橋磚瓦廠發現的王繼勳（912～956）墓即頗為重要，周裕興（1957～）已經予以揭示。〔註68〕不過在《全唐文》中已有署名陳致雍的〈左威衛大將軍瑯琊太尉侍中王府君墓誌銘並序〉，即〈王繼勳墓誌〉的傳世版本。〔註69〕今據《全唐文》補足《新中國出土墓誌》的錄文，校正如下：

〔註67〕關於王閩政權的研究，論著方面有，Edward H. Schafer（薛愛華），*The Empire of Min: A South China Kingdom of the Tenth Century*. Rutland, Vt and Tokyo: Charles E. Tuttle Co., 1954. 徐曉望（1954～）：《閩國史》，臺北：五南圖書出版公司，1997 年；再版，北京：中國文史出版社，2014 年。史料整理方面有，諸葛計、銀玉珍：《閩國史事編年》，福州：福建人民出版社，1997 年；王文泰：《閩國史匯》，廣州：暨南大學出版社，2000 年；王鐵藩（1924～1995）：《王審知譜誌彙編》，福州：福建人民出版社，2015 年。學位論文方面有，江宜華：《唐五代時期福建地區與中央之互動關係》，中正大學碩士論文，1994 年；曾志忠：《五代時期十國政權的建立──以閩為例》，中國文化大學碩士論文，2002 年；劉娟：《五代福建山區經濟研究》，福建師範大學碩士論文，2006 年；林正鋒：《五代閩國佛教研究》，福建師範大學碩士論文，2009 年；段振文：《王閩滅亡原因探究》，鄭州大學碩士論文，2011 年。其他單篇論文數量龐大，此處從略。然而雖然相關論著眾多，單獨探討五代時期王氏家族本身的研究不多，亦無排除後世家譜影響，完全按照五代史料繪製完整的王氏世系圖者。

〔註68〕周裕興：〈略談新發現的五代閩國王氏族人墓誌〉，《福建史志》，1994 年第 5 期；周裕興：〈南京西善橋發現五代閩國王氏族人墓誌〉，《考古》，1999 年第 7 期，第 91～93 頁。這兩篇論文，限於篇幅，後者稍微簡單一些，前者對王繼勳的生平頗有引申。

〔註69〕陳致雍：〈左威衛大將軍瑯琊太尉侍中王府君墓誌銘並序〉，《全唐文》卷八七五，第 9155～9156 頁。《全唐文》所著錄的陳致雍文章多以奏議、證議為主，大略來自其陳致雍《曲臺奏議集》一書。但陳致雍所撰寫的這篇墓誌銘，則

左威衛大將軍瑯瑘太尉侍中王府君墓誌銘並序

公諱繼勳，字紹元。瑯瑘臨沂人，因家爲泉州晉江人也。其先自秦漢至隋唐，累世名德，冠冕蟬聯不絕。國史家牒，莫不詳焉。故所謂仁人之利，本枝百世，昭穆無窮。若夫離、翦佐時寧亂，定功於前；渾、祥輔主濟民，垂名於後。歸刀示信，誓水指期。或闢土肇基，宏大功業。近則我祖有之也。別宗因地，始封閩王，諱審知。族人尊之，是爲太祖。四世之親，因之追贈。故桂州陽朔縣令贈司徒諱玉，公之高祖也。司空贈太師中書令諱恁，曾祖也。守泉州刺史贈侍中追謚武肅諱審邽，皇父也。福建管内三司發運副使檢校司徒贈太尉諱延禎，皇考也。崇國太夫人宋氏，妣也。公大昴炳靈，祥麟叶趾。弱齡襲爵，寅亮秉躬。我顯祖光宅閩區，功格東表。漢封三越，奕世重熙。修貢職〔註70〕方，不替獻命。中間赤符未集，作帝自娛。維彼哲人，振振〔註71〕公族。矧復閩隷殘孽，乘釁肆兇。公能□平〔註72〕指期，戴〔註73〕天永誓。果見克〔註74〕殲猾豎，大刷恥讎。再造邦家，疏爵崇命。英蕩華路，鸞鈴飛鑣。加服九章，踐登二事。高陽舊里，繁盛昔時。行部晉安，遺愛未泯。保大四年（946），諭順祐之理，稽筮遷之征。實融適變而動，公臆斷有焉。帝嘉其誠，允答高秩。拜侍中，加特進，賜推忠效節奉聖功臣，食邑三千戶。戴蟬珥貂，入侍帝闈。功冠群后，位隆鼎司。五年（947），領池都團練觀察處置等使，守池州刺史。秩滿，考成績之狀，居奏課之最。再命陟庸，不替厥位。七年（949），崇國太夫人奔問至，自傷行役，版輿闕奉。陟屺增望，敬勞永思。忽焉哀驚，迨將絕息。羸病扶杖，允莫能興。萬石君純行篤孝，人皆儗倫焉。卒哭告祔，金革從權。起復視事，共治七載。宜民宜人，無

不知具體出處爲何書。關於陳致雍的禮學著述，參見張興武：《補五代史藝文志輯考》，第109頁。

〔註70〕《新中國出土墓誌》錄文空缺，《全唐文》作「職貢」，據拓片，當作「貢職」。

〔註71〕《新中國出土墓誌》錄文空缺，據拓片，與《全唐文》同，作「振振」。

〔註72〕《全唐文》作「刻日」，據《新中國出土墓誌》拓片、錄文，作「□平」。

〔註73〕《全唐文》、《新中國出土墓誌》錄文皆作「對」，據拓片，當作「戴」。

〔註74〕《全唐文》作「見克」，《新中國出土墓誌》錄文空缺，據拓片，僅識「見□」。

怨無」惡。惠政誕洽，庶績咸熙。朝，拜左威衛大將軍。屯守期門，率屬士校。玉顏鑒物，溫言煦春。遇士」大夫有禮，與小人有恩。器度豁然，貴而不佚。兼以書善楷妙，經誥墨跡，餘暇手寫。好學不倦，爲善是」稱。招禮耆儒，宏廣經義。通方之訓，隆諸子弟。堂構斯盛，由公負荷。有此之賢，如此之親。嗚呼！天不慗」遺，哲人其萎。享年四十有五，以保大十四年（956）七月十二日，薨於京師崇禮坊私第正寢。」皇上撫几增悼，廢朝三日。詔鴻臚護葬，司儀視禮〔註75〕，賵賻加等。啓殯〔註76〕，諡曰敬，禮也。以其年八月二十五」日，葬江寧縣安德鄉安宜里。往日卜竁於此鄉，先夫人青陵原合祔，禮也。嗚呼！祖庭撤奠，遷柩屬」緋。素旒委以曳軫，雲翣翼而蔽驂。箛鼓悲鳴，霜風慘冽。世嗣號而踊絕，虞歌挽以縈紆。嗚呼！既葬皇」皇，求而不見。親賓拜以復土，輿仗回而下岡。微陽疏林，歸軒空蓋。公娶清河郡夫人崔氏，」舊朝相國，胤〔註77〕族孫女也。秀發景胄，訓承大家。曹謝賢才，維則是傚；裴王宗族，作嬪可偕。不幸先公而」亡。繼室滎陽郡夫人鄭氏，往歲名推賢淑，翼贊宮閨。玉度有輝，蘭儀誕茂。作儷於王，公從大爵。」禮也。長男傳嗣，池州中軍使。顯居右職，是司鼓鞞。秉同律以聽軍聲，陳旌旂以鞠」師旅。在昔宣任，」今爲具臣。仁孝之行，天誘其衷。端己屬俗，勤節苦學。寡欲無玩，瓌瑋奇才。或以德進，人〔註78〕必待舉。次男」曰傳憲，次男曰傳勖。並冠而未仕。就賢親師，進德修業。吾門以大，其在茲乎。有女二人：長有適人，爲」婦之端；次〔註79〕未笄。既喪父天，殆無所怙。篋管右佩，婉惠其容〔註80〕。致雍昔同嚴助州鄉〔註81〕，入見嘯甫獻替。早〔註82〕覿」亮跡，

〔註75〕　「視禮」二字，《全唐文》、《新中國出土墓誌》皆僅作「禮」一字，據拓片補。
〔註76〕　《全唐文》此處尚有「右衛上將軍」五字，而拓片無之。
〔註77〕　《全唐文》因避諱而作「允」字。
〔註78〕　《全唐文》作「而」，據《新中國出土墓誌》錄文並拓片，當作「人」字。
〔註79〕　《全唐文》此處尚有「以少」二字，而拓片無之。
〔註80〕　《全唐文》作「儀」，據《新中國出土墓誌》拓片、錄文，當作「容」字。
〔註81〕　《全唐文》作「昔與嚴助同鄉」，據《新中國出土墓誌》拓片、錄文，當作「昔同嚴助州鄉」。

合紀殊庸。拂琬琰〔註83〕以增悲，愧銘〔註84〕頌之陋〔註85〕略。
辭〔註86〕曰：

　　大哉甌閩〔註87〕，冠彼百越。皇皇我祖，」昭昭丕烈。

　　景胄流芳，維公則哲。弱齡襲爵〔註88〕，守命邦節。

　　伊昔故土，猾豎肆逆。放弒我君，盜據我國。

　　世祚」中零，厥心否塞。潛運〔註89〕神謀，大〔註90〕翦兇慝。

　　泉山紆盤，秀山高峙。大荒東流，禹跡〔註91〕攸紀。

　　帶海一隅，膏壤千里。」疇昔賞功，作牧於此。

　　崇徽九命，踐登三事。戴珥貂蟬，帝闈入侍。

　　守郡池陽，風化大治。兩地甘棠，」猶詠蔽芾。

　　執親之喪，杖寢在廬〔註92〕。漢文權制，墨綠〔註93〕外除。

　　□避〔註94〕金革，起剖虎符。期門總旅，警衛」宸居。

　　學業優備，文武不墜。分袂藏書，永錫來嗣。

　　師禮耆儒，論道說議〔註95〕。階軒柱楹，墨跡猶記。

　　偉哉」君子，威儀堂堂。蟬冕照面，玉〔註96〕顏生〔註97〕光。

〔註82〕《全唐文》作「諸任在列仰」，據《新中國出土墓誌》拓片、錄文，當作「嘯
　　　　甫獻替早」。
〔註83〕《全唐文》作「玉」，據《新中國出土墓誌》拓片、錄文，當作「琰」字。
〔註84〕《全唐文》作「銘」，據《新中國出土墓誌》拓片、錄文，當作「簡」字。
〔註85〕《全唐文》作「陋」，據《新中國出土墓誌》拓片、錄文，當作「鄙」字。
〔註86〕《全唐文》作「銘」一字，據《新中國出土墓誌》拓片、錄文，當作「敬為
　　　　銘」三字。
〔註87〕《全唐文》作「惟閩有雄」，據《新中國出土墓誌》拓片、錄文，當作「大哉
　　　　甌閩」。
〔註88〕《全唐文》作「襲爵弱齡」，據《新中國出土墓誌》拓片、錄文，當作「弱齡
　　　　襲爵」。
〔註89〕《新中國出土墓誌》作「猶達」，據《全唐文》、拓片，當作「潛運」。
〔註90〕《全唐文》作「入」，據《新中國出土墓誌》拓片、錄文，當作「大」。
〔註91〕《全唐文》作「迹」，據《新中國出土墓誌》拓片、錄文，當作「策」。
〔註92〕《新中國出土墓誌》錄文作「盧」，據《全唐文》、拓片，當作「廬」。
〔註93〕《全唐文》作「綠」，《新中國出土墓誌》錄文作「衰」，拓片亦似此字，存疑。
〔註94〕《全唐文》作「權從」，《新中國出土墓誌》錄文空缺，據拓片，似作「□避」。
〔註95〕《全唐文》作「義」，據《新中國出土墓誌》錄文、拓片，當作「議」。

聚蘭 鬱茂 ，高風隕霜。緬邈 不見，人懷永傷 。

玄〔註98〕堂一閉兮，冥寞 幽 魂。江邊古路兮，原頭新墳 。

青林松柏兮，他年子孫。碑存荒草兮，傷嗟哲人 。」〔註99〕

通過此方墓誌，可知墓主王繼勳爲王審邽（858～904）之孫，在保大四年（946）王閩滅亡後入仕南唐。此後，出守池州刺史，又拜左威衛大將軍，直至身歿。其長子亦任池州中軍使。此外，其父王延禎所任「福建管內三司發運副使」，從官稱來看，或亦南唐職銜，唯不知王閩滅亡時在世否。若在世，則王延禎、王繼勳在南唐政權皆有所職任。

周裕興還提及王氏族人在南唐後的境遇，包括三支：殷（閩）主王延政、漳州刺史王繼成和泉州刺史王繼勳。據《資治通鑑》記載：開運元年（944），「（王）延政以繼勳爲侍中、泉州刺史，（留）從效、（王）忠順、（董）思安、（陳）洪進皆爲都指揮使。漳州將程謨聞之，亡殺刺史程文緯，立王繼成權州事。繼勳、繼成，皆延政之從子也，朱文進之滅王氏，二人以疏遠獲全。」〔註100〕可見泉州刺史王繼勳和漳州刺史王繼成，皆逃過了「福州王統」〔註101〕

〔註96〕《全唐文》作「玉」，《新中國出土墓誌》錄文作「王」，據拓片，「王」似，而文意不通，存疑。

〔註97〕《新中國出土墓誌》錄文作「主」，據《全唐文》、拓片，當作「生」。

〔註98〕《全唐文》因避諱而作「元」字。

〔註99〕陳致雍：〈南唐左威衛大將軍琅琊太尉侍中王府君墓誌銘〉，故宮博物院、南京市博物館主編《新中國出土墓誌》江蘇貳《南京》，拓片，上冊，第47頁；錄文，下冊，第25～27頁。

〔註100〕《資治通鑑》卷二八四，晉齊王開運元年十一月條，第9277頁。

〔註101〕王閩政權在末期因建州王延政的割據自立，而形成了福州王統、建州王統，參見胡耀飛：〈地理位置‧政治勢力‧國際環境：王閩政權滅亡後福建地區之分裂探因〉，《中山大學研究生學刊》（社會科學版），2011年第1期，第10～18頁。需要說明的是，筆者此文初名〈試論吳越國對福州的控制〉，2006年9月25日初稿完成後，以「太史政」爲網名，發佈於筆者在和訊網（http://www.hexun.com/）註冊的「五代十國研究」博客（地址已失效），並於同一天轉貼於天涯社區「煮酒論史」版（地址：http://bbs.tianya.cn/post-no05-48898-1.shtml）。然而此後不久，何劍明在其2007年出版的專著《沉浮：一江春水——李氏南唐國史論稿》第七章第一節第二小節（第282～289頁）大量抄襲了筆者的文章。對此，筆者後知後覺，2009年2月21日發現後，撰寫了舉報文章〈對於何劍明《李氏南唐國史論稿》抄襲署名太史政的網文《試論吳越國對福州的控制》的舉證〉，一度張貼於黃安年（1936～）先生主辦的「學術交流網」（http://www.annian.net/）並轉呈何氏。隨後，何氏承認抄襲，但不想被曝光。最後，經過何氏與筆者的交涉，考慮到何氏尚未退休，若此事繼

被滅時的屠殺。當保大三年（945）南唐壓境滅閩，福建地區一分爲三後，「閩主延政降」〔註102〕，被俘往金陵，「唐主以爲羽林大將軍」〔註103〕；同時，「泉州刺史王繼勳、漳州刺史王繼成、汀州刺史許文稹皆請降，因而鎮撫之」；至保大四年（946），又因「泉州裨將劉（留）從效劫刺史王繼勳，使之入朝。從效自領軍州事，於是王繼成、許文稹皆至建康，以繼勳爲池州團練使。繼成爲和州刺史，文稹爲蘄州刺史。」〔註104〕即此三支王氏最終都被遷徙到南唐舊有領土境內，除了王延政散處禁軍外，其他兩位皆能出刺方州。

　　此後，王繼勳後事見墓誌，王繼成後事不詳。王延政的情況，《五國故事》載：「延政終歸於江南，封自在王，尋改光山王，終鄱陽焉。」〔註105〕不過據《資治通鑑》，保大五年（947），「是歲，唐主以羽林大將軍王延政爲安化節度使、鄱陽王，鎮饒州。」〔註106〕保大九年（951），「是歲，唐主以安化節度使、鄱陽王王延政爲山南西道節度使，更賜爵光山王。」〔註107〕可知王延政先爲羽林大將軍，兩年後出鎮饒州；又四年解除安化節度使任，遙領山南西道。關於王延政出鎮，還有一則故事頗有趣：

　　　　閩中王氏兄弟，尋干戈之釁。延政以建、汀二州稱帝，國號大殷。郊壇於郎山。以延平縣爲鐔州，以將樂縣爲鏞州，凡四州焉。立三年，爲江南所滅。延政歸金陵，至鄱陽，有異僧求見，且言：「大王此去，當有三大厄，過是無咎矣。」因饋之藥，凡大赤丸二、小綠丸十，云：「每晨起，即服大赤丸一，至暮以五小丸下之。復滌洗，以實鞶囊，以備迭餌。」時中主多置酖，一日內宴，獨賜厄酒。延政既飲，便若昏醉，坐不安席而起，趨出。使人視之，至宮門外，大嘔吐，通夕無恙。又月餘，復宴苑中，如前賜酒。彼已昏醉，如是者三，即時而吐，無所苦。中主謂其有天助，不敢復圖之。建饒州爲永平軍，以延政爲節度使，封光山王。延政祖潮，光州人故也。

續傳播，恐影響其退休後待遇，故又從網上撤下。此後，何氏著作未能再版，亦即抄襲章節無法得到修正，至今又匆匆十年。今筆者小書修訂，考慮到何氏已經退休，故謹略述如上，以陳事實。

〔註102〕《資治通鑑》卷二八五，晉齊王開運二年八月條，第9296頁。
〔註103〕《資治通鑑》卷二八五，晉齊王開運二年十月條，第9298頁。
〔註104〕馬令：《南唐書》卷二〈嗣主書〉，第5271頁。
〔註105〕《五國故事》卷下「王延政」條，第3197頁。
〔註106〕《資治通鑑》卷二八七，漢高祖天福十二年「是歲」條，第9382頁。
〔註107〕《資治通鑑》卷二九〇，周太祖廣順元年「是歲」條，第9471頁。

延政至鄱陽，泊船故處，復見其僧云：「當以藥見還，三厄無憂矣。」

在鎮數年，以壽終。〔註108〕

此事雖有誇張，但反映了王延政入唐後被南唐中主懷疑甚至下毒的情況，也可以看出南唐統治者的矛盾之處：一方面，對於這類來降的敵國統治者，需要以寬大的處理方式來顯示自己的懷柔；另一方面，又怕他們一旦得到優容，會變成棘手的勢力。於是，不動聲色地處理，可能就成為無奈的選擇。

至於這三支的後人，除了《王繼勳墓誌》提及的王繼勳一支情況，還有「王延政之子繼沂」，當後周軍隊入揚州時，正被南唐安置在揚州，故得到後周政權的「撫存」。〔註109〕

（三）許州馬氏家族

許州馬氏家族是指從秦宗權集團脫身而來，在孫儒集團分崩離析後輾轉進入湖南地區並建立統治的馬殷（852～930）家族。許州馬氏家族成員的規模比光州王氏家族頗有過之而無不及，《三楚新錄》謂其「諸院公子長幼各八百餘人」。〔註110〕此處「各」字疑「合」字之誤，蓋諸院各八百人似有誇張。馬殷子嗣眾多，廣順元年（951）十一月，馬殷女婿南漢主劉龑給馬希隱之書有「三十五舅、三十舅」〔註111〕之謂，即知其子嗣在三十以上，若每院八百，則總數將在三萬四千，必然不確。下引《資治通鑑》謂其遷居金陵前「宗族及將佐千餘人」當得其實。但其成員在馬殷諸子內亂中被殺的不在少數，加上湖南地區一千年來人口流動較為頻繁，故而現今以馬殷為祖先的家族筆者尚未發現。

另一個重要的原因，當是馬氏族人在馬楚政權滅亡後被南唐將領邊鎬舉族遷徙至金陵，《資治通鑑》對此有詳載：

唐邊鎬趣馬希崇帥其族入朝，馬氏聚族相泣，欲重賂鎬，奏乞留居長沙。鎬微哂曰：「國家與公家世為仇敵，殆六十年，然未嘗敢有意窺公之國。今公兄弟鬩閱，困窮自歸，若復二三，恐有不測之

〔註108〕江少虞：《宋朝事實類苑》卷四八「閩主延政」條，上海：上海古籍出版社，1981年，第636～637頁。此事按照《宋朝事實類苑》的編排體例，當來自《玉壺清話》的記載，即此條後「王繼忠」條文末所附出處「見《玉壺清話》」（第638頁）。

〔註109〕《資治通鑑》卷二九三，周世宗顯德三年三月條，第9547頁。

〔註110〕《三楚新錄》卷一〈馬氏〉，《五代史書彙編》第十冊，第6320頁。

〔註111〕《資治通鑑》卷二九○，周太祖廣順元年十一月條，第9468頁。

憂。」希崇無以應。十一月，辛酉，與宗族及將佐千餘人號慟登舟。
送者皆哭，響振川谷。〔註112〕

由此可知，馬氏一族在國滅後悉數被前往金陵。此後，湖南之境重新陷入戰
亂，最終爲周行逢家族所控制。

至於馬氏一族的待遇，亦有《資治通鑑》的記載：

> 唐主以鎮南節度使兼中書令宋齊丘爲太傅，以馬希萼爲江南西
> 道觀察使，鎮洪州，仍賜爵楚王；以馬希崇爲永泰節度使，鎮舒州。
> 湖南將吏，位高者拜刺史、將軍、卿監，卑者以次拜官。唐主嘉廖
> 偃、彭師暠之忠，以偃爲左殿直軍使、萊州刺史，師暠爲殿直都虞
> 候，賜予甚厚。〔註113〕

其中，馬希崇在鎮舒州之前，尚有出鎮撫州的記載。據徐鉉〈撫州節度使馬
希崇除舒州節度使制〉：

> 門下：姬周同德，曹叔封於王畿；炎漢功臣，楊僕恥居關外。
> 是知藩翰之重，所寄必同；遠近之差，以斯爲寵。我有成命，爾其
> 敬聽：某識度恢弘，風猷茂遠。家勳蓋世，不怙貴以驕人；多難薦
> 臻，每忘身而濟物。智慧適變，仁足亢宗。來庭不俟於七旬，保境
> 豈徒於五郡。劉總舉全燕之地，弘正輸雄魏之邦。故實攸存，懋章
> 何愧。是用加之飫賜，尊以上公。陟負璽之崇資，委建牙於列鎮。
> 虛襟而見，前席與談。言語有章，威儀可則。既叶跂予之望，且堅
> 戀闕之心。藹爾誠明，形於表疏。愈歎忠勤之操，宜更節制之權。
> 而永泰全軍，舒庸舊國。地望無愧於汝水，封疆密邇於王城。用諧
> 日近之言，尚資河潤之福。俾迴新命，往受中權。於戲！大義昭彰，
> 朝恩渙汗。千里之地，可以觀政；三軍之帥，可以圖功。永樹風聲，
> 無忘多訓。可。〔註114〕

從此制也可見，南唐將楚國馬氏比喻爲中晚唐歸附中央的盧龍節度使劉總（？
～821）和魏博節度使田弘正（764～821），並因他們的「家勳蓋世，不怙貴
以驕人」而「加之飫賜，尊以上公」，並「委建牙於列鎮」。故馬希萼、馬希

〔註112〕《資治通鑑》卷二九○，周太祖廣順元年十一月條，第9467頁。
〔註113〕《資治通鑑》卷二九○，周太祖廣順元年十二月條，第9471頁。
〔註114〕徐鉉：〈撫州節度使馬希崇除舒州節度使制〉，《徐鉉集校注》卷六，第255～
256頁。

崇依然居於節度使之位，甚至馬希萼保留其「楚王」爵位，是爲南唐宗室封王之外少見的異姓王，比王閩族人的待遇要高。

此外，2004 年發現的〈馬光贊墓誌〉也記載了馬希萼之子馬光贊（920～953）在南唐的境遇，茲據周阿根《五代墓誌彙考》錄文〔註115〕，參考邵磊〈馬光贊墓誌考釋〉〔註116〕一文迻錄其全文如下：

> □□鎮南軍節度副使光祿大夫檢校太傅兼御史大夫上□□扶風馬公
>
> 墓銘並序
>
> 將仕郎守江州文學胡仁傑〔註117〕□
>
> □□□□也，□文則懸紗海北，建武則立柱天南。騰芳而金玉華宗，擅價而王侯貴族。源流繼體，戚亦符嶽瀆之祥，高祖封孝威王諱禎，曾祖封景莊王諱元；積慶垂休，武亦〔註118〕應星辰之瑞，祖父封武穆王諱殷，伯父封文昭王諱範。昭隆家世，啓拓邦畿。英雄崛起於許田，龍虎騰驤於楚水。廓開四領，霸定三湘。枝葉相傳，楚王嗣立，乃武穆第三子。公即楚王長子，諱光贊，字保圖。昆仲二人，母樂安郡君孫氏，保大十年壬子（952）九月十四日疾薨於鍾陵。公麟鳳仙姿，風雲間氣。備忠貞而許國，全孝悌以承家。定霸爭雄，自得黃老之術；兵機將略，早傳玄女之符。講書而坐上〔註119〕星沉，論劍而樽前月落。開襟接物，不遺狼服之徒；闢館延賓，未怠虎靴之客。加以世分茅社，門慶旂裳，知時先項橐之年，入仕早甘羅之日。香囊未解，鈿軸俄分。□北唐同光二年甲申（924）歲，是時，伯父文昭王朝覲歸回，公年五歲，授銀青光祿大夫、檢校太子賓客兼監察御史。長興四年癸巳（933），其年十四，轉左散騎常侍兼御史大夫。清泰初年乙未（935），其年十六，轉遷工部尚書。天福二年丁酉（937），其年十八，授湖南大都督府軍牒，充□騎指

〔註115〕胡仁傑：〈□□鎮南軍節度副使光祿大夫檢校太傅兼御史大夫上□□扶風馬公墓銘並序〉，周阿根編《五代墓誌彙考》，合肥：黃山書社，2012 年，第 515～518 頁。

〔註116〕邵磊：〈五代馬楚史料的一則重要發現──馬光贊墓誌考釋〉，《南方文物》，2007 年第 3 期，第 107～108 頁。

〔註117〕邵磊錄文此字空缺，周阿根校記：「『傑』字據誌文補。」

〔註118〕此「武亦」二字對應前文「戚亦」二字，周阿根錄文作「武文」，誤。

〔註119〕周阿根錄文作「座上」。

揮都虞候；四年己亥（939），年二十，遷副指揮使；五年庚子（940），
年二十一，改授尚書左僕射、右親衛馬前弓箭指揮使；八年癸卯
（943），年二十四，轉左銀槍指揮使、金紫光祿大夫、檢校司空；
十年乙巳（945），其年二十六，授靜江軍節度隨使都押衙、鈐轄內
外諸軍事；十二年丁未（947），年二十八，轉檢校司徒、武平軍節
度都押衙、在城馬步樓櫓戰棹諸軍使。開運六（七）年庚戌（950），
其年三十一，授武平軍節度副使、知朗州軍府事、檢校太傅。方求
致理，正慕移風，欲改怙亂之鄉，頓搜昭蘇之化。豈謂人心狠戾，
俗態澆訛，蒲鞭□□於凶頑，農器難銷於劍戟。須憑斬伐，始靜媛
氛。公情本好生，心唯樂善，捫回郡印，自取清途。獲於豺豕之牙，
得免噬吞之禍。保全尊幼，脫離憂危。特來詔息，來歸大國。保大
十年壬子（952）八月朝覲，改授鎮南軍節度副使、光祿大夫、檢校
太傅兼御史大夫。再遇聖明，侍奉乃傾忠孝之道，用答君父之恩。
何期良木先摧，嘉苗不秀。才門染疾，散募名醫。針灸難及於膏肓，
福利無憑於請禱。保大十一年（953）癸丑夏四月，壽薨於官舍，春
秋三十有四。聖主輟朝，父王□痛。割歎盛□而若□此，拋左右以
何□。其年八月十二日，歸葬江寧縣鳳臺鄉建德里庚向正穴之地。
恩賜營奠，禮贈過□。□諡邵州刺史、左領軍衛將軍。先娶武平軍
左親從指揮使王司徒長女，封瑯琊縣君。女一人：道生，六歲。男
一人伴弟，八歲；一人藥義，二歲。壬子（952）三月二十四日，朗
陵長下，先公五日而逝。嗚呼，蘭折香銷，月沉光滅。鶴辭華表，
空追遺舃〔註120〕之悲；劍渡延平，但□化龍之恨。仁傑早奉王旨，
趨事臺庭。雖□丞未歷於星華，且始粗經於聞見。不留刊勒，恐墜
芳猷，輒抒蔞蒬，用紀英烈。乃銘曰：

　　瀟湘烈國，武穆膺數。六十餘年，廓清封部。

　　間生楚王，歸佐唐祚。爰有我公，紹令其緒。

　　盡忠盡孝，兼文兼武。位亞三臺，名□四輔。

〔註120〕邵磊錄文作「遺鳥」，誤。周阿根錄文作「遺舃」，當取「安期遺舃」之典故，
　　　　以安期生成仙而去謂亡歿之事。參見劉向著，王叔岷校箋：《列仙傳校箋》卷
　　　　上「安期先生」條，北京：中華書局，2007年，第70頁。

風燭難留，逝波不住。才始疾沾，□□□路。

□□□□，□悲□悲。黃泉杳杳，□□復去。

不於石上記□終，□誰認王孫公。

從上述墓誌銘文，可知馬光贊之一生頗爲短暫，入南唐後一年即去世。雖然十分短暫，但通過對馬光贊入南唐後居官、歸葬等信息的分析，可知南唐對馬氏一族的待遇並不差。馬光贊本人被授予鎮南軍節度副使，而鎮南軍節度使即前引《資治通鑑》所述「江南西道觀察使」馬希萼。雖然觀察使和節度使頗有區別，但此處當以墓誌爲準，即馬希萼亦是或一度是鎮南軍節度使，而非江南西道觀察使。可見，馬希萼、馬光贊父子雖然亡國，卻能夠被任命爲與湖南相鄰的鎮南軍，很能夠反映南唐統治者的寬容度。〔註121〕可惜馬光贊去世過早，其子嗣尚未成人，日後亦無相關記載。

同樣爲節度副使的馬氏族人還有馬希蘊，據陳致雍〈江西節度副使馬希蘊謚議〉：

> 伏以希蘊家甘啓土，允胄襲封。率事聖朝，獲寧來嗣。往令藩任，連彼□華。支轉之懷，副軍是賴。奄忽永逝，於焉增傷。追遠之期，易名可贈。行狀云：「長自綺紈，幼居祿位。端莊慎密，似不能言。縱喜慍，家人莫得而知之。」按謚云：「安心好靖曰夷。」
> 〔註122〕

可知此人是江西（鎮南軍）節度副使，此則謚議雖不知年代，但從時間上來看，馬希蘊之任當在馬光贊去世之後。

不過馬氏畢竟是外人，太平年代尚可信任，戰爭年代須加防備。保大十年（952），朗州節度使劉言在從後周來奔的將領孫朗、曹進等人的鼓動下，逐步恢復湖南疆土的獨立性。南唐本身也與後周開始戰爭。〔註123〕大概因此之故，十二月，「唐江西觀察使、楚王馬希萼入朝，唐主留之。後數年，卒於金陵，謚曰恭孝。」〔註124〕馬希萼入朝，唐元宗之所以留之，應該是考慮到湖南已經再度獨立的局面，以防止其與朗州劉言交通。而永泰節度使馬希崇不久也失去了節帥的位置，在保大十三年（955）十一月後周軍隊壓境的情況

〔註121〕朱玉龍：《五代十國方鎮年表》「洪州」即繫馬希萼，第447～448頁。

〔註122〕陳致雍：〈江西節度副使馬希蘊謚議〉，《全唐文》卷八七五，第9152～9153頁。

〔註123〕《資治通鑑》卷二九○，周太祖廣順二年正月條，第9472～9473頁。

〔註124〕《資治通鑑》卷二九一，周太祖廣順二年十二月條，第9487頁。

下，位於江北的舒州成爲攻擊目標之一，而此時舒州已經不再是節度州，其刺史爲周祚。〔註125〕馬希崇本人則早已閒居揚州，保大十四年三月後周軍隊進入揚州時，周世宗因「馬希崇及王延政之子繼沂皆在揚州，詔撫存之。」胡三省注曰：「楚、閩世事中國，其後爲南唐所俘，囚於揚州。周得揚州，故撫存之。」〔註126〕然而馬希崇和王繼沂不算被囚，他們的活動皆較爲自由，馬希崇即被允許攜帶自己的姬妾楊氏，甚至藉此楊氏獻於後周攻下揚州的將領韓令坤，以求自保。〔註127〕

三、楊吳、南唐政權對亡國子孫的安置

綜合上文的梳理，可知楊吳、南唐時期招納的亡國子孫不可謂不多，相關情況亦可列表分類如下：

表 4.1：楊吳、南唐政權所接納的亡國子孫表

政　權	時　　間	被征服家族	他國亡入家族
楊吳	乾寧四年（897）		宋州朱氏
	光化二年（899）		蔡州崔氏
	天祐二年（905）		蔡州趙氏
	天祐三年（906）	洪州鍾氏	
	開平三年（909）		朗州雷氏
	天祐六年（909）	撫州危氏	
	天祐十五年（918）	虔州譚氏	
	天祚二年（936）		幽州盧氏
南唐	昇元四年（940）		吐谷渾李氏
	保大四年（946）	光州王氏	
	保大九年（951）	許州馬氏	

〔註125〕馬令：《南唐書》卷三〈嗣主書〉，第 5280 頁。舒州何時落節不詳，朱玉龍亦未考得，參見朱玉龍：《五代十國方鎮年表》附錄「舒州」條，第 654 頁。

〔註126〕《資治通鑑》卷二九三，周世宗顯德三年三月條，第 9547 頁。

〔註127〕《資治通鑑》卷二九三，周世宗顯德三年四月條，第 9553 頁。

　　通過上表可知，通過途徑之別，整個楊吳、南唐時期收納的亡國子孫可大致分爲被征服者和他國亡入者兩大類。以下具體分析這兩類人群在楊吳、南唐的境遇。

（一）被征服者

　　這類人多存在於楊吳政權早期征服各個割據勢力時，不過雖然楊吳政權征服了不少藩鎮級別的割據勢力，但有些勢力，比如武昌節度使杜洪（？～907）父了，因與朱梁政權或其他敵對勢力交好而被「斬於廣陵巿」〔註128〕，並非所有都能得到楊吳政權的友好接納。也有被征服者逃入第三方政權者，比如信州刺史危仔昌（生卒不詳）逃入吳越政權，開啓了吳越元氏家族〔註129〕；吉州刺史彭玕（生卒不詳）逃入馬楚政權，馬殷「以希範聘玕女」〔註130〕，又「以玕爲郴州刺史，兄弟皆蒞縣邑」〔註131〕，成爲頗有影響力的彭氏家族。但從得到接納的這些人來看，他們的境遇並不太差，相關情況可列表如下：

表 4.2：楊吳、南唐政權接納之被征服者仕宦表

政權	時　間	被征服者	前　官	後　官
楊吳	天祐三年（906）	鍾匡時	鎮南軍節度使	不詳
		鍾延規	江州刺史	不詳
		鍾王氏	—	—
		鍾懷建	無	校書郎→東府掾→洪州都督府司馬
		鍾蒨	無	集賢殿學士→撫州觀察判官、檢校屯田郎中→祕書監
		杜鍾氏	—	—

〔註128〕《九國志》卷一〈劉存傳〉，第 3228 頁。
〔註129〕《吳越備史》卷四〈大元帥吳越國王〉附〈元德昭傳〉，第 6260 頁。
〔註130〕《九國志》卷一一〈彭玕傳〉，第 3356 頁。
〔註131〕《江南野史》卷六〈彭玕傳〉，《五代史書彙編》第九冊，第 5197 頁。彭玕卒年，《江南野史》曰天祐六年（909）入楚後「迨十年而玕死」，《九國志》卷一一〈彭玕傳〉所謂「天成（926～930）中玕卒，年七十三」（第 3356 頁），尚待進一步考證。

政權	時　間	被征服者	前　官	後　官
楊吳	天祐六年（909）	危全諷	撫州刺史	不詳
		危全諷諸子	不詳	隨才敘錄
	天祐十五年（918）	譚全播	百勝軍防禦使	右威衛將軍、百勝節度使
南唐	保大四年（946）	王延政	閩主	羽林大將軍→安化節度使、鄱陽王→山南西道節度使、光山王
		王繼沂	不詳	不詳
		王延禎	不詳	福建管內三司發運副使
		王繼勳	泉州刺史	泉州刺史→池州團練使
		王傳嗣	不詳	池州中軍使
		王傳憲	無	未仕
		王傳勖	無	未仕
		某王氏	—	—
		王氏	—	—
		王繼成	漳州刺史	漳州刺史→和州刺史
	保大九年（951）	馬希萼	楚王	江南西道觀察使（鎮南軍節度使）
		馬希崇	楚王	撫州節度使→永泰軍節度使、舒州刺史
		馬光贊	武平軍節度副使、知朗州軍府事、檢校太傅	鎮南軍節度副使、光祿大夫、檢校太傅兼御史大夫
		馬伴弟	無	未仕
		馬藥義	無	未仕
		馬道生	—	—
		馬希蘊	不詳	江西節度副使

　　周裕興曾以王閩政權王繼勳為例，討論到王氏族人在南唐的境遇，包括三點：1，「善待亡國君臣，可視作李璟用兵擴張的策略」；2，「墓主人雖身居異地，然懷舊思鄉之情溢於言表」；3，「南唐在紛亂的五代諸國中，以發達的文化著稱，墓主人生活於南唐有十年，亦不免受到潛移默化」。〔註132〕這三點總結固然不錯，但從楊吳、南唐政權角度來說，僅第 1 點反映了「主人」對「客人」的「待客之道」，其他兩點都是「客人」在「主人」家客居時間一長之後自然的發展。而南唐元宗李璟用兵擴張，與其善待亡國君臣，雖有關聯，但並不表明擴張背景下的亡國君臣一定能夠得到善待。

　　但通過表 4.2 可知，在被楊吳、南唐政權征服的地域政權中，得到善待的亡國子孫確實佔了多數。其中楊吳時期的被征服者第一代雖被剝奪了在自己原有地盤的統治權，但依然在楊吳政權、南唐政權內部得到相應的官職，比如王繼勳、王繼成繼續出任一州刺史或團練使，馬希萼、馬希崇依然能夠保持節度使的地位；其第二代，如危全諷諸子，也能夠被「隨才敘錄」〔註133〕，或如王繼勳之子王傳嗣，能夠在其父所任之地池州出任池州中軍使，繼續保持其藩鎮特色。當然，由於史料的限制，關於第三代，多無詳細資料，只能期待日後更多發現。

　　此外，由於史料對被征服者的核心人物記載較多，對於其他處於邊緣的人物記載，不免有所保留。比如鍾懷建、鍾蒨兄弟，他們作為鍾傳的庶子，在鍾氏家族被征服時，尚處幼齡，無緣得到楊吳加官，只能通過生母鍾王氏「以恭儉孝悌，文學道義，訓勵子弟」，方能「皆成其名」（〈鍾王氏墓誌〉）。以致於在《南唐書》鍾蒨傳記中，也沒有明確揭示其與鍾傳之間的關係，而僅能從〈杜鍾氏墓誌〉得到相關信息。可見，對於亡國君臣的待遇，也有其差別。

（二）他國亡入者

　　這類他國亡入者，從數量上來看，亦以楊吳時期居多，蓋楊吳政權早期正處於唐末大亂，各類大小割據政權互相兼併的過程中。因此，除了被楊吳政權征服者外，被其他政權征服的弱勢割據政權亦有逃亡來楊吳政權者，可見下表整理：

〔註132〕周裕興：〈略談新發現的五代閩國王氏族人墓誌〉，《福建史志》，1994 年第 5
　　　　期。
〔註133〕《九國志》卷二〈危全諷傳〉，第 3245 頁。

表 4.3：楊吳、南唐政權接納之他國亡入者仕宦表

政權	時　間	他國亡入者	前　官	後　官
楊吳	乾寧四年（897）	朱瑾	泰寧軍節度使	武寧軍節度、淮南行軍副使→東面諸道行營副都統、平盧軍節度使、同中書平章事
		朱用芝	海州刺史	不詳
	光化二年（899）	崔洪	奉國軍節度使	不詳
		崔景思	蔡州將	不詳
	天祐二年（905）	趙匡凝	忠義軍節度使	不詳
	開平三年（909）	雷彥恭	武貞軍節度使	淮南節度副使
	天福元年（936）	盧文進	安遠軍節度使	天雄統軍、宣武軍節度使兼侍中
		高盧氏	—	—
		高越		
南唐	昇元四年（940）	李金全	安遠軍節度使	天威統軍→左衛聖統軍、忠武軍節度使→北面行營招討使→鎮海軍節度使→右衛聖統軍、義成軍節度使兼侍中
		李金全子女三十二人	不詳	不詳

　　這些被迫逃亡的公子王孫，可分為兩類：1、曾與楊吳政權交好者，如蔡州崔氏、蔡州趙氏、朗州雷氏；2、所統治地域鄰近楊吳政權者，如宋州朱氏、幽州盧氏、吐谷渾李氏。

　　就前一類而言，僅雷彥恭的有記載。其中雷彥恭被任命為淮南節度副使，這一職務通常也被授予其他降附楊吳政權的州級割據勢力，比如被楊行密征服的昇州刺史馮弘鐸、自吳越政權來亡的湖州刺史高澧，皆被署為淮南節度副使。〔註134〕故淮南節度副使這一職務無實際職任，僅具象徵意義而已。可

〔註134〕《資治通鑑》卷二六三，唐昭宗天復二年六月條，第 8576 頁；《九國志》卷二〈高澧傳〉，第 3257 頁。

見即便與楊吳政權曾經交好，在兵敗來亡之後，並非能夠得到重用。他們在此前能夠與楊吳政權交好，很大程度上得益於楊吳政權能夠通過他們來對付敵對政權諸如朱梁、馬楚等，一旦他們本身被擊破，其存在價值也就沒有了。

就後一類而言，朱瑾、盧文進、李金全的仕宦皆有記載，但按時間可分兩種情況：

前一種是朱瑾，先被任命為武寧軍節度使、淮南行軍副使，包括遙領之節度使銜和淮南節度使府中的行軍副使，基本上並無實際職任；後因淮南節度使府升級為吳王國而於天復（901～904）年間轉任東面諸道行營副都統、平盧軍節度使、同中書平章事，但亦僅僅遙領平盧軍，而東面諸道行營副都統一職作為東面諸道行營都統的副職，象徵意義大於實際意義，此時的行營也並無具體的軍事職能。因此，朱瑾在楊吳政權內部除了少數幾次出征北方外，並無太大的勢力。

後一種是盧文進和李金全，兩人最初南下時，皆被授予統軍之職並遙領北方地區的節度使。之後，則根據個人的功績，遷轉至不同的職任，特別是李金全以北面行營招討使負責北方軍事時，曾一度兼領鎮海軍節度使，雖然可能並未到任，但能夠授予此職，已表明南唐政權看重其軍事能力，並體現在授官上。

通過上文梳理，可以看到楊吳、南唐政權對所接納的亡國子孫之待遇，按不同的具體情況，有不同的境遇。

從類別來看，被征服者和他國亡入者的待遇稍有區別。其中被征服者中的核心成員整體上能夠得到被征服前的待遇，當然邊緣成員稍稍差一些。他國亡入者整體而言也能保持一定的待遇，但畢竟屬於不得已而寄人籬下，通常需要通過自身的實力來維持長久的仕宦。

從時間來看，楊吳時期，主要以被征服的小型割據政權為主，他們的存在對於楊吳政權有一定的意義，但並不大，故未能得到很好的待遇。南唐時期，則包括被征服的大型割據政權和敵對政權邊疆地區的叛逃節度使，對前者的善待能夠體現南唐統治者的良好名聲，對後者則僅僅名義上提供保障，尚需本人通過自身的能力來維持仕宦。

四、亡國子孫的存在意義

如何對待和處置前朝子孫、敵對政權被俘或流亡貴冑，一直是古代王朝政權體系下無法迴避的一件事。那麼，在歷史進程中，楊吳、南唐對待這些

亡國子孫的態度，又處在什麼地位，且意義何在呢？這得聯繫五代前後歷史時期的情況，方能得到答案。

（一）歷史時期對亡國子孫的處置

就五代前後歷史上，對亡國子孫的處置問題，若按歷史發展進程，可以大致分為以下幾個階段：

先秦時期。

從有確切記載的夏商周時期來說，商朝對夏朝後裔，周朝對殷室遺民的待遇，主要體現在分封為諸侯一事上，比如商湯封夏朝之後於夏亭〔註135〕，周朝封微子於宋，「以續殷祀」〔註136〕，皆如此類。甚至在春秋戰國時期，各種因軍事力量不敵而戰敗，或因國內政治鬥爭失敗而逃亡的諸侯、卿大夫等，在其逃入其他國家後，也能夠保留貴族身份。其著名者，比如從宋國亡入魯國的孔子家族〔註137〕，又如從陳國逃入齊國後甚至經過數代取代齊國原來國君的田完家族〔註138〕等等。因為先秦時期的頗為強調宗法體制，故而對祖先的崇拜和祭祀，即使是亡國子孫的身份，也會得到尊重，其作為諸侯，更與其他諸侯一樣擁有同等地位，乃至於春秋時期如宋襄公那樣積極謀求稱霸。這類亡國子孫，可目之為「上古貴族型」。其迴光返照之例，則是漢初分封異姓諸王，因為這些異姓諸王不多久即被同姓諸王所取代〔註139〕，從而徹底消除了封建制的遺留。

秦漢至隋唐五代。

春秋戰國之後，大小諸侯互相兼併，絕祀者不可勝數，開啓了對亡國子孫的殘酷對待。這些絕祀的小國後裔，除了姓氏方面或保留祖先的印記外，其他方面已經與平民無異。但出於本朝正統的確認，通常會有幾類特殊的前朝子孫承祀，即所謂「二王三恪」。這一現象始於漢武帝元鼎四年（前 113）封周朝後裔為周子南君，詔曰：「三代邈絕，遠矣難存。其以三十里地封周後為周子南君，以奉先王祀焉。」〔註140〕對於這次分封，可以說明兩點：第一，

〔註135〕司馬遷：《史記》卷二〈夏本紀〉，修訂本，北京：中華書局，2014 年，第 108 ～109 頁。

〔註136〕《史記》卷三〈殷本紀〉，第 139～140 頁。

〔註137〕《史記》卷四七〈孔子世家〉，第 2309 頁。

〔註138〕《史記》卷四六〈田敬仲完世家〉，第 2279～2288 頁。

〔註139〕這一被取代的過程，可以參考《史記》卷一七〈漢興以來諸侯王年表〉，第 967～971 頁。

〔註140〕《史記》卷一二〈孝武本紀〉，第 587 頁。

從漢初到漢武帝，將近一百年未有好好對待前朝子孫；第二，此次分封的理由，僅僅是爲了讓周後能夠「奉先王祀」而已，其大背景是祠祀后土、封禪泰山，即出於照顧性質，並不涉及對漢朝正統的確認。

「二王三恪」眞正流行，當從曹魏政權通過禪讓取代漢朝，爲了表明自己的正統性，故而通過封崇前朝王孫來予以保障。此後，歷經南北朝隋唐〔註141〕，「二王三恪」制度一直延續到五代時期方才衰微〔註142〕，並不時與現實政治相糾葛。〔註143〕雖然有出於正統性展示而對「二王三恪」加以尊崇的現象，伴隨著「二王三恪」的另一面，則是對其他眞正能夠威脅到自己統治的前朝子孫加以監禁或殺戮，比如司馬氏對曹氏的監禁於鄴〔註144〕，以及劉裕對司馬氏的殺戮。當然，這類監禁或殺戮並不徹底，很多前朝子孫依然能夠在新朝取得較高的社會地位，乃至形成世族，比如唐朝時期的元氏、蕭氏、楊氏諸門，皆有聞人。因此，這一時期的亡國子孫，可目之爲「中古世族型」。

宋代以下。

隨著世族社會的漸趨式微，以及王朝史替之禪讓模式的不再流行，「二王三恪」制度在北宋最終消亡，對前朝子孫的待遇也每況愈下。並且隨著科舉制度在宋代的繁榮，以及其造就的科舉門第社會，前朝子孫欲在新朝獲得社會地位，首先得從科舉入手，而非單純依靠新朝統治者的扶持政策〔註145〕或與新朝皇室的聯姻行爲。筆者曾經考察了後蜀皇室邢州孟氏家族在北宋初年的境遇問題，相比於吳越錢氏家族在宋代的簪纓不絕，孟氏家族缺乏對科舉的進取能力，又無法繼續保持原先的武將家族色彩，最終淪爲平民，消失於歷史記載。〔註146〕因此，此後的亡國子孫可目之爲「近世庶民型」。

〔註141〕對於中古時期的「二王三恪」制度之施行，學者已有許多論述，相關學術史整理參考呂博：〈唐代德運之爭與正統問題——以「二王三恪」爲線索〉，《中國史研究》，2012年第4期，第117頁。

〔註142〕五代時期的「二王三恪」，參見謝元魯：〈隋唐五代的特殊貴族——二王三恪〉，《中國史研究》，1994年第2期，第41～49頁。

〔註143〕這方面的研究，近年有兩篇，即呂博：〈唐代德運之爭與正統問題——以「二王三恪」爲線索〉，第115～141頁：孫正軍：〈二王三恪所見周唐革命〉，《中國史研究》，2012年第4期，第97～113頁。

〔註144〕關於曹氏族人在兩晉及以後的境遇，參見韓昇師：〈曹魏皇室世系考述〉，《復旦學報》（社會科學版），2010年第3期，第14～18頁。

〔註145〕前揭謝元魯文已論及五代、宋時期「二王三恪」的任官，孫俊在謝元魯的基礎上考察了「二王三恪」在唐後期的任官問題，參見孫俊：〈唐代特恩蔭探析〉，《雲南社會科學》，2013年第2期，第153～157頁。

〔註146〕胡耀飛：〈論唐宋之際邢州孟氏家族的地域遷徙與門風轉型〉，第133～168頁。

（二）楊吳、南唐時期對亡國子孫安置的意義

若從上面的分類看來，楊吳、南唐所處五代時期，正好爲亡國子孫境遇從「中古世族型」向「近世庶民型」轉變的過程中。而前文所整理的這些「亡國子孫」，一定程度上也能反映這一過程。當然，前文整理的這些「亡國子孫」，除了王閩、馬楚兩家作爲十國政權王室，可目之爲眞正的「王孫」外，其餘大多是藩鎮級別的勢力，或爲割據型藩鎮，或爲沿邊叛逃型藩鎮。因此，尚需區別對待。

首先，對於楊吳政權初期被征服的割據藩鎮之子孫來說，當他們被征服之後，由於脫離了與原來統治地域的政治、軍事、經濟等聯繫，故不再對楊吳政權構成威脅。故楊吳政權統治者對他們的待遇也較爲寬容，以洪州鍾氏爲例，雖然史料並未詳細記載其核心成員的仕宦，但其邊緣成員能夠通過科舉來維持家聲，即證明其人身自由並未被限制。另一方面，鍾氏家族的兩類成員之不同境遇，也反映出南唐社會對科舉的重視，使得科舉成爲平民取得晉升資格不可或缺的條件。如其他被征服藩鎮，撫州危氏和虔州譚氏，因在科舉之路上未能取得成功，此後再無聞人。危氏家族要到宋元之際方才興起，即其一證。

其次，對於南唐時期才被征服的王閩、馬楚政權子孫來說，他們在福建、湖南兩地實行割據統治數十年，其勢力根深蒂固，南唐統治者並不敢輕易對待。因此，雖然王氏、馬氏族人中的核心成員依舊出任南唐境內的節度使、團練使、刺史等職，但整個家族子孫全部被遷往金陵，予以監視。也因此，當後周軍隊佔領揚州時，會有馬希崇、王繼沂被優待的情況出現，即王氏、馬氏二族在揚州被監視居住，類似於楊吳皇室楊氏成員在泰州永寧宮被監視居住的現象。〔註147〕更甚者，如前文所示，王延政還有過一次被南唐元宗下毒的經歷。當然，相比之下，對於南唐政權來說，楊吳作爲前朝，其楊氏子孫方爲眞正需要防範的對象，故楊氏子孫的境遇也最爲悲慘。

最後，對於從他國亡入的「亡國子孫」來說，相應的待遇稍差一些。因此，他們只能通過自身的實力來取得仕宦上的成功，或以一技之長，如武功來效勞，或加入科舉隊伍，以文取勝，否則即泯然於眾人。

總體而言，楊吳、南唐政權對這些亡國子孫的態度，雖然也有一定程度的封贈，但並不像中古時期那樣，能夠保證其世族的社會地位。若要繼續維持家族的興盛，尚需通過自身的努力，特別是從科舉途徑進入仕宦之路。

〔註147〕關於永寧宮的歷史和現狀，可參考徐同華：〈千年疑謎永寧宮〉，《泰州晚報》，2012 年 3 月 25 日。

小　結

孟子曰：「君子之澤，五世而斬；小人之澤，五世而斬。」〔註 148〕唐末五代時期興起的大大小小的地域性割據政權，在經過一兩代人的興盛之後，到第三、四代時，大多無聞。以楊吳、南唐政權所接納的這些亡國家族而言，也多如此，甚至一、二代即消失於歷史洪流。大體而言，本文梳理了十一個家族，按進入方式，可分為被征服和他國亡入兩類：前者包括楊吳時期的洪州鍾氏、撫州危氏、虔州譚氏，南唐時期的光州王氏、許州馬氏；後者包括楊吳時期的宋州朱氏、蔡州崔氏、蔡州趙氏、朗州雷氏、幽州盧氏，南唐時期的吐谷渾李氏。

通過對這些家族的梳理，可以看到，被征服者在待遇上比他國亡入者稍高一些，蓋對於被征服者的善待，多能反映對一個政權的政治寬容度，這也上承了「上古貴族型」和「中古世族型」這兩類對待前朝子孫範式的精神。而無論是被征服者還是他國亡入者，即使楊吳和南唐政權對這些亡國子孫有足夠好的待遇，在唐宋之際這　從中古到近世的轉折過程中，伴隨著巨族的凋亡與庶民的興起，特別是科舉對於社會流動所產生的重大意義，如果未能在科舉上取得優異的成績，這些亡國子孫即無法像「上古貴族型」和「中古世族型」那樣保持家業的不墜。

第二節　晉陵姚氏家族的世系與婚宦

1952 年，江蘇省揚州市邗江縣蔣王鄉十三里廟出土了一方對於楊吳‧南唐史研究十分重要的墓誌，即〈大唐故右軍散押衙左天威第七軍指揮使銀青光祿大夫檢校司徒右領軍衛將軍兼東都左巡使姚府君墓誌銘並序〉（以下簡稱〈姚嗣駢墓誌〉），作者署名「將仕郎守大理評事中書門下兼直史孫峴」。此誌石長 59cm，寬 51cm，正書，現藏江蘇省揚州市博物館。此誌錄文兩次收錄於吳鋼主編《全唐文補遺》。〔註 149〕近年，周阿根《五代墓誌匯考》對錄文進行了全面的整理。〔註 150〕不過都沒能釋讀全文，蓋誌石本身已有殘泐。

〔註 148〕焦循（1763～1820）：《孟子正義》卷一六〈離婁下〉，北京：中華書局，1987年，第 577 頁。

〔註 149〕吳鋼主編：《全唐文補遺》第四輯，西安：三秦出版社，1997 年，第 517～519頁；吳鋼主編：《全唐文補遺》第七輯，西安：三秦出版社，2000 年，第 192～193 頁。後者比前者錄文更為完整，但也有缺漏。

〔註 150〕周阿根編：《五代墓誌匯考》，第 337～341 頁。

關於此誌研究，早年李之龍、吳煒各有一篇論文：前者討論了姚嗣騈（893～942）的生平，以及誌文所見南唐皇室復姓李氏、南唐「東都」成立時間、楊吳・南唐時期官職濫封等問題；後者補正了李之龍的幾處錄文問題。〔註151〕筆者曾在碩士論文中利用誌文所載相關信息討論了南唐兩都制的前身，楊吳時期的兩都制問題。〔註152〕范兆飛則就姚氏與太原王氏的婚姻問題稍有涉及。〔註153〕不過目前尚無就此誌文對姚嗣騈本人及其家族進行論述者，故筆者不憚淺陋，對誌文涉及楊吳・南唐時期晉陵姚氏家族的世系與婚宦做一梳理，以揭當時中下層武將家族在面對朝代變遷時的生態。

一、姚嗣騈墓誌全文

為便於行文，本文先根據周阿根錄文對姚嗣騈墓誌鈔錄於下（其中標點符號偶有調整之處，不再一一出注）：

大唐故右軍散押衙左天威第七軍指揮使銀青光祿大夫檢校司徒右領軍衛將軍兼東都左巡使姚府君墓銘並序

將仕郎守大理評事中書門下兼直史孫峴撰

府君諱嗣騈，字霸臣，其先南安人。虞帝之後，餘慶所鍾，綿綿萬嗣；古推茂族，代為名家，□傑□□；古今相繼，載之譜諜，炳若丹青。厥後因官徙家，府君即晉陵人也。曾祖諱暢，仕唐殿中侍御史，追贈□□衛將軍。王父諱鎬，仕唐行亳州長史，追贈右監門衛將軍。考諱崇，屬土運中否，天下□□□□□，唱義建號，遂參於武帳。仕吳，累遷官水土，旋遙授宿州刺史。己卯歲（919），轉授吉州刺史。政簡仁和，授鎮海軍隨使都押衙，追贈開國男、食邑三百戶。母太原王氏，封太原縣君，進封縣太君。賢淑著慧，□□□□。育成令器，克襲家聲。自進封之命，蓋從府君之貴，府君即鎮海都校之次子也。元昆諱，右軍兵馬使、銀青光祿大夫，不幸早世。

〔註151〕李之龍：〈南唐姚嗣騈墓誌初考〉，《東南文化》，1995 年第 1 期，第 69～75 頁；吳煒：〈對李之龍先生《南唐姚嗣騈墓誌初考》一文的幾點補充〉，《東南文化》，1996 年第 3 期，第 110～111 頁。亦可參見吳煒以簡體字對此墓誌的再次整理，見吳煒、田桂棠：《江蘇揚州唐五代墓誌簡介》，揚州：自印，2012 年，第 92～93 頁。
〔註152〕胡耀飛：《南唐兩都制研究》，陝西師範大學碩士論文，2011 年，第 7～9 頁。
〔註153〕范兆飛：《中古太原士族群體研究》，北京：中華書局，2014 年，第 191、215 頁。

　　府君嗣慶，稟性淳直，負氣倜儻。沉謀罕測，實自生知。軍事□□，□□神授。敦詩閱禮，射馬射人。時皆許之，每指謂曰：「養子當如姚氏。」其揚名如此。自唐乾寧（894～898）之後，□□□隸和門，薦履戎資，益表奇節。洎吳宣帝開國之後，順義三年（923），丁先公之憂，扶護東歸，□□□□□革無避，苫凶難居。朝廷署右職寵之，欲漸其用也。時主上聿持權柄，府君曲預指顧。或入參親旅，出莅劇邑。南豐遺愛，分寧布惠。遷任京畿□□□□□，平賦均田，利民資國。累授左右散騎常侍、工部尚書、右千牛衛中郎將，以賞勸焉。尋以□□□□□□鎮。實資列校，以贊戎機。大和五年（933），遷充壽州右黑雲指揮使。明年（934），兼右廂馬步都虞候，□□□□□□重，貞幹尤多。入則訓練師徒，出則戒嚴烽埃。敵疆即肅，比戶用安。丕績升聞，朝廷爰及□□□□□散押衙、左雄武軍先鋒指揮使、右千牛衛將軍，尋轉兵部尚書。軍旅之任，輯睦有方，士卒□□，寔謂百夫之特，當先二子之鳴。天祚三年（937），授尚書左僕射、右領軍衛將軍。主上□□□□□之命，建都建業，改元昇元。以吳之宮闕為東都，左右金吾使為左右巡使。將俾警□□□□□遂行，徽章兼降。遷左天威軍第七指揮使兼東都左巡使、檢校司空。誘善如流，去惡若揮，□□□□□以清。二年（938），上以連復宗枝，禮成郊祀，中外品列，浹洽恩華，轉檢校司徒。三年（939），□□□□□□。乃要衝之所，盛屯甲士。恩委良將，差充上淮巡檢都部署，克修邊備，遠振威聲。常思樊噲□□□□□主之薄伐。既逾暮歲，爰值班旋。五年（941），歸東都，戎職如故。府君常自言曰：「我國家興復，□□□□。中原失主，尚染羊塵。百戰亡身，固甘馬革。余之勇概，不讓他人。」嗚呼！大器已彰，令圖方遠。而□□□，焉可力爭。如露朝晞，故為能久。修纏美疹，莫驗良醫。玄報適誣，厭世何速。以昇元六年（942）閏三月□□日□疾，終於東都懷德坊之私第，享年五十。

　　娶河東衛氏，不幸早世。繼娶衛氏，又納太原王氏，皆□□□□□相從偕老，不期鼇居永慟。令季四人：長曰馼，福昌殿使、檢校尚書右僕射兼御史大夫；次曰□，□□□，檢校尚書右僕射兼御史大夫；曰驥，殿前承旨院副使、檢校工部尚書兼御史大夫，乙未歲（935），暴□□；曰馴，為壽王衙通引官。皆推揚國器，充被朝恩，棠棣之華，於茲為盛。女兄一人，早歸於太原王五。□一人，適隴西李公郎中。有子七人：長曰承禮，留守衙前虞侯；次承智、承祚與承泰，早世；

次曰承道、承□，或已居職序，或尚在童艸，義方成訓，善慶可知。
有女三人：長歸於峴；次二人俱在弱齡，將及笄年。當□族有諸任諸
孫，悉播令問，以松楸有地，旌旐告行。其年五月二十三日葬於江都
府江都縣興寧鄉贊□坊先塋，禮也。且大丈夫處世，患祿不及親，仕
不及貴，才不遇時，惠不施下。今府君甘旨畢臻，色養□□，可謂祿
及親矣！自偏裨之任，分旗鼓之權，可謂仕及貴矣！以通變之略，歷
繁重之寄，可謂才遇時矣！□□俗善撫銳師，可謂惠施下矣！其所不
足者，莫登上壽，未總百域。棄彩衣於高堂，掩泉臺於昭代，知者傷
歎久之。峴早熟世交，晚叨嘉選，辱嗣子見託，幸勒貞瑉。銘曰：

嬀水之後，實爲華宗。綿靈□□，桑裕穹隆。

古今相繼，圖史無窮。方知積善，代有英雄。

府君生德，克襲門風。如飛電兮擊劍，象圓月兮彎弓。

器度□□，□謀變通。繼臨大邑，異政唯公。

歷史列效，英威罕同。入分巡務，出遏邊封。

東夏而盡，欣去暴北。橡而使敢興戎，衣再□萼推恭。

理家盡孝，許國懷忠。方堅勁節，將圖大功。

忽膏肓兮構疾，俄電露兮告終。

下□□□祔。

嗚呼！□□□□，龜筮葉從。永存貞紀，如對音容。□□□□，
□□□□。

二、晉陵姚氏家族籍貫、世系考

〈姚嗣駢墓誌〉是一方難得地提供了楊吳、南唐之際政治信息的墓誌，但
對於家族史研究來說也十分珍貴。楊吳、南唐政壇，除了活躍有姚嗣駢所在的
晉陵姚氏家族，還有通州靜海姚氏家族以及其他單個姚氏將領。對於單個姚氏
將領，有楊吳姚克瞻（姚洞天）〔註154〕、姚環〔註155〕，南唐姚景（？～944）

〔註154〕姚克瞻第一次出現於天祐五年（908）五月與鍾泰章共同參與爲徐溫謀殺張顥
　　　　事件，見路振：《九國志》卷二〈鍾泰章傳〉，第3248頁；《九國志》卷三〈徐
　　　　溫傳〉，第3266頁。又據陳彭年《江南別錄》「烈祖」條，「騎將姚洞天薦（宋
　　　　齊丘）於烈祖」（第5134頁），鄭文寶《江表志》卷下則曰「宋齊丘爲儒日，
　　　　修啓投姚洞」云云（第5094頁），而陸游《南唐書》卷四〈宋齊丘傳〉則曰
　　　　「齊丘因騎將姚克瞻得見」（第5494頁），則姚洞天或姚洞即姚克瞻之更名，

〔註156〕、姚鳳〔註157〕等。然皆無詳細家族背景材料。而對於靜海姚氏家族，日本學者山根直生已經對其進行了研究。〔註158〕根據山根直生的考察，靜海姚氏是活躍於今天江蘇省通州市地區的豪族，把持了這一代的海上貿易，名義上臣屬於楊吳‧南唐政權，在楊吳‧南唐政權和吳越國政權之間起到了溝通作用。而同時期存在的晉陵姚氏，則主要活躍於揚州。這兩個姚氏家族以及其他單個姚氏將領除了都姓姚外，還有一個共同點，即都是武將，以武力顯名。因此，考察兩個姚氏家族以及其他姚氏將領，對於楊吳‧南唐政權武將家族，乃至整個藩鎮時代的中下層武將家族研究〔註159〕，都十分珍貴。

下文即就〈姚嗣駢墓誌〉對晉陵姚氏籍貫、世系進行初步整理：

或與其從徐溫投靠烈祖（徐知誥）有關。從這兩件事來看，姚克瞻也是一位武將，可惜對於此人，並無更多史料。

〔註155〕姚環於天祐十年（913）四月在無錫東洲被吳越將領錢元璙（887～942）所擒，見錢儼：《吳越備史》卷一〈武肅王〉，第6207頁。

〔註156〕姚景於南唐烈祖昇元六年（942）四月接替高審思，以侍衛諸軍都虞候出任清准軍節度使，見馬令：《南唐書》卷一〈先主書〉，第5263頁。姚景卒於南唐元宗保大二年（944），見《資治通鑒》卷二八四，晉齊王開運元年八月條，第9275頁；馬令：《南唐書》卷二〈嗣主書〉，第5269頁。

〔註157〕姚鳳於保大三年（945）出任南唐進攻王閩政權建州的建州行營都監，見《資治通鑒》卷二八四，晉齊王開運二年二月條，第9285頁；保大九年（951），以客省使出任冊立楚王馬希萼的冊禮使，見《資治通鑒》卷二九○，周太祖廣順元年三月條，第9458頁；保大十三年（955），以常州團練使兼任防備北周的北面行營應援都監，見《資治通鑒》卷二九二，周世宗顯德二年十一月條，第9533頁；最後，於次年為後周將領趙匡胤所擒，見《資治通鑒》卷二九二，周世宗顯德三年二月條，第9538頁。

〔註158〕山根直生：〈南通市出土、五代十国期墓誌紹介〉，《福岡大学研究部論集‧A‧人文科学編》，第5卷第2號，2005年11月，第139～150頁；山根直生：〈文字をのこす人、みる人、語る人——南通市狼山の磨崖文をたずねて〉，《アジア游学》91，2006年9月，第94～103頁；山根直生：〈静海‧海門の姚氏——唐宋间、长江河口部の海上勢力〉，日‧宋代史研究會編《宋代の长江流域——社会经济史の视点から》，東京：汲古书院，2006年，第107～148頁。

〔註159〕筆者最近對於以藩鎮割據為突出特徵的唐後期五代宋初這一「藩鎮時代」的武將家族頗為關注，已分別考察了東海徐氏家族、邢州孟氏家族和上黨雍氏家族，參見本書第二章；胡耀飛：〈論唐宋之際邢州孟氏家族的地域遷徙與門風轉型〉，薛夢瀟主編《珞珈史苑‧2012年卷》，武漢：武漢大學出版社，2013年，第133～168頁；胡耀飛：〈後蜀孟氏婚姻研究——兼論家族史視野下的民族融合〉，奇文瑛（1952～）主編《民族史研究》，第11輯，北京：中央民族大學出版社，2014年，第75～100頁；胡耀飛：〈上黨雍氏考——藩鎮時代下層武將家族個案研究〉，常建華（1964～）主編《中國社會歷史評論》，第15卷，天津：天津古籍出版社，2014年，第149～165頁。

（一）姚氏籍貫

根據〈姚嗣駢墓誌〉的誌文記載：「府君諱嗣駢，字霸臣，其先南安人。虞帝之後，餘慶所鍾，綿綿萬嗣。古推茂族，代爲名家，□傑□□。古今相繼，載之譜牒，炳若丹青。厥後因官徙家，府君即晉陵人也。」據此可知，姚氏自稱「南安人」，到姚嗣駢這一輩「因官徙家」，成爲「晉陵人」。這裡的南安、晉陵，都是指唐代時期的州郡。南安即秦州，晉陵即常州。不過是否「因官徙家」，倒也不必拘泥，因爲南安只是姚氏郡望之一，在中古時期僞冒郡望的大環境下，姚嗣駢的祖先不一定會直接來自秦州。

此外，根據誌文可知，姚嗣駢本人葬於「江都府江都縣興寧鄉贊□坊先塋」，可知至少他父親姚崇時，即已經定居東都。不過基於姚氏自述，本文還是稱之爲「晉陵姚氏」，亦即姚氏應當來自常州。

（二）姚氏世系

關於姚嗣駢一族的家族成員，限於材料，僅能從〈姚嗣駢墓誌〉中發掘信息。根據誌文，按照輩份，列之如下：

第一代：姚暢

誌文曰：「曾祖諱暢，仕唐殿中侍御史，追贈□□衛將軍。」

第二代：姚鎬

誌文曰：「王父諱鎬，仕唐行亳州長史，追贈右監門衛將軍。」

第三代：姚崇、王氏夫婦

誌文曰：「考諱崇，屬土運中否，天下□□，□□□唱義建號，遂參於武帳。仕吳，累遷官水土，旋遙授宿州刺史。己卯歲，轉授吉州刺史。政簡仁和，授鎮海軍隨使都押衙，追贈開國男，食邑三百戶。母太原王氏，封太原縣君，進封縣太君。賢淑著慧，□□□□。育成令器，克襲家聲。自進封之命，蓋從府君之貴。」

其中「天下」後五字闕，周阿根並未斷開，但據文意，「土運中否，天下□□」爲一句，表明天下大亂，「□□□唱義建號」爲一句，指楊行密起兵淮南，所缺三字當爲「吳武帝」之類，蓋楊吳順義七年（927），楊行密之子楊溥稱帝時，追尊楊行密爲「武皇帝」〔註160〕，且誌文敘述姚嗣駢履歷時又有「吳宣帝」字樣，吳宣帝即楊吳政權第三位君主楊隆演。

〔註160〕《資治通鑒》卷二七六，後唐明宗天成二年十一月條，第9011頁。

第四代：姚某、姚嗣駢、姚嗣駃、姚嗣□、姚嗣驥、姚嗣馴。王五‧姚氏、李公‧姚氏。姚嗣駢妻二衛氏、王氏。

誌文曰：「府君即鎮海都校之次子也。元昆諱〔註 161〕，右軍兵馬使、銀青光祿大夫，不幸早世。府君嗣慶，稟性淳直，負氣倜儻，沉謀罕測，實自生知。……娶河東衛氏，不幸早世。繼娶衛氏，又納太原王氏，皆□□□□，□相從偕老，不期鼇居永慟。令季四人：長曰駃，福昌殿使、檢校尚書右僕射兼御史大夫；次曰□，□□□、檢校尚書右僕射兼御史大夫；曰驥，殿前承旨院副使、檢校工部尚書兼御史大夫，乙未歲，暴□□；曰馴，為壽王衙通引官。皆推揚國器，充被朝恩，棠棣之華，於茲為盛。女兄一人，早歸於太原王五。□一人，適隴西李公郎中。」

其中「相從偕老」前五字闕，周阿根並未斷開，但據文意，「皆」字後四字當是描述衛氏、王氏美德，以「皆」字統領，可知「相從偕老」前亦有一字統領，故斷如上。另外，姚嗣駢女兄所適，周阿根斷為「王五□」，但既曰「女兄一人」，則後一位適李公者，當是其妹，故應斷為「□一人」。王五者，姓王，排行第五，與李公一樣，皆不具名。至於姚嗣駢四個弟弟名字中沒有「嗣」字，可能是行文省略，故筆者懷疑本名有「嗣」字，遂為之補。

第五代：姚承禮、姚承智、姚承祚、姚承泰、姚承道、姚承□，孫峴‧姚氏、姚氏、姚氏。

誌文曰：「有子七人：長曰承禮，留守衙前虞候；次承智、承祚與承泰，早世；次曰承道、承□。或尚在童丱，義方成訓，善慶可知。有女二人：長歸於峴，次二人俱在弱齡，將及笄年。」

其中姚嗣駢雖然「有子七人」，但誌文列出名字的僅六人。姚嗣駢長女所適「峴」，即誌文作者孫峴。孫峴除了這篇墓誌外，還有詩作存於《全唐詩》，即南唐元宗保大九年（951）所撰〈送鍾員外〉（亦名〈賦竹〉、〈賦竹送德林少尹員外〉）：「萬物中瀟灑，修篁獨逸群。貞姿曾冒雪，高節欲凌雲。細韻風初發，濃煙日正曛。因題偏惜別，不可暫無君。」〔註 162〕孫峴所送為即將赴

〔註 161〕 周阿根注曰：「原拓避諱闕敬。」即姚嗣駢之長兄名字因避諱而闕。但是姚嗣駢父祖、令季等人的名字都不闕，何獨闕長兄？筆者認為，可能是因為姚嗣駢之長兄「不幸早世」，尚未取名之故。

〔註 162〕 《全唐詩：增訂本》卷七五七，第 8705 頁。此詩初見徐鉉《徐鉉集校注》卷三，第 108 頁。但署「孫峴山」，當是字峴山。但《全唐詩》小傳曰：「孫峴，字文山，南康人。官郎中。」未知孰是。

任東都任江都少尹的鍾蕎（字德林）〔註163〕。此外，元宗時，孫峴也曾任南唐虔州節度使江王李景邊的掌書記，且「每能諫其過失，景邊爲之加禮，及峴卒，厚給其家，時人以此美之。」〔註164〕可知孫峴是一位頗爲正直的文人，難怪姚嗣騈能夠託付自己的女兒。

根據以上整理，可以得到晉陵姚氏家族世系圖如下：

圖 4.2：晉陵姚氏世系圖

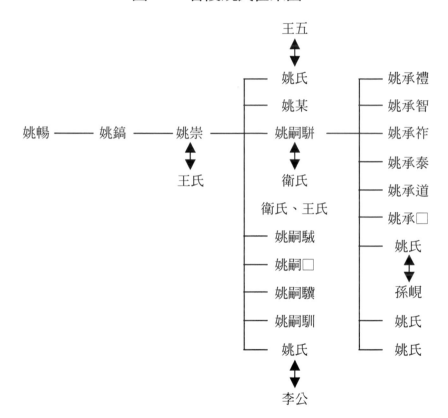

三、晉陵姚氏家族婚姻、仕宦考

根據上文整理，截止至南唐烈祖昇元六年（942）的晉陵姚氏家族譜系圖已經十分清晰。但若要繼續深入，則需要對誌文和譜系再進行解讀。這包括家族史研究中最爲基本的婚姻、仕宦兩個方面：

〔註163〕吳任臣：《十國春秋》卷二七〈鍾蕎傳〉，第 390～391 頁。任江都少尹事參見胡耀飛：《南唐兩都制研究》，第 15～16 頁。最近，鍾蕎之女杜鍾氏的墓誌發現於南京中華門外丁甲山北麓，從墓誌中可知鍾蕎爲唐末洪州地方割據勢力鍾傳的兒子，參見前文第四章第一節。

〔註164〕馬令：《南唐書》卷七〈江王景邊傳〉，第 5312 頁。

（一）姚氏婚姻

通過前文世系表，可以看到姚氏家族三代人在昇元六年之前有七次聯姻：

第一代，姚嗣駢之父姚崇娶「太原王氏」。

第二代，姚嗣駢之女兒姚氏嫁「太原王五」，妹姚氏嫁「隴西李公郎中」，姚嗣駢本人二娶河東衛氏，一娶太原王氏。

第三代，姚嗣駢之長女姚氏嫁孫峴。

這七次聯姻，值得注意以下幾個方面：

第一，太原王氏與姚氏家族有三次聯姻，雖然姚嗣駢之母王氏、姚嗣駢之姐夫王五、姚嗣駢之第三位妻子王氏，可能不一定出自同一家族。但基於姚嗣駢之母王氏與姚氏聯姻在先，她為自己女兒擇娘家子弟為丈夫，為自己兒子擇娘家女子為妻子，從習慣上而言，可能性很大。所以姚氏和王氏可以說是世家姻好。但是從姚嗣駢最開始兩位妻子是衛氏來看，姚嗣駢本人可能比較抗拒繼續與王氏家族聯姻，或許考慮到第一任妻子衛氏英年早逝，擔心沒有子嗣，方才「納」，而不是「娶」王氏。

第二，包括王氏家族在內，加上姚嗣駢初娶的兩位河東衛氏、姚嗣駢妹所嫁隴西李氏、姚嗣駢長女所嫁孫峴，但都不知道王氏、衛氏、李氏、孫氏各自上一代家族背景。從有限的信息來看，「隴西李公郎中」應該是姓李且官居「郎中」者，「郎中」多為低級文職。孫峴官居「將仕郎守大理評事中書門下兼直史」，如上所考，頗有文采，又為人正直。

第三，通過以上兩點，筆者認為王氏家族可能與姚氏家族一樣為楊行密帳下武將家族，且互為婚姻。〔註165〕但姚嗣駢本人所處時代已經是楊吳後期、南唐初，這時楊吳‧南唐政權已經疆域穩定，武將不再受到重視，特別是南唐建立前後，文官治理內政的作用開始凸顯。所以，雖然河東衛氏的家族背景並不清楚，但姚嗣駢本人並未首先以王氏為聯姻對象，不過考慮到子嗣問題，才不得已「納」王氏。而到了姚嗣駢的妹妹以及女兒出嫁時，即開始選擇文人為聯姻對象，且不乏孫峴這樣的佼佼者。

姚氏家族的這一聯姻轉變，與本書第三章對楊吳‧南唐政權境內沙陀武

〔註165〕范兆飛在研究太原王氏時，對於姚嗣駢墓誌出土地未能考證，以致不明其已經是唐末五代楊吳、南唐政權時期的情況，對於墓誌中的太原王氏依然列為中古時期太原王氏的後裔。事實上，這裡的所謂太原王氏，也許僅僅是偽冒與攀附。參見范兆飛：《中古太原士族群體研究》，第 191、215 頁。

將的聯姻考察一致，都是從聯姻武將家族轉向聯姻文官。可以說，反映了楊吳‧南唐時期，乃至整個唐宋之際全國社會風氣的一種轉變。

（二）姚氏仕宦

關於姚氏家族的仕宦，誌文提供了截止至昇元六年的信息，現據誌文按輩份揭示如次：

1. 姚嗣駢父祖

姚暢，誌文載其「仕唐殿中侍御史，追贈□□衛將軍」。

姚鎬，誌文載其「仕唐行亳州長史，追贈右監門衛將軍」。

這兩代人，從時間來看，生活於中晚唐時期，且兩人官職明確區分生前終官和死後贈官，則其生前終官應當可信。若如誌文所載，則可以得出兩點信息：第一，從姚暢、姚鎬生前終官來看，姚氏家族在中晚唐時期屬於下層文官世家；第二，從姚暢、姚鎬死後贈官，當因姚崇或姚嗣駢在楊吳政權內的功績而獲賜，但因為已經轉為武門，故贈官也都是武銜。

2. 姚崇

姚崇，誌文載其「屬土運中否，天下□□，□□□唱義建號，遂參於武帳。仕吳，累遷官水土，旋遙授宿州刺史。己卯歲，轉授吉州刺史。政簡仁和，授鎮海軍隨使都押衙，追贈開國男，食邑三百戶」。

前文已經指出，姚崇在唐末大亂時，隨吳武帝楊行密從戎，從而建功立業，累官宿州刺史（遙授）、吉州刺史、鎮海軍隨使都押衙，並且在死後追贈開國男，食邑三百戶。其中「己卯歲」指楊吳武義元年（919），姚崇在此年授吉州刺史，正好接替前任刺史徐玠。另外，姚崇所接替的徐玠，史稱其「貪狠不治」〔註166〕，可見當時輔政楊吳政權的徐知誥選擇姚崇出任吉州刺史，當是考慮到了姚崇本人的品德，而且姚崇也不孚眾望，在任上「政簡仁和」，也無愧於與之同名的開元名相姚崇。

姚崇去世時間，據誌文，姚嗣駢於「順義三年，丁先公之憂」，可知在順義三年（923），惜不知其年壽幾何。

3. 姚嗣駢兄弟

姚嗣駢兄弟六人中，屬姚嗣駢本人居官最顯。其兄長「不幸早世」，但從其所任「右軍兵馬使、銀青光祿大夫」來看，最初也是一名將領，很可能在

〔註166〕馬令：《南唐書》卷一〇〈徐玠傳〉，第 5332 頁。

戰爭中陣亡。其四位弟弟嗣馘、嗣□、嗣驥、嗣馴，去除他們所帶檢校官後，可知在昇元六年時分別任福昌殿使、□□□、殿前承旨院副使、壽王衙通引官。其中姚嗣驥可能早已「暴」卒於乙未歲，即楊吳天祚元年（935），則殿前承旨院副使是在此年之前的官職。不過從這些信息中，還是能夠看出姚氏兄弟都任職於楊吳‧南唐政權軍事系統，武將家族特徵明顯。

關於姚嗣駢本人的履歷，誌文記載十分詳細，僅據誌文列表如下，再稍作分析：

表 4.4：姚嗣駢仕宦表

時　間	仕　宦
順義三年（923）之後	朝廷署右職寵之。
	入參親旅，出蒞劇邑。南豐遺愛，分寧布惠。
	遷任京畿□□□□□，平賦均田，利民資國。
	累授左右散騎常侍、工部尚書、右千牛衛中郎將。
大和五年（933）	遷充壽州右黑雲指揮使。
大和六年（934）	兼右廂馬步都虞候……入則訓練師徒，出則戒嚴烽堠。
	爰及□□□□□散抻衙、左雄武軍先鋒指揮使、右千牛衛將軍。
	尋轉兵部尚書。軍旅之任，輯睦有方。
天祚三年（937）	授尚書左僕射、右領軍衛將軍。
昇元元年（937）	遷左天威軍第七指揮使兼東都左巡使、檢校司空。誘善如流，去惡若揮。
昇元二年（938）	轉檢校司徒。
昇元三年（939）	充上淮巡檢都部署。克修邊備，遠振威聲。
昇元五年（941）	歸東都，戎職如故。
昇元六年（942）	終於東都懷德坊之私第，享年五十。

從以上履歷來看，姚嗣駢本人的仕宦有幾個特點可以在此提出：

第一，姚嗣駢是在父親去世之後開始升遷的，根據生卒年，順義三年時，姚嗣駢 31 歲，正當血氣方剛之齡。此時楊吳政權的實際主導者是徐知誥，即後來南唐開國皇帝李昇。而姚嗣駢又在李昇晚年去世，且從姚崇本人武義元年取代徐玠任吉州刺史來看，父子二人都是徐知誥信任的能臣。

　　第二，姚嗣騈最初所任，從「南豐遺愛，分寧布惠」來看，南豐指撫州南豐縣，分寧指洪州分寧縣，都是在江西地區的地方官，很有可能是縣令。但「遷任京畿」之後，卻逐漸進入軍事系統。這一轉變，不知是何緣故，或與當時軍事兼民政體制尚未完全分離有關，可能也與姚嗣騈本人的性格有關。誌文曰：「府君嗣慶，稟性淳直，負氣倜儻，沉謀罕測，實自生知。軍事□□，□□神授，敦詩閱禮，射馬射人。時皆許之，每指謂曰：『養子當如姚氏。』其揚名如此。自唐乾寧之後，□□□隸和門，薦履戎資，益表奇節。」這是對姚嗣騈本人在出仕之前的描述，可知其本人對於文武皆很擅長，也就不難理解其從治民的縣令轉為守邊的將領了。

　　第三，姚嗣騈在軍事系統中，在楊吳時期，主要任職於淮河沿線的邊疆地區，所謂「入則訓練師徒，出則戒嚴烽堠」。南唐開國後，則任職於東都，即楊吳舊都所在之揚州。「東都左巡使」由原來的楊吳「左金吾使」轉變而來，誌文曰「建都建業，改元昇元。以吳之宮闕為東都，左右金吾使為左右巡使」。這一任命，與其說體現出李昇對於楊吳舊都治安的重視，不如說是對楊吳舊勢力的一種震攝。

4. 姚嗣騈諸子

　　誌文曰：「有子七人：長曰承禮，留守衙前虞候；次承智、承祚與承泰，早世；次曰承道、承□。或尚在童幼，義方成訓，善慶可知。」

　　由於姚嗣騈去世時才五十歲，諸子年齡也不大，加上姚承智、姚承祚、姚承泰早世，姚承道、姚承□更是尚未成年，因此只有姚承禮有官職。姚承禮官「留守衙前虞候」，這是東都留守系統下的官職，筆者在考察南唐兩都制時，曾對南唐東都機構與人事予以整理，包括姚嗣騈所任左右巡使，姚承禮所任衙前虞候也是一例。〔註167〕雖然無法獲知姚嗣騈子嗣在昇元六年之後的動向，但從姚嗣騈本人葬於東都，且長子任官東都來看，晉陵姚氏一家已經定居東都。至於姚嗣騈子嗣是否依然保持了武人的特色，因無更多材料，目前無法考知。

小　結

　　通過以上考察，大致可以清晰瞭解昇元六年之前晉陵姚氏的發展情況，

〔註167〕胡耀飛：《南唐兩都制研究》，第 17 頁。

包括籍貫和居住地的變更，世系的編排，婚姻與仕宦的情況。總體而言，晉陵姚氏家族屬於唐末五代時期由於戰亂應運而生的武將家族。不過從姚崇的「政簡仁和」和姚嗣駢的「敦詩閱禮，射馬射人」，以及與文官如孫峴等聯姻來看，又並不單純是一個武將家族，而是有與文人世家融合的趨勢。姚嗣駢本人對於武力的運用，也不僅僅是爲了自己的功名，正如誌文中孫峴所描述的那樣：「府君常自言曰：『我國家興復，□□□□，中原失主，尚染羊塵。百戰亡身，固甘馬革，余之勇概，不讓他人。』」可見姚嗣駢本人臨死之前都在關注國家興復，並且希望「收復」中原。聯繫到李昇以大唐中興爲己任並且建立了南唐，姚嗣駢有這樣的想法也不足爲奇，不可視之爲墓誌作者的誇飾。

　　當然，此墓誌更能反映在吳唐禪代之際，姚氏家族積極依附於李昇一方，從而能夠保持祿位。而且，正是由於像晉陵姚氏這樣的楊吳開國武將家族的支持，李昇方能最終實現其禪代目的。〔註168〕只是除了這方墓誌，尚無傳世文獻能夠于以映證晉陵姚氏家族在楊吳、南唐時期的蹤跡。所以這方墓誌雖然對於政治史研究來說很珍貴，但依然期待以後能有更多的發現。

〔註168〕關於吳唐禪代之際楊行密元從勢力的抉擇，參見本書第一章第三節。

結　語

　　唐宋之際，是中國歷史從中古向近世的轉折期。但若拋開歷史分期，其實每一個時段都可目之為轉折期，每一個轉折期都可以目之為單獨的時段。唐宋之際的歷史，也是這樣一個相對之前和之後來說，比較特殊的時間段。在這一階段，從政治上來說，處於較為動盪的時期，無論是藩鎮之亂還是宦官專權，或者是五代十國的分裂，都是非常明顯的現象。從社會史而言，異民族（粟特、沙陀）的進入，帶來了多元文化的發展，政治動盪造成的北方向南方的移民，則促進了不同地域之間文化的交流，並促進了南方的經濟發展。然而，在筆者看來，更為重要的兩個特徵是：藩鎮（割據）、家族（政治）。關於藩鎮及部分藩鎮的割據問題，筆者另有論述。而關於這一時期的家族及家族政治，則是本書關心的議題。

　　對此，本書選取的是楊吳政權的家族政治，從家族史和政治史兩個維度來觀察兩者在楊吳政權內的結合。根據緒論，本書所謂「家族」，是指在中古士族（世族）和宋以後宗族（紳族）之間，仕宦經歷僅保持數代人的短期政治家族。這些不同類型的短期政治家族在唐宋之際對政治所產生的影響及其表現，即所謂「家族政治」。在這一定義下，楊吳時期的家族政治較為明顯地呈現出以下一些特色：

　　首先，楊吳政權在中期、後期，明顯為權臣家族政治，主要體現於徐溫、徐知誥（養）父子先後對政治的把持，並通過分立政治中心，來轉移政權的核心力量。而身為楊吳政權名義上統治者的楊氏家族，則由於成長環境的安逸，導致實際政治經驗不足以對抗徐氏父子，從而無法避免被取代的命運。但權臣政治一般僅止於權臣一人，當需要轉移到第二代時，或權謀之術不如

乃父，或客觀環境導致政治鬥爭失敗。故而除非權臣直接進行嬗代之事，否則也會被人所取代。徐知誥以養子身份對徐溫權勢的取代，即體現出這一情況。而他及時取代楊吳政權，建立自己的王朝，也宣告了楊吳政權權臣家族政治的終結。

其次，楊吳（包括南唐）政權的家族政治雖然最大的部分是權臣家族的統治，但在其內部，還有其他各種類型的中層政治家族。比如從北方南下的沙陀武將及其家族，在這些人中，楊吳時期南下的家族，大多在經過兩三代後，轉變了尚武的門風，試圖通過文學來進入楊吳、南唐朝政；南唐時期南下的家族，則尚能保持武將風格。但由於南北方政治空間的迥異，他們對新環境的融入並不成功，最終依然消失於歷史長河。另外，那些被楊吳、南唐所征服，或因政治失意而主動來投靠的家族，也存在這樣的問題，即未能取得楊吳、南唐統治者足夠的政治信任，也無法及時轉變並適應日漸崇文的楊吳、南唐政風，終於也日漸湮沒無聞。即便成功度過了吳唐禪代的姚嗣駢家族，也沒能進一步提升社會地位。

總而言之，這些歷時僅三四代人的短暫政治家族，雖然對楊吳政權的政治產生的或大或小的影響，但基於先天能力的不足，以及政治局勢的動盪，大部分重新淹沒於歷史長河之中，沒能濺起更多的浪花。

附錄一：楊吳史研究文獻簡目
（代參考文獻）〔註1〕

　　一、本目錄分史料、論著兩部分，分別具列與楊吳史直接相關之文獻。史料部分以五代以來相關記載楊吳史料最集中的文獻為主，兼及南唐史料。論著部分以二十世紀以來楊吳史相關著述為主，由南唐史兼及而來者擇要納入。

　　一、史料部分分傳世史料和金石史料。以文獻產生年代為序，兼及文獻類型。

　　一、論著部分分專著、學位論文、單篇論文，其中單篇論文分十國總論和楊吳分論。以作者姓氏首字母為序，同一作者論著以發表時間先後為序。

壹、史料部分

一、傳世史料

1.（新羅）崔致遠：《桂苑筆耕集校注》，黨銀平校注，北京：中華書局，2007年。

2.（後晉）劉昫等：《舊唐書》，北京：中華書局，1975年。

3.（南唐入宋）徐鉉：《稽神錄》，上海：上海古籍出版社，2001年。

4.（南唐入宋）徐鉉：《徐鉉集校注》，李振中校注，北京：中華書局，2016年。

〔註1〕 本目錄為楊吳史研究相關論著目錄，其中論著或多或少皆在本書正文中予以徵引。正文中所徵引的未以楊吳史為直接研究對象的論著，因僅出現少數幾次，故本目錄不再列出。因此，本目錄權且充當本書之參考文獻。

5. （宋）薛居正：《舊五代史》，北京：中華書局，1976 年。〔註2〕

6. （宋）釋文瑩：《玉壺清話》，北京：中華書局，1984 年。

7. （宋）歐陽修：《新五代史》，北京：中華書局，1974 年。

8. （宋）歐陽修、宋祁：《新唐書》，北京：中華書局，1975 年。

9. （宋）司馬光：《資治通鑑》，北京：中華書局，1956 年。

10. （宋）陳舜俞：《廬山記》，大正一切經刊行會，1924～1934 年。

11. 傅璇琮等主編：《五代史書彙編》，杭州：杭州出版社，2004 年。

    （宋）陶岳：《五代史補》

    （宋）佚名：《五國故事》

    （宋）路振：《九國志》

    （南唐）史溫：《釣磯立談》

    （宋）鄭文寶：《南唐近事》

    （宋）鄭文寶：《江表志》

    （宋）陳彭年：《江南別錄》

    （宋）龍袞：《江南野史》

    （宋）馬令：《南唐書》

    （宋）陸游：《南唐書》

    （吳越）錢儼：《吳越備史》

12. （清）吳任臣：《十國春秋》，北京：中華書局，1983 年。

二、金石史料

1. 周阿根編：《五代墓誌彙編》，合肥：黃山書社，2012 年。

2. 吳煒、田桂棠編：《江蘇揚州唐五代墓誌簡介》，揚州：自印，2012 年。

貳、論著部分

一、專著

1. 陳葆真：《李後主和他的時代——南唐藝術與歷史》，北京：北京大學出版社，2009 年。

2. 杜文玉：《南唐史略》，西安：陝西人民教育出版社，2001 年。

3. 杜文玉：《五代十國制度研究》，北京：人民出版社，2006 年。

〔註 2〕 《舊五代史》和《新五代史》皆已有修訂本，由中華書局出版於 2015 年，然本書諸稿皆在此前完成，故依舊使用舊版標註頁碼。爲避免修訂繁瑣，以及時間所限，依舊以舊版爲準。

4. 杜文玉：《五代十國經濟史》，北京：學苑出版社，2011 年。

5. 杜瑜：《中國經濟重心南移：唐宋間經濟發展的地區差異》，臺北：五南圖書公司，2005 年。

6. 段雙喜：《唐末五代江南西道詩歌研究》，上海：上海古籍出版社，2010 年。

7. 方積六：《五代十國軍事史》，北京：軍事科學出版社，1998 年。

8. 顧立誠：《走向南方：唐宋之際自北向南的移民與其影響》，臺北：臺灣大學出版委員會，2004 年。

9. 何劍明：《沉浮：一江春水——李氏南唐國史論稿》，南京：南京大學出版社，2007 年。

10. 何勇強：《錢氏吳越國史論稿》，杭州：浙江大學出版社，2002 年。

11. 胡嗣坤：《杜荀鶴及其〈唐風集〉研究》，成都：巴蜀書社，2005 年。

12. 黃玫茵：《唐代江西地域開發研究》，臺北：臺灣大學出版委員會，1998 年。

13. 金傳道：《徐鉉年譜》，呼和浩特：內蒙古教育出版社，2010 年。

14. 李廷先：《唐代揚州史考》，南京：江蘇古籍出版社，2002 年。

15. 馬書田：《中國道教諸神》，北京：團結出版社，1996 年。

16. 南京博物院編，曾昭燏總編輯：《南唐二陵發掘報告》，北京：文物出版社，1957 年；再版，南京：南京出版社，2015 年。

17. 祁開龍：《五代十國時期南方士人群體研究》，北京：人民日報出版社，2015 年。

18. 任爽：《南唐史》，長春：東北師範大學出版社，1995 年。

19. 陶懋炳：《五代史略》，北京：人民出版社，1985 年。

20. 吳樹國：《唐宋之際田稅制度變遷研究》，哈爾濱：黑龍江大學出版社，2008 年。

21. 武建國：《五代十國土地所有制研究》，北京：中國社會科學出版社，2002 年。

22. 夏承燾：《五代南唐馮延巳先生正中年譜》，臺北：臺灣商務印書館，1980 年。

23. 薛政超：《五代金陵史研究》，北京：中央編譯出版社，2011 年。

24. 曾國富：《五代史研究》（上中下），臺北：花木蘭文化出版社，2013 年。

25. 曾嚴爽：《南唐先主李昪研究》，臺北：花木蘭文化出版社，2009 年。

26. 張興武：《五代藝文考》，成都：巴蜀書社，2003 年。

27. 鄭學檬：《五代十國史研究》，上海：上海人民出版社，1991 年。

28. 鄭學檬：《中國古代經濟重心南移和唐宋江南經濟研究》，長沙：嶽麓書社，2003年。

29. 鄭滋斌：《陸游〈南唐書‧本紀〉考釋及史事補遺》，臺北：文史哲出版社，1997年。

30. 朱玉龍：《五代十國方鎮年表》，北京：中華書局，1997年。

31. 朱祖德：《唐五代時期淮南地區經濟發展之研究》，臺北：花木蘭文化出版社，2013年。

32. 諸葛計：《南唐先主李昇年譜》，南京：江蘇古籍出版社，1987年。

33. 鄒勁風：《南唐國史》，南京：南京大學出版社，2000年。

二、學位論文（包括出站報告）

1. 陳磊：《唐後期到五代（755～978）江淮地區的商業和商人研究》，復旦大學博士後出站報告，2004年。

2. 丁貞權：《五代時期的楊吳政權》，安徽大學碩士論文，2004年。

3. 段雙喜：《唐末五代江皖兩湖湘贛詩歌研究》，復旦大學博士論文，2007年。

4. 高靜：《徐鉉年譜》，上海大學碩士論文，2008年。

5. 高學欽：《五代時期十國與中原王朝的政治關係研究》，福建師範大學碩士論文，2004年。

6. 顧立誠：《走向南方──唐宋之際自北向南的移民與其影響》，臺灣大學碩士論文，2001年。

7. 何永成：《十國創業君主個案研究──楊行密》，中國文化大學博士論文，1992年。

8. 胡濱：《五代時期南方九國「善和鄰好」政策與史家評論》，上海師範大學碩士論文，2010年。

9. 胡耀飛：《南唐兩都制研究》，陝西師範大學碩士論文，2011年。

10. 黃利娜：《唐末五代江西經濟開發》，遼寧大學碩士論文，2011年。

11. 黃玫茵：《唐宋間長江中下游新興官僚研究（755－960A.D.）》，臺灣大學博士論文，2006年。

12. 黃啓江：《五代時期南方諸國之經營》，臺灣大學碩士論文，1976年。

13. 江瑋平：《唐末五代初長江流域下游的在地政治──淮、浙、江西區域的比較研究》，臺灣大學碩士論文，2006年。

14. 焦甜甜：《四川、兩湖、江西地區唐五代詩歌用韻研究》，南京師範大學碩士論文，2011年。

15. 曠娟：《李昇及其時代》，山東大學碩士論文，2007年。

16. 劉妍：《隋－宋揚州城防若干復原問題探討》，東南大學碩士論文，2009年。
17. 羅立剛：《五代十國文編年》，廈門大學博士後出站報告，2007年。
18. 彭文峰：《唐末五代南方割據政權統治集團本土化與南人當國研究》，華東師範大學博士後出站報告，2009年。
19. 祁開龍：《五代南方士風的變化》，福建師範大學碩士論文，2009年。
20. 王安春：《宋齊丘評傳》，江西師範大學碩士論文，2002年。
21. 王德權：《唐五代（712－960A.D.）地方官人事遞嬗之研究》，臺灣師範大學博士論文，1993年。
22. 王鳳翔：《五代士人群體及士風研究》，陝西師範大學碩士論文，2004年。
23. 吳德明：《吳、南唐文職幕府研究》，安徽大學碩士論文，2011年。
24. 武建國：《五代十國土地所有制研究》，雲南大學博士論文，1998年。
25. 楊丁宇：《中晚唐五代江西地區流寓文人對地域文化的影響——以江州為例》，首都師範大學碩士論文，2011年。
26. 曾祥波：《晚唐五代之交的江南詩人群及其詩風》，北京大學碩士論文，2004年。
27. 曾嚴奭：《南唐先主李昪研究》，中國文化大學博士論文，2006年。
28. 張素紅：《〈稽神錄〉、〈江淮異人錄〉與五代十國江南民眾信仰觀念》，陝西師範大學碩士論文，2007年。
29. 張曉東：《五代十國時期的漕運與軍事》，上海師範大學碩士論文，2005年。
30. 趙旭東：《五代與十國政治、軍事關係研究》，廈門大學碩士論文，2008年。
31. 鄭穎：《〈十國春秋〉校讀札記》，南京師範大學碩士論文，2004年。
32. 鄒勁風：《南唐國史》，南京大學博士論文，1998年。
33. 左利強：《宋齊丘研究》，南京大學碩士論文，2009年。

三、單篇論文

（1）十國綜論

1. 卞孝萱：〈五代時期南方諸國與契丹的關係〉，《山西師範學院學報》，1957年第3期；分四篇收入氏著《冬青書屋筆記》，東方出版中心，1999年。
2. 陳秀宏：〈十國科舉制度考略〉，《文史》，2002年第4輯。
3. 陳秀宏：〈科舉制度與十國士階層〉，《求是學刊》，2003年第4期。
4. 陳秀宏：〈十國科舉制度考〉，任爽主編《十國典制考》，北京：中華書局，2004年。（以下出自《十國典制考》之文，皆任爽先生指導之碩士論文修改而來，故前文學位論文部分不再列出。）

5. 陳永革：〈論五代時期江南佛教的發展：以法眼禪系爲中心〉，黃夏年主編《中國禪學研究》，鄭州：中州古籍出版社，2012 年。

6. 陳志堅：〈唐末南方割據中北人武力的作用〉，《北京大學研究生學誌》，1999 年第 3 期；又刊孫競昊、鮑永軍主編《傳承與創新：浙江地方歷史與文化學術研討會論文集》，杭州：浙江大學出版社，2014 年。

7. 戴顯群：〈五代時期南方割據政權內政外交政策主旨及其對統一進程的影響〉，中國唐史學會第十屆年會會議論文，上海：上海師範大學，2007 年。

8. 戴顯群、祁開龍：〈唐末五代北方士人南遷及其對南方士風的影響〉，《福建論壇》（人文社會科學版），2009 年第 11 期。

9. 高新生：〈十國吏治與行政法初探〉，《長春師範學院學報》，2001 年第 4 期。

10. 高新生：〈十國法律制度考〉，任爽主編《十國典制考》。

11. 高學欽：〈五代時期十國與中原王朝的關係特徵分析〉，《重慶科技學院學報》（社會科學版），2008 年第 8 期。

12. 郭武雄：〈《九國志》纂輯探討與清輯本補遺〉，《輔仁歷史學報》，第 1 期，1989 年 7 月。

13. 韓國磐：〈五代時期南中國經濟發展及其限度〉，《廈門大學學報》（社會科學版），1958 年第 1 期。

14. 何燦浩：〈試論五代十國時期南方諸國宗室內爭的發生原因〉，《浙江師範大學學報》（社會科學版），2003 年第 1 期。

15. 何燦浩：〈五代十國南方諸國的宗室內爭〉，張國剛主編《中國中古史論集》，天津：天津古籍出版社，2003 年。

16. 李全德：〈十國學校制度考〉，任爽主編《十國典制考》。

17. 李全德：〈略論唐代樞密院制度在十國時期的發展〉，《漢唐盛世的歷史解讀：漢唐盛世學術研討會論文集》，北京：中國人民大學出版社，2009 年。

18. 李紹平：〈路振與《九國志》〉，《史學史研究》，1984 年第 3 期。

19. 羅威：〈路振《九國志》述評〉，《長沙師範專科學校學報》，2007 年第 1 期。

20. 羅威：〈《九國志》的版本及學術價值〉，《長沙大學學報》，2007 年第 4 期。

21. 孟二冬：〈南唐登科考——附考：吳、蜀、南漢、吳越、北漢、契丹〉，《國學研究》，第十九卷，北京：北京大學出版社，2007 年。

22. 祁開龍：〈論唐末五代南方士人群體的奢侈之風〉，《龍巖學院學報》，2014 年第 3 期。

23. 石光韜：〈十國貨幣制度考〉，任爽主編《十國典制考》。

24. 宋靖：〈十國地方行政考〉，任爽主編《十國典制考》。

25. 蘇勇強：〈五代南方造紙業與北宋「開寶藏」雕印〉，《深圳大學學報》（人文社會科學版），2010 年第 2 期。

26. 田玉英：〈略論十國的翰林學士的職能〉，《浙江旅遊職業學院學報》，2007年第 3 期。

27. 田玉英：〈十國翰林學士的政治文化職能探析〉，《忻州師範學院學報》，2008 年第 1 期。

28. 王恩湧、張寶秀：〈十國的分立與興衰〉，《中學地理教學參考》，2012 年第 11 期。

29. 王鳳翔：〈「十國」之說的由來〉，《史學月刊》，2008 年第 11 期；收入氏著《中古變革與地域社會論稿》，北京：中國社會科學出版社，2015 年。

30. 王美華：〈禮樂制度與十國政治〉，《東北師大學報》（哲學社會科學版），2001 年第 5 期。

31. 王美華：〈禮樂制度與十國時期的南方文化〉，《史學集刊》，2002 年第 3期。

32. 王美華：〈十國禮儀制度考〉，任爽主編《十國典制考》。

33. 王美華：〈禮制演變與十國時期的南方社會：以個體家庭意識爲研究中心〉，《遼寧大學學報》，2006 年第 1 期。

34. 王美華：〈禮制與十國時期南方的社會、政治和文化〉，盧向前主編《唐宋變革論》，合肥：黃山書社，2006 年。

35. 王明前：〈五代時期十國割據政權財政體系與貨幣政策初探〉，《浙江工貿職業技術學院學報》，2012 年第 1 期。

36. 王明前：〈五代時期江南三國的政治體制與財政經濟〉，《鹽城工學院學報》（社會科學版），2012 年第 3 期。

37. 吳樹國：〈論錢米併徵與十國田稅的變遷〉，《長春師範學院學報》，2002年第 3 期。

38. 吳樹國：〈十國賦役制度考〉，任爽主編《十國典制考》。

39. 吳樹國：〈十國商稅考論〉，《長春師範學院學報》（人文社會科學版），2005年第 3 期。

40. 吳樹國：〈賦役制度與十國財政〉，《黑龍江社會科學》，2005 年第 3 期。

41. 吳松弟：〈唐後期五代江南地區的北方移民〉，《中國歷史地理論叢》，1996年第 3 期。

42. 楊俊峰：〈五代南方王國的封神運動〉，《漢學研究》第 28 卷第 2 期，2010年 6 月。

43. 岳東：〈唐後期與五代時南方城市的改造論略〉，《天水師範學院學報》，2012 年第 3 期。

44. 岳毅平：〈《九國志》叢考〉，《文獻》，1999 年第 2 期。

45. 臧嶸：〈關於五代十國時期北方和南方經濟發展估計的幾點看法〉，《史學月刊》，1981 年第 2 期。

46. 曾國富：〈五代時期割據政權中道士受寵現象探因〉，《蘭州學刊》，2008 年第 1 期。

47. 曾國富：〈五代時期南方九國的保境安民政策〉，《湛江師範學院學報》，2011 年第 1 期。

48. 曾國富：〈五代時期南方高僧輩出探因〉，《五台山研究》，2012 年第 4 期。

49. 張劍光、鄒國慰：〈城牆修築與隋唐五代江南城市的發展〉，《文史哲》，2015 年第 5 期；收入蘇智良主編《程應鏐先生百年誕辰紀念文集》，上海：上海古籍出版社，2016 年。

50. 張靜：〈《九國志》史學研究〉，《安徽文學》（下半月），2009 年第 3 期。

51. 張明華：〈遷徙、滲透、本土化——10 世紀前期中原文化對南部中國地區的衝擊和影響〉，《徽音永著：徐規教授紀念文集》，上海：華東師範大學出版社，2012 年 9 月。

52. 張友臣：〈《十國紀年》存亡略考〉，《齊魯學刊》，1987 年第 5 期。

53. 鄭學檬：〈五代時期長江流域及江南地區的農業經濟〉，《歷史研究》，1985 年第 4 期。

54. 鄭學檬：〈唐五代江南社會經濟進步的科技因素〉，《歷史教學月刊》，2014 年第 1 期；收入氏著《點濤齋史論集：以唐五代經濟史為中心》，廈門：廈門大學出版社，2016 年。

55. 鄭學檬：〈唐五代江南經濟研究述評〉，氏著《點濤齋史論集：以唐五代經濟史為中心》。

56. 朱玉龍：〈《十國春秋》引書考〉，《中華文史論叢》第五十四輯，1995 年 6 月。

57. 莊華峰：〈五代時期東南諸國的政策與經濟開發〉，《中國史研究》，1998 年第 4 期；收入裘士京、周曉光主編《中國古代史論文集》，蕪湖：安徽師範大學歷史系，2000 年。

（2）楊吳分論

1. 愛宕元：〈唐末五代期における城郭の大規模化——華中・華南の場合〉，《東洋史研究》，第 51 卷第 1 號，1992 年 6 月。

2. 白榮金、白雲燕：〈揚州出土五代時期鐵甲〉，中國社會科學院考古研究所、南京博物院、揚州市文物考古研究所編《揚州城——1987～1988 年考古發掘報告》，北京：文物出版社，2010 年，第 265～280 頁。

3. 坂内栄夫：〈王棲霞とその時代——五代道教初探〉，《東方宗教》，第72號，1988年10月。

4. 卞孝萱：〈五代時期南唐代吳的研究——兼評李煜詞討論集中的一個有關的歷史論點〉，《學術論壇》，1957年第3期。

5. 陳炅：〈五代南通姚氏集團之姚存與姚制〉，《博物苑》，2007年第1期。

6. 陳雙印：〈五代時期的揚州城考〉，《中國歷史地理論叢》，2005年第3期。

7. 陳雙印、張郁萍：〈揚州城「四面十八門」再考辨〉，《敦煌研究》，2008年第5期。

8. 陳雙印、張郁萍：〈《稽神錄》糾誤一則〉，《中國典籍與文化》，2009年第2期。

9. 陳雙印、張郁萍：〈盧州張崇事蹟考——兼談S.529v《諸山聖蹟志》寫作的絕對時間問題〉，《敦煌學輯刊》，2009年第3期。

10. 川合安：〈南唐の君主李昇の「稅錢」制定〉，《東方》，第190號，1997年1月。

11. 大沢正昭：〈唐末・五代「土豪」論〉，《上智史学》，第37號，1992年11月。

12. 大沢正昭：〈唐末・五代の在地有力者について〉，《柳田節子先生古稀記念：中国の伝統社會と家族》，東京：汲古書院，1993年。

13. 丁貞權：〈五代時期江淮經濟發展論要〉，《邊疆經濟與文化》，2007年第2期。

14. 丁貞權：〈楊吳與中原王朝及周邊割據政權關係述略〉，《合肥學院學報》（社會科學版），2009年第1期。

15. 凍國棟：〈跋武昌閱馬場五代吳墓所出之「買地券」〉，武漢大學中國三至九世紀研究所編《魏晉南北朝隋唐史資料》，第二十一輯，2004年12月。

16. 凍國棟：〈唐五代「練塘」資料中所見的「強家」與「百姓」——隋唐五代江南地方社會個案研究之一〉，《魏晉南北朝隋唐史資料》第23輯，2006年。

17. 杜文玉：〈唐五代時期江西地區社會經濟的發展〉，《江西社會科學》，1989年第4期。

18. 杜文玉、羅勇：〈論宋齊丘〉，《贛南師院學報》，1988年第3期；收入杜文玉《中國中古政治與社會史論稿》，西安：三秦出版社，2010年。

19. 弓英德：〈南唐族世考略〉，《勵學》第3期，1935年4月。

20. 何劍明：〈楊行密論〉，《江蘇教育學院學報》（社會科學），2012年第5期。

21. 何泉達：〈五代揚州植蔗說獻疑〉，《史林》，1992年第2期。

22. 何永成：〈楊行密傳位研究〉，《第三屆中國唐代文化學術研討會論文集》，中國唐代學會，1997 年 6 月。

23. 胡耀飛：〈從揚州到金陵──三十年間吳唐禪代歷程〉，《史林學步》，第 13 期，北京：中央民族大學歷史文化學院，2009 年 11 月。

24. 胡耀飛：〈南昌鐵香爐與五代十國楊吳政治〉，《長江文明》第四輯，鄭州：河南人民出版社，2010 年 1 月。

25. 胡耀飛：〈出入楊吳政權之「空間轉移」：以沙陀武將為例〉，（韓）《亞洲研究》第 8 輯，2010 年 2 月。

26. 胡耀飛：〈「誰當立者？」──十世紀初楊吳政權延續危機〉，《揚州文化研究論叢》第五輯，揚州：廣陵書社，2010 年 10 月。

27. 胡耀飛：〈讀《五代十國方鎮年表》札記──以吳、南唐政權相關內容為中心〉，《書品》，2010 年第 6 輯，北京：中華書局，2010 年 12 月。

28. 胡耀飛：〈世系‧命運‧信仰：唐末五代東海徐氏家族三題〉，《唐史論叢》第十三輯，西安：三秦出版社，2011 年 2 月。

29. 胡耀飛：〈「為國去賊，為民除害」──918 年楊吳政權朱瑾政變事件剖析〉，《揚州文化研究論叢》第六輯，揚州：廣陵書社，2011 年 2 月。

30. 胡耀飛：〈宋人陳舜俞《廬山記》所見吳‧南唐史料考論〉，《長江文明》第七輯，鄭州：河南人民出版社，2011 年 6 月。

31. 胡耀飛：〈吳、南唐政權境內沙陀人考〉，杜文玉師主編《唐史論叢》第十四輯，西安：三秦出版社，2012 年 2 月。

32. 胡耀飛：〈唐末五代虔州軍政史──割據政權邊州研究的個案考察〉，杜文玉師主編《唐史論叢》，第 20 輯，西安：三秦出版社，2015 年 2 月。

33. 胡耀飛：〈世系與婚宦：揚州出土《姚嗣駢墓誌》所見楊吳‧南唐晉陵姚氏家族〉，冬冰主編《流星王朝的遺輝：「隋煬帝與揚州」國際學術研討會論文集》，蘇州：蘇州大學出版社，2015 年 8 月。

34. 胡玉梅：〈南唐為何棄用前朝皇宮〉，《科學大觀園》，2010 年第 2 期。

35. 金傳道：〈徐鉉家世考〉，《貴州教育學院學報》，2007 年第 5 期。

36. 久保有道：〈吳と南唐政權の集團構成について〉（修士論文要旨），《竜谷大学大学院文学研究科紀要》，第 26 號，2004 年 12 月。

37. 李昭：〈《新唐書‧楊行密傳》所記魯陽五堰地理位置考證〉，《中國歷史地理論叢》，2016 年第 3 期。

38. 李之龍：〈南唐姚嗣駢墓誌初考〉，《東南文化》，1995 年第 1 期。

39. 栗原益男：〈五代宋初藩鎮年表──楚州藩鎮の場合〉，《上智史学》，第 33 號，1988 年 11 月。

40. 梁勵：〈南唐建國史略〉，《歷史教學》，1997 年第 9 期。

41. 鈴木哲雄：〈江西の禪宗に関する資料：唐・五代〉,《愛知学院大学文学部紀要》, 第 8 號, 1978 年。

42. 鈴木哲雄：〈唐・五代時代の江西関係禪宗年表〉,《禪研究所紀要》, 第 8 號, 1979 年 3 月。

43. 鈴木哲雄：〈江南の禪宗に関する資料——唐・五代〉（上）,《愛知学院大学文学部紀要》, 第 12 號, 1982 年。

44. 鈴木哲雄：〈江南の禪宗に関する資料——唐・五代〉（下）,《愛知学院大学文学部紀要》, 第 13 號, 1983 年。

45. 鈴木哲雄：〈湖北の禪宗に関する資料——唐・五代〉,《愛知学院大学文学部紀要》, 第 16 號, 1986 年。

46. 劉剛、池軍、薛炳宏：〈江蘇揚州楊吳李娥墓的考古發掘及出土墓誌研究——兼及徐鉉撰《唐故泰州刺史陶公墓誌銘》〉,《東南文化》, 2016 年第 3 期。

47. 劉光亮：〈試論宋齊丘〉,《吉安師專學報》（哲學社會科學）, 1989 年第 8 期。

48. 柳興隆：〈徐溫父子與海州〉, 2009 年 3 月 13 日, http://www.lygwh.gov.cn/show.asp?id=13868

49. 鳥谷弘昭：〈吳・南唐の兵力基盤に関する一考察〉,《歷史における民衆と文化——酒井忠夫先生古稀祝賀記年論集》, 国書刊行會, 1982 年。

50. 鳥谷弘昭：〈吳王朝の文人官僚について——幕僚を中心に〉,《史正》, 第 13 號, 1984 年。

51. 秦方瑜、龍晦、秦昕：〈五代爲唐末藩鎭制之繼續：試論前蜀、楊吳（含南唐）、後唐建立反宋擁唐聯盟及其後續關係〉, 中國唐史學會第十屆年會會議論文, 上海師範大學, 2007 年。

52. 秦子卿：〈揚州建都與南京的關係——李吳、楊吳建都史述略〉,《揚州師院學報》, 1990 年第 3 期。

53. 青山定雄：〈五代宋に於ける江西の新興官僚〉,《和田博士還曆記念東洋史論叢》, 講談社, 1951 年 11 月。

54. 青山定雄：〈五代宋における南方の新興官僚——とくに系譜を中心として〉（講演要旨）, 東洋文庫秋期東洋学講座（第 128 回）, 1959 年 10 月。

55. 清木場東：〈吳・南唐の地方行政の変遷と特徴〉,《東洋学報》, 第 56 卷第 2・3・4 號合刊, 1975 年 3 月。

56. 清木場東：〈唐末の初期楊行密勢力の社會体系〉,《鹿大史学》, 第 26 號, 1978 年。

57. 清木場東：〈唐末の初期楊行密集団について——集団成員と集団規範を回つて〉,《純眞女子短期大学紀要》, 第 19 號, 1978 年。

58. 清木場東：〈唐末楊行密勢力の社會体系の変動──景福-天復年間の社會体系〉，《純眞女子短期大学紀要》，第 20 號，1979 年。

59. 清木場東：〈唐末の社會生活関係体の一考察──歙州の場合〉，《純眞女子短期大学紀要》，第 21 號，1980 年。

60. 清木場東：〈唐末‧五代の土豪集団の解体──吳の土豪集団の場合〉，《鹿大史学》，第 28 號，1980 年。

61. 任爽：〈吳唐禪代發微〉，《求是學刊》，1986 年第 4 期。

62. 山根直生：〈唐末における藩鎮体制の変容──淮南節度使を事例として〉，《史学研究》，第 228 號，2000 年 6 月；中译本題〈唐朝軍政统治的終局与五代十国割据的开端〉，《浙江大学学报》（人文社会科学版），2004 年第 3 期。

63. 山根直生：〈唐末五代の徽州における地域発達と政治的再編〉，《東方学》，第 103 輯，2002 年 1 月。

64. 山根直生：〈唐宋間の徽州における同族結合の諸形態〉，《歷史学研究》，第 804 號，2005 年 8 月；中译本題〈唐宋之间徽州同族结合的诸类型〉，《徽学》，第 4 卷，合肥：安徽大学出版社，2006 年 8 月。

65. 山根直生：〈南通市出土‧五代十國期墓誌紹介〉，《福岡大學研究部論集‧人文科學編》，第 5 卷第 2 號，2005 年 11 月。

66. 山根直生：〈靜海‧海門の姚氏──唐宋間、長江河口部の海上勢力〉，《宋代の長江流域──社會経済史の視点から》，汲古書院，2006 年。

67. 山根直生：〈文字をのこす人、みる人、語る人──南通市狼山の磨崖文をたずねて〉，《アジア游学》，第 91 號，2006 年 9 月。

68. 邵磊：〈宋杜鎬妻鍾氏墓誌及其相關問題〉，《碑林集刊》，第 19 輯，西安：三秦出版社，2014 年。

69. 邵磊、賀雲翱：〈南京鐵心橋楊吳宣懿皇后墓的考古發掘與初步認識〉，《東南文化》，2012 年第 6 期。

70. 盛文彬：〈從沙彌到皇帝：李昪是怎樣取代吳國的〉，《南京史志》，1989 年第 1 期。

71. 孫先文、張金銑：〈楊行密軍事思想初探〉，《宿州教育學院學報》，2004 年第 1 期。

72. 孫永如：〈略論楊吳開國的客觀條件〉，《揚州師範學院學報》，1989 年第 4 期。

73. 畑地正憲：〈吳‧南唐の制置使を論じて宋代の軍使兼知県事に及ぶ〉，《九州大学東洋史論集》，第 1 號，1973 年 7 月。

74. 汪勃：〈晚唐楊吳兩宋時期揚州城城門之發掘與研究〉，董新林、陳永志主編《東亞都城和帝陵考古與契丹遼文化國際學術研討會論文集》，北京：科學出版社，2016 年。

75. 汪德生：〈吳王楊行密與廬江金剛寺〉，《巢湖日報》，2008 年 12 月 11 日。

76. 王永平：〈略論南唐烈祖李昪〉，《揚州師院學報》，1988 年第 2 期。

77. 魏良弢：〈南唐先主李昪評說〉，《南京大學學報》（哲學・人文科學・社會科學版），2002 年第 1 期。

78. 吳德明：〈吳、南唐之際的幕僚文人——汪臺符〉，《安徽文學》，2011 年第 3 期。

79. 吳家俊：〈李昪的治稅策略〉，《草原稅務》，1996 年第 11 期。

80. 吳麗娛：〈唐宋之際南通地區的鹽業發展〉，《文史知識》，2003 年第 8 期。

81. 吳樹國：〈唐宋之際徽州重稅考〉，《求是學刊》，2003 年第 3 期。

82. 吳樹國：〈五代十國時期吳、南唐田稅考辨〉，《中國經濟史研究》，2004 年第 1 期。

83. 吳煒：〈揚州唐、五代墓誌概述〉，《東南文化》，1995 年第 4 期。

84. 吳煒：〈揚州近年發現的兩方五代墓誌〉，《文物》，1995 年第 7 期。

85. 吳煒：〈對李元龍先生《南唐姚嗣駢墓誌初考》一文的幾點補充〉，《東南文化》，1996 年第 3 期。

86. 吳煒、徐心然、湯傑：〈新發現之楊吳尋陽長公主墓考辨〉，《東南文化》，1989 年增刊。

87. 吳新哲：〈李昪建金陵城始末〉，《城市研究》，1992 年第 5 期。

88. 武漢市博物館：〈閻馬場五代吳國墓〉，《江漢考古》，1998 年第 3 期。

89. 西川正夫：〈吳・南唐兩王朝の國家權力の性格——宋代國制史研究序說のさぬに、其の一〉，《法制史研究》，第 9 卷，1958 年。

90. 蕭高洪：〈唐五代北人遷贛及其社會效果〉，《江西社會科學》，1992 年第 6 期。

91. 徐慎庠：〈狼山題名坡二十七字及其他〉，《南通今古》，2008 年第 2 期。

92. 許懷林：〈唐末五代的北人南遷及其對江西地區的影響〉，田餘慶主編《慶祝鄧廣銘教授九十華誕論文集》，石家莊：河北教育出版社，1997 年。

93. 許懷林：〈唐末五代時期江右豪傑的沉浮與影響〉，《江西師範大學學報》（哲學社會科學版），2003 年第 4 期。

94. 薛政超：〈五代金陵宗教發展研究〉，《長沙大學學報》，2005 年第 3 期。

95. 薛政超：〈從揚州到金陵：五代楊吳政治中心轉移述論〉，《邵陽學院學報》，2010 年第 6 期。

96. 薛政超、夏黎暉：〈南唐金陵宮城及其護龍河新探〉，《邵陽學院學報》（社會科學版），2011 年第 1 期。

97. 伊藤宏明：〈淮南藩鎮の成立過程──吳・南唐政權の前提〉，《名古屋大学東洋史研究報告》，第 4 號，1976 年。

98. 伊藤宏明：〈唐末五代期における江西地域の在地勢力について〉，川勝義雄、礪波護編《中国貴族制社會の研究》，京都大学人文科学研究所，1987 年 3 月。

99. 伊藤宏明：〈吳・南唐政權の諸問題〉，《名古屋大学文学部研究論集》，第 101 號，1988 年 3 月。

100. 伊藤宏明：〈吳・南唐政權下における民兵制の阶層構成〉，昭和 61・62・63 年特定研究報告書《日本・中国における近世の文化と社會》，1989 年。

101. 伊藤宏明：〈吳・南唐政權の性格──その地域支配を中心として〉，《鹿兒島大学法文学部紀要・人文学科論集》，第 40 號，1994 年 11 月。

102. 余國江：〈唐末五代時期的揚州述略〉，揚州博物館編《江淮文化論叢》，北京：文物出版社，2011 年。

103. 曾國富：〈唐末五代盧州人氏事跡述論〉，《合肥學院學報》（社會科學版），2013 年第 5 期。

104. 曾嚴奭：〈五代時期吳國徐溫的死因之謎：兼論徐知誥與徐溫的關係〉，《修平人文社會學報》，第 14 期，2010 年 3 月。

105. 張劍光：〈略論唐五代三吳地區的宗教信仰〉，《學術月刊》，1998 年第 9 期。

106. 張劍光、陳巧鳳：〈從唐至五代潤州經濟的發展與變化看區域經濟中心的轉移〉，《江西社會科學》，2008 年第 9 期。

107. 張劍光、鄒國慰：〈唐五代環太湖地區的水利建設〉，《南京大學學報》（哲學・人文・社會科學），1999 年第 3 期。

108. 張金銑：〈唐末楊行密崛起江淮〉，《安徽歷史事件叢書・政治風雲》，合肥：安徽人民出版社，1999 年。

109. 張金銑：〈盧州與楊吳政權〉，《合肥學院學報》（社會科學版），2007 年第 2 期。

110. 張金銑：〈簡論楊吳丞相徐溫〉，《淮河文化縱論──「第四屆淮河文化研討會」論文選編》，合肥：合肥工業大學出版社，2008 年。

111. 張金銑、趙建玲：〈唐末清口之戰及其歷史地位〉，《安徽大學學報》（哲學社會科學版），2000 年第 1 期。

112. 張可輝：〈敦煌寫本《諸山聖蹟志》所載揚州城考補〉，《敦煌學輯刊》，2006 年第 2 期。

113. 張可輝：〈歷史上的南唐金陵：研究概況與趨勢〉，《三江高教》，2016 年第 3 期。

114. 張憲華：〈唐末五代徽州的北方移民與經濟開發〉，《安徽師範大學學報》（人文社會科學版），2006 年第 6 期。

115. 張學鋒：〈「近世都城」的出發——以南唐金陵城爲例〉，《南京曉莊學院學報》，2015 年第 5 期。

116. 鄭學檬：〈論李昇〉，《古代歷史人物論評》，福州：福建人民出版社，1986 年；收入氏著《點濤齋史論集：以唐五代經濟史爲中心》，廈門：廈門大學出版社，2016 年。

117. 中川学：〈唐末梁初華南の客戶と客家盧氏〉，《社會經濟史學》，第 33 卷第 5 號，1967 年 12 月。

118. 中村治兵衛：〈五代江南の土地改革〉，《和田博士還曆記念東洋史論叢》，東京：講談社，1951 年。

119. 周運中：〈楊吳、南唐行政地理考〉，《唐史論叢》，第 13 輯，西安：三秦出版社，2011 年。

120. 周兆望：〈青史憑誰定是非——評宋齊丘的歷史功過〉，《南昌大學學報》（人社版），2002 年第 1 期。

121. 朱玉龍：〈五代時期今安徽地區建置統屬考〉，《安徽史學》，1993 年第 2 期。

122. 朱祖德：〈唐末楊行密之據淮及其對政局的影響〉，《淡江史學》，第 9 期，1998 年 9 月。

123. 朱祖德：〈唐五代江西地區的經濟發展〉，《淡江史學》，第 19 期，2008 年 9 月。

124. 諸葛計：〈南唐先主李昇行事述略〉，《學術月刊》，1983 年第 12 期。

125. 莊桂英、張忠智：〈陸游《南唐書‧宋齊丘列傳》析論〉，《遠東學報》，第 24 卷第 2 期，2007 年 6 月。

126. 鄒勁風：〈楊行密述略〉，《安徽史學》，1996 年第 1 期。

附錄二：長時段的宗族史研究──讀周揚波《從士族到紳族──唐以後吳興沈氏宗族的變遷》

　　近年來對於中古宗族的歷史學研究，普遍陷入了一種不可解脫的範式，即選題的斷代化取向和研究內容的模式化論述。然而，中國歷史上的宗族問題，並不是有局限性的個案研究所能夠徹底解決的。一個宗族能夠延續上百上千年的歷史，自然與其自身所具有的伸縮性有關〔註1〕，但更重要的是宗族內部的及時轉型。筆者認為，若從時段的長短來考察，轉型可包括兩種：第一種是中時段的門風轉變；第二種是長時段的家族形態變遷。關於前者，眾多的斷代式家族研究已經為我們充分揭示了許多個案，常建華先生按照先秦、秦漢至唐五代、宋元明清三個中時段來劃分八十年代以來中國古代的宗族研究，正是基於三個時段內部的宗族形態各不相同的考慮。〔註2〕然而，要貫通三個中時段進行長時段研究，由於很難找到一個合適的標本而遲遲不見學者論述。但最近出版的周揚波（1976～）《從士族到紳族──唐以後吳興沈氏宗族的變遷》（杭州：浙江大學出版社，2009年）恰好提供了長時段的視角。

　　本書是作者在其處女作《宋代士紳結社研究》（2008）之後的又一部社會史力作。作者曾根據顧炎武（1613～1682）在《日知錄》卷二二〈社〉中提

〔註1〕　郭政凱：〈中國古代宗族的伸縮性〉，《史學集刊》，1993年第3期，第1～8頁。

〔註2〕　常建華：〈二十世紀的中國宗族研究〉，《歷史研究》，1999年第5期，第140～162頁。

到的「今日人情相與，惟年、社、鄉、宗四者而已。除卻四者，便眢然喪其天下焉」〔註3〕一句，進一步提出中國古代最爲基本的人際關係基於「業、社、鄉、宗」四種因素〔註4〕。如果《宋代士紳結社研究》是對「社」進行研究的一個個案，那麼《從士族到紳族》則是研究「宗」的個案。另外，若對「業」的研究可舉何冠環（1955～）《宋初朋黨與太平興國三年進士》〔註5〕爲代表，那麼樊文禮《唐末五代的代北集團》〔註6〕可爲研究「鄉」的體現。

　　在本書引言，作者首先提到了問題的動機。作者看到，雖然在所謂「唐宋變革」觀的關照下，中國古代社會從中古向近世的轉折中一個突出現象是，唐代承六朝餘緒而盛極一時的士族入宋後大多無聞。但具體到個案時，卻發現吳興沈氏是一個例外（第2頁）。這一現象在南宋時期，就已經被王明清和談鑰同時關注。然而根據作者對學術史的整理，雖然在中時段的具體研究中，已有唐燮軍（1972～）《六朝吳興沈氏及其宗族文化探究》〔註7〕這樣的專著。但不僅「唐以後吳興沈氏宗族的整體研究處於空白狀態」（第 4 頁），能夠全面聯繫秦漢至唐五代、宋元明清兩個中時段的研究，更是無聞。

　　本書第一章主要敘述吳興沈氏在唐五代時期的解體。正如其他舊南朝士族一樣，在隋與唐初時，吳興沈氏也面臨著如何在以北方士族爲主導的政權下生存的問題。作者從對沈法興（？～620）起事始末的解讀開篇，同時溯源了吳興沈氏的豪強性根源，特別是爲什麼在宋齊之際出現了由尚武向崇文的門風轉向之後，還能夠出現豪強的原因。作者認爲：「士族與豪強並非截然兩分之概念，前者言其政治文化地位，後者言其宗族力量和地方勢力。兩者既可分，如僑姓之琅邪王氏爲典型士族而非豪強；但又可合一，如沈氏在朝爲士族，在鄉爲豪強，此即美國漢學家艾伯華（Wolfram Eberhard，1901～1989）所言之『城鄉兩棲家族』。」（第 27 頁）並提出：「長期以來，沈氏門風保持文武兼濟之門風，所謂轉型，其實只是因時需要而向某一方面偏重。文武兼

〔註 3〕顧炎武著，陳垣校注：《日知錄校注》卷二二〈社〉，合肥：安徽大學出版社，2007 年，第 1230 頁。

〔註 4〕周揚波：《宋代士紳結社研究》，北京：中華書局，2008 年，第 2 頁。

〔註 5〕何冠環：《宋初朋黨與太平興國三年進士》，北京：中華書局，1994 年。

〔註 6〕樊文禮：《唐末五代的代北集團》，北京：中國文聯出版社，2000 年。類似有孫瑜（1968～）：《唐代代北軍人群體研究》，北京：社會科學文獻出版社，2012 年。

〔註 7〕唐燮軍：《六朝吳興沈氏及其宗族文化探究》，北京：中國社會科學出版社，2008 年。

濟，使沈氏既可保持雄厚的鄉里勢力，又可躋身上流社會，這才是沈氏宗族長期巍然綿延於東南的眞正原因。」（第 38 頁）

不過，這尚且不能解釋爲何入唐以後吳興沈氏再無豪強出現。因此，作者又在此基礎上闡釋了武風不競的緣由，即昔日賴以稱雄的鄉里根基之弱化。作者首先引述唐變軍的觀點，「認爲是隋唐之際三大國策即離散宗族、廢除九品官人法以及科舉制推行的結果，尤以科舉制影響最大。」（第 44 頁）然後在此基礎上補充了兩點：「其一，隋朝亡陳後，即在江南推行離散宗族政策，造成包括吳興沈氏在內的江南大族之遷徙。」（第 44 頁）「其二，既然隋末各地尚有較強的宗族力量，則九品官人法廢除的影響應也有限。」（第 46 頁）關於離散宗族政策，對於以鄉里爲根據地聚族而居的士族來說確是重要衝擊。對此，楊俊峰已經指出：「由於隋唐統一天下的過程中，關中政權刻意壓抑江左士族，江南士人被迫大量地遷徙北方之後，也無法出仕重新立足於北方。」〔註 8〕

當然，吳興沈氏不再以豪強形象出現在天下人面前，並不意味著已經退出了歷史舞臺，而這正是第一章所要重點論述的。對此，作者在大量統計基礎上，製作了數張表格來揭示唐代吳興沈氏存在情況。其中，表一「唐前期吳興沈氏五品以上官員表」（第 49～51 頁）和表二「唐後期吳興沈氏五品以上官員表」（第 51～53 頁）用來揭示吳興沈氏在唐朝政權中的活躍程度和地位；表三「唐代吳興沈氏通婚狀況表」（第 82～86 頁）揭示了吳興沈氏與其他士族之間的互動關係；表四「唐代吳興沈氏進士統計表」（第 88～90 頁）和表五「唐代吳興沈氏制舉諸科統計表」（第 90～91 頁）則顯示出六朝文風遺韻下吳興沈氏通過科舉制度保持家風與門第的重要手段。〔註 9〕在以上五表基礎上，作者又分別考察了吳興沈氏在唐前期的四大著房和唐後期的四大著房。這種對唐代吳興沈氏的全盤考察，不僅補充了此前諸多論著〔註 10〕的不

〔註 8〕 楊俊峰：《南朝末年士人的處境及其北遷問題》，臺灣大學碩士論文，1999 年，第 134 頁。

〔註 9〕 關於吳興沈氏在文化方面對南朝的繼承與轉型，參見景遐東（1964～）：〈唐代江南家族詩人群體及其家學淵源〉，《安徽師範大學學報》，2005 年第 4 期，第 458～463 頁。甘忠寶以沈既濟和沈亞之爲例具體研究了二沈在文學創作中對宗族傳統的繼承情況，參見甘忠寶：《吳興「二沈」及其傳奇研究》，西南大學碩士論文，2009 年。

〔註 10〕 比如顧向明（1965～）甚至遍舉蕭、劉、張、陸、顧而不及沈氏，參見顧向明：〈試論唐代江南舊士族及其家學淵源〉，《山東師範大學學報》，2003 年第 4 期，第 98～101 頁。

足之處，更重要的是首次釐清了唐代吳興沈氏的整體發展情況甚至各大著房的世系。自然，不可避免的是，吳興沈氏作為士族的整體發展情況還是在走下坡路的。對此，作者從毛漢光提出的士族之「中央化」與韓昇師揭示的士族之「城市化」角度著手，在製作表六「唐代吳興沈氏墓葬地統計表」（第96～99頁）的基礎上，揭示了其被融解的現象。

不過士族的被融解，並不表明家族的衰亡。如果說以上從南朝到隋唐都是中時段的士族家風之變遷，那麼五代和宋的吳興沈氏，便涉及到長時段的地域家族之轉型。本書第一章第四節即論述五代時期的吳興沈氏。作者以是否有世系可循為標準，考察了五代時期活躍於南方政權的沈氏族人，不僅糾正了孫國棟（1922～2013）在〈唐宋之際社會門第之消融〉一文中所認為的「北宋則以由科舉上進之寒人為中堅」〔註11〕這樣的看法（第119頁），更通過對《百家姓》作者的考證揭示了五代宋初江南地區著族的具體影響情況（第134～140頁）。在此基礎上，作者又以一位宋史學者的功力，進入了對宋代吳興沈氏之整體考察。

在第二章中，作者同樣從整理世系入手，以科舉和仕宦的成功與否以及對鄉里的影響程度為標準，考察了吳興沈氏在宋元時期的延續狀況。當然，由於史料龐雜，基於地域觀念的考慮，作者把主要關注的目標縮小在了湖州（原吳興郡）範圍內。作者通過對表七「兩宋湖州沈氏登科表」（第174～177頁）的製作，使我們看到經過唐末五代宋初的沉潛，吳興沈氏又一次通過科舉成功復興文化世家的傳奇，並努力向紳族的轉型。其中，更從剖析「呂洞賓過沈東老」這個神話的流傳機制（第217～223頁）入手，展現了南宋時期湖州地區的士紳社會（Gentry Society）場景。又通過對元代花溪沈氏的個案研究，特別是其建立了吳興歷史上首個義莊（第238～240頁）的事例，揭示了紳族建設的成熟。

本書的第三章和第四章討論的是明清時期吳興沈氏在明初政權對江南豪族的打壓之後重新崛起，並作為紳族最終成熟的情況。此二章繼續前面兩章風格，在第三章釐清明清時期吳興沈氏的各個分支之後，在第四章用 ·章篇幅，以明清時期最盛的竹墩沈氏為考察重點，探究其家族維持方式，從而展現了吳興沈氏作為紳族的存續情況。特別是竹墩沈氏對祠堂、族譜、祖產等

〔註11〕孫國棟：〈唐宋之際社會門第之消融〉，氏著《唐宋史論叢》，上海：上海古籍出版社，2010年，第337頁。

內在層面的建設，和對科舉、聯姻、交遊、行善等外在層面的追求（第 310
～346 頁）。最後，則是通過竹墩沈氏在歷次族難中的表現，揭示了這個宗族
在形成了龐大的共同體之後，「具有十分強韌的抗破壞力和再生力」（第 358
頁）。

　　在本書結語中，作者自我總結了三個意義：一、重估唐宋間的社會轉型
程度；二、對「君子之澤，五世而斬」之說的檢驗；三、對個體、小共同體、
大共同體三者關係的思考。（第 360～372 頁）對此，筆者認爲，本書最成功
的地方在於第一個意義，因爲這是在中時段的考察基礎上所進行的長時段考
察。這不僅僅是對具體世系的揭示和對每一代吳興沈氏人生命運和性格情況
的深入，更是對整個中國古代宗族制度發展演變的重新審視。

　　除了上述宏觀優點之外，作者在處理一些細節時，還體現出了史家的謹
慎。比如關於唐前期沈伯儀支與唐後期沈既濟支的關聯，陳耀東（1937～）
曾考證出這兩支沈氏的世系銜接情況，認爲沈伯儀之子沈齊文與沈既濟之祖
父沈齊家是兄弟倆，陳耀東的證據是沈齊文與沈齊家從名字上看是兄弟行，
且生活年代相近。〔註12〕然而，這並不代表一定是親兄弟，它可以是從兄弟、
族兄弟，甚至根本沒有關係。在這一點上，本書作者雖然致力於考察有唐一
代吳興沈氏的世系問題，但始終保持了謹慎。

　　當然，此書還有一些值得商榷的地方，筆者認爲有以下幾點：

　　第一，關於唐前期吳興沈氏四大著房之一的沈悅房，沈悅的世系在書中
記載前後有矛盾之處。本書第 41 頁中，作者寫道：「沈悅出身沈氏著房，其
祖爲陳史部尙書沈君高，父沈遵業爲隋秘書郎。君高兄君理，乃陳後主皇后
沈婺華之父、陳尙書右僕射，故悅爲陳外戚近支。」然而，在第 55 頁，作者
清理了沈悅支的世系，卻表述爲：「君理（陳尙書右僕射）～？～悅（唐將作
監少匠）」。前面已經明確說到沈悅是沈君高的孫子，沈遵業的兒子，後面卻
說是沈君理的孫子，父親名闕。不可解。

　　第二，關於中唐時期沈震、沈怡等人的輩份，作者引用了顏眞卿（709～
784）在南朝沈驎士（419～503）〈吳興沈氏述祖德碑〉之碑陰所寫的〈吳興
沈氏述祖德碑陰記〉，云：「過江二十葉孫御史中丞震」、「權檢校宗事十九葉
孫前太廟齋郎怡」（第 68 頁）。關於「葉」的含義，作者已經明確指出其通常

───────────────

〔註12〕陳耀東：〈沈既濟父子、曾祖籍貫事略考〉，《文獻》，2002 年第 4 期，第 81～
　　　 85 頁。

意指「世代」（第 111 頁）。然而，在作者對「過江二十葉孫」的解釋中，卻注釋道：「此二十葉孫，應對始祖沈戎而言，而非驥士。」（第 69 頁）若果眞如此，自東漢初年的沈戎到唐代宗大曆年間的沈震，二十代人的繁衍竟然用了700 多年，平均每代 35 年以上，頗不可信。

第三，關於中唐時期遷居上虞的沈朝（763～825）之子，作者根據羅振玉（1866～1940）編《兩浙冢墓遺文》所收〈巨唐故吳興沈府墓誌銘並序〉的記載，認爲沈朝之子名「沈良遇」（第 98 頁）。然而，據筆者翻檢陳尙君編《全唐文補編》卷六五所載胡不幹〈唐故吳興沈府墓誌銘並序〉，此誌原文爲：「有子一人。名曰良。遇□魯之服。習先典之書。威儀堂堂。藝在人上。」〔註13〕可見，沈朝之子當名「沈良」，「遇」字當斷在下句。

第四，關於沈既濟支的遷徙。作者讚同兩《唐書》記載，認爲沈既濟是「蘇州吳人」，又根據沈既濟父親沈朝宗尙在德淸的記載，認爲：「既濟支最早在既濟時徙居蘇州吳縣，蘇州唐時已爲名城，既濟遷徙目的應爲接近江南政治、經濟、文化之中心。」而到了沈既濟的兒子沈傳師（769～827）時，作者又認爲：「傳師葬在京兆府萬年縣，其妻馮靖亦葬於京畿，可知至傳師時該支已隨官遷至京畿地帶。」（第 107 頁）然而，正如陳耀東據岑仲勉（1885～1961）的考證，認爲兩《唐書》記載或許因爲本於《元和姓纂》而致誤。〔註14〕若果眞如此，便不存在沈既濟徙居蘇州一說了。〔註15〕另外，作者所說沈既濟遷徙蘇州是爲了「接近江南政治、經濟、文化之中心」，亦有不妥。不知作者所指「江南政治、經濟、文化之中心」爲何地，若即指蘇州，則尙有潤州在上；若指潤州，則沈既濟何不徑直遷至潤州？且古人徙居，或以戰亂爲前提，或以仕宦爲依託，沈既濟或者其父沈朝宗皆無爲官於蘇州的記載，不太可能徙居其地。

另外，此書還有一些可以增補的地方，筆者略舉如下：

第一，關於歷史上沈氏家族同名者，作者在第 74 頁用小注的方式進行了整理，共有六例：二沈法興、二沈佺期、三沈周、二沈既濟、二沈振、二沈遘。而根據筆者對本書的閱讀，發現還有一例作者沒有提及。在本書表一「唐前期吳興沈氏五品以上官員表」（第 49～51 頁）中有二沈頊：一爲第 50 頁上

〔註13〕胡不幹：〈唐故吳興沈府墓誌銘並序〉，陳尙君編：《全唐文補編》卷六五，第792～793 頁。

〔註14〕陳耀東：〈沈既濟父子、曾祖籍貫事略考〉，第 77～81 頁。

〔註15〕亦可參見甘忠實：《吳興「二沈」及其傳奇研究》，第 11 頁。

的武周時期的沈嶷（629～698）之子水部員外郎沈瑱，一爲第 51 頁上的沈庠之子，天寶十一年（752）前任比部郎中的沈瑱。此表列名二十二人，作者顯然把他們視作兩人，若果眞如此，也可以算作同名的例子。

第二，關於本書表三「唐代吳興沈氏通婚狀況表」（第 82～86 頁），作者並未利用前揭陳尚君《全唐文補編》的輯佚成果。據筆者翻檢，陳書中可資補充表三的有兩例：第一例爲〈天寧寺經幢記〉，文曰：「弟子當州軍事衙前散將沈顥。並母親楊氏。」〔註 16〕雖然文中並沒有寫明其籍貫，但根據陳書小注，這則材料出自《吳興金石記》卷五，則必爲吳興沈氏無疑。據此，沈顥的父親與楊氏通婚亦當補入表三，其時間根據沈顥官職推斷，當在中晚唐。第二例爲上官沨〈唐陳留何公吳興沈夫人墓誌銘〉，文曰：「夫人姓沈。字常照明。吳興人也。父仙。……筓年歸我何族。父端，皇常州司法。……子玉……夫人即玉之妻也。……春秋四十有三。……以建中四年四月十日終於贊賢里之私第。以其年歲在癸亥夏四月二十六日殯於菩薩坊之原。禮也。」〔註 17〕據此，沈常照明（741～783）與何玉的通婚亦當補入表三，且還可以補充本書表六「唐代吳興沈氏墓葬地統計表」（第 96～99 頁）。事實上，在已有氣賀澤保規《新編　唐代墓誌所在總合目錄（增訂版）》〔註 18〕的情況下，通過姓氏檢索並整理沈氏墓誌已經非常方便。

第三，關於本書表四「唐代吳興沈氏進士統計表」（第 88～90 頁），作者尚未充分注意到孟二冬（1957～2006）《登科記考補正》〔註 19〕的考證成果。根據孟書，唐代吳興沈氏登進士第者，尚有沈千運、沈佐黃二人。關於沈千運，作者認爲他並非進士（第 71 頁），然而根據孟書考證，沈千運與賀若令譽爲「同年」關係，則當爲進士無疑，唯何年登第尚不可考。〔註 20〕關於沈佐黃，作者表中沒有列出，但根據孟書考證，《全唐詩》有李羣玉（808～862？）詩〈將離澧浦置酒野嶼奉懷沈正字昆弟三人聯登高第〉〔註 21〕，沈正字即指

〔註 16〕不著撰人：〈天寧寺經幢記〉，《全唐文補編》卷一四三，第 1743 頁。
〔註 17〕上官沨：〈唐陳留何公吳興沈夫人墓誌銘〉，《全唐文再補》卷三，《全唐文補編》，第 2120～2121 頁。
〔註 18〕氣賀澤保規：《新編　唐代墓誌所在總合目錄（增訂版）》，東京：明治大学東アジア石刻文物研究所，2009 年。
〔註 19〕孟二冬：《登科記考補正》，北京：燕山出版社，2003 年。
〔註 20〕孟二冬：《登科記考補正》，第 1188～1189 頁。
〔註 21〕李羣玉：〈將離澧浦置酒野嶼奉懷沈正字昆弟三人聯登高第〉，《全唐詩：增訂本》卷五六八，第 6636～6637 頁。

沈師黃，昆弟三人，即爲中黃、師黃、佐黃，則沈佐黃亦爲進士無疑。〔註22〕另外，關於表五「唐代吳興沈氏制舉諸科統計表」（第90～91頁），作者亦有缺漏。根據孟書，尚有會稽沈融曾舉秀才。〔註23〕沈融雖籍會稽，但離吳興不遠，當爲吳興沈氏分支。

第四，關於吳越國時期的沈氏人物，作者在本書第132～134頁整理出五位，但據筆者翻檢，尚有兩人可以補充。第一個是沈仁袞，陸心源（1834～1894）《唐文拾遺》卷四八輯有沈仁袞所撰〈感應塔記〉一文，並附小傳云：「沈仁袞，吳越國人，事蹟待考。」〔註24〕第二個是吳越文穆王妃沈氏，據《吳越備史》乾德五年（967）二月戊辰條附〈錢億傳〉載：「億，字延世，文穆王第十子。母沈氏初孕，文穆王夢僧入寢帳。及生，故字曰和尚。」〔註25〕此二人影響雖不甚大，但也比較重要，特別是文穆王妃沈氏，其能夠與吳越王室聯姻，定有家族勢力的支撐，故不可不補。

〔註22〕孟二冬：《登科記考補正》，第1224頁。
〔註23〕孟二冬：《登科記考補正》，第1264頁。
〔註24〕沈仁袞：〈感應塔記〉，《全唐文》之《唐文拾遺》卷四八，第10922頁。
〔註25〕錢儼：《吳越備史》卷四，《五代史書彙編》第十冊，第6259頁。

後　記

　　本書爲我對十餘年來所謂「學術生涯」的一個階段性總結，並藉以展望未來的十年，乃至數十年。不過本書所收文章十分淺陋，之所以敢於獻醜，主要是將此作爲一本「青春紀念冊」，以紀念十年來的讀書生涯。

　　雖然 2004 年即入讀中央民族大學歷史系（2008 年大學畢業那年跟風改名「歷史文化學院」，但我更喜歡「歷史系」的稱呼），但 2006 年暑假前後，方才自覺進行學術寫作。2006 年以前，我僅僅是單純地喜歡歷史，這種喜歡，大概可以追溯到也是十年前的小學四年級（1996～1997）地理課和小學五年級（1997～1998）歷史課。但那一個十年間，我喜歡的是歷史故事，並進行歷史虛構。最初，受各種中國地圖集和世界地圖集的啓發，我喜歡虛構一個世界，畫出相關地圖，包括大陸、海洋、島嶼，以及陸地上的山脈、河流、森林、沙漠，並設置相應的城市、國界、道路等要素。在此基礎上，又受縮印本《辭海》（上海：上海辭書出版社，2000 年）附錄〈中國歷史紀年表〉的啓發，擬定這些虛構世界上的國家或王朝的起止年份，並製作成年表，包括君主的姓名和各種名號（廟號、諡號、年號等）。這樣簡單的空間和時間的虛構，通常繪製於香煙紙板（10 包香煙組成 1 條的那種外包裝）內頁，因爲小學、初中（1998～2001）時期經常趁假期回老家（浙江省湖州市德清縣下舍鎮趙家橋村池郎組），而先祖母德清沈月琴（1936～2013）女士經營的「花園橋小店」（店名取自老宅邊上一座石橋，傳爲大族後花園之橋，俗名「花園橋」）經常有這種廢棄紙板。到了高中（2001～2004）前後，則喜歡用文字來虛構歷史，即從眞實歷史的某一個時間點出發，幻想出另一種歷史發展的進程，但最終又在另一個時間點回到眞實歷史的正常軌道上來。這種虛構，主要謄

寫於各種筆記簿上，特別自得的幾篇包括〈唐宋時代〉（2001 年 8 月）、〈任宋演義〉（2002 年 7 月）、〈太史列傳〉（2003 年 4 月）、〈曲沃史記〉（2004 年 7 月）、〈稷下世家〉（2005 年 2 月）等。這些文字，主要是受了《史記》、《水滸傳》和金庸小說（主要是由此改編的電視劇）的啓發，但因文筆水平不夠，所以篇幅都不長，只能算故事梗概。

小學、中學時代對歷史的這種愛好，促使我高考時第一志願即按照高考分數選擇了中央民族大學歷史系基地班，因爲父親認爲這是既能夠滿足我的歷史愛好，又能夠讓我到北京上大學的最佳選擇。但即便入讀大學歷史系，我對歷史的感覺依然停留於中學時代，長期未能瞭解學術爲何物。乃至在叛逆性格的影響下，認爲學術界也並非清淨之地。因此，在班主任西安雷虹霽老師問起我對將來的打算時，成績不如女生的我，自知難以保研，也不想考研。眞正的改變是在 2006 年暑假，爲完成平泉蒙曼老師的「中國古代社會史」期末論文，根據在系資料室瞥見的《十國春秋》，撰寫了一篇題爲〈「但教方寸無諸惡，狼虎叢中也立身」——武將群體中的文官個體〉的習作，是爲我第一篇頗具學術意味的論文。之後，又將此文通過電子郵件呈給北京大學歷史學系臨邑鄧小南老師指教。正是鄧老師不嫌我冒昧並簡短覆函鼓勵，激發了我繼續撰寫此類論文的信心，從而繼續在五代時期南方政權的歷史中遨遊。不過，雖然大二暑假和大三上學期撰寫的三篇與吳越國有關的論文在之後的十年內陸續修改發表，但這篇 7000 餘字的習作至今未能完稿。整體而言，當時這四篇關於吳越國的習作，除了這篇社會史取徑外，其餘三篇都是地緣政治取徑，分別涉及吳越國邊疆上的湖州、蘇州、福州。事實上，我當時對地緣政治完全不瞭解，只是單純地從邊州著手，來看吳越國與周邊國家的互動關係。

寫完三篇後，我準備繼續寫衢州、婺州、睦州，因爲這三州在史料中經常一起出現。我甚至從史料中將衢州的別稱「三衢」誤認作「三衛」，並打算借用古人的這一「觀念」來表示這三個州在吳越國國防中的特殊地位。因此，當我認識到這是一種誤讀後，打擊了我進一步研究吳越國的信心。於是，在大三下學期有學年論文的契機下，我將目光轉向了更能激發我興趣的楊吳政權。大三寒假，我即開始《合淝楊氏史料日誌（883～937）》的編纂，從所能見到的所有五代、兩宋史料中摘抄，並按年月日編排了將近 20 萬字的內容，分爲十卷。到大三下學期，即在海城李師鴻賓先生指導下，撰寫了〈「爲國去賊，爲民除害」——918 年楊吳政權朱瑾政變事件剖析〉作爲學年論文，並得

到較高評價。寫完學年論文，又賈其餘勇，撰寫了〈「誰當立者？」——十世紀初楊吳政權延續危機〉一文。大四上學期，基本在考研複習中度過。但在此期間的 2007 年 12 月 9 日，承蒙桃源翦研師姐、都昌聶文華師兄等人鼓勵，有幸以〈朱瑾〉一文通過了審查，參加了「北大歷史系第四屆史學論壇」。當時作爲本科生參加這類以碩、博士生爲主的學術論壇，也是我生平第一次學術發表，給了我極大鼓舞。考研結束後的大四下學期，我又以〈從揚州到金陵——三十年間吳唐禪代歷程〉爲題撰寫了學士論文並通過答辯。

　　2008 年，我入讀陝西師範大學歷史文化學院，師從渭南杜師文玉先生。在此期間，雖然繼續寫過幾篇楊吳政權相關的論文，但我已經不再將目光僅僅局限於楊吳政權。更重要的是，正如我未能從地緣政治角度把握吳越國國防問題一樣，大三下學期從心理史學角度撰寫的兩篇關於楊吳政權政變的論文，也只是單純地從人心的角度來分析，不僅遠未達到潛山余英時先生在《朱熹的歷史世界》（北京：三聯書店，2004 年）裏討論宋高宗心理的那種高度，也並未考慮到各種職官制度等歷史學最基本的要素。而我選擇跟隨杜師讀研，原本就是爲了提高自己在制度史方面的水平。因此，讀研期間我一直在嘗試不同領域、不同視角的論文寫作，甚至在 2010 年暑假與尹承兄合譯了泰縣王賡武先生五十年前的大著《五代時期北方中國的權力結構》（因各種因素，四年後方才出版，上海：中西書局，2014 年）。最終，結合制度史與楊吳、南唐政權，以《南唐兩都制研究》作爲碩士論文通過答辯。當然，即便這篇碩士論文在當時十六篇同時參加答辯的隋唐史碩士論文中被評爲第二，我至今也沒有把握制度史方法。在讀研期間寫就的與楊吳政權有關的論文，或從家族史角度整理東海徐氏家族，或從民族史角度考察沙陀將領，其實都像無頭蒼蠅，未能有綜合的考量。因此，2011 年入讀復旦大學，師從如皋韓師昇先生攻讀博士學位之後，我基本完全離開了楊吳、南唐史研究。

　　數年之後，隨著各種視野的開拓，特別是對傳統中古史領域各類學術史的熟悉，我開始更進一步考慮日後如何奠定學術基調的問題。於是，我又將目光轉回到家族研究，並且希望能夠將以前的文章賦予新近的學術關懷。而本書的編就，便是對十年來相關思考的綜合性梳理，正所謂「掛羊頭，賣狗肉」。但我確實希望能夠在此基礎上，繼續前進。當然，我深知以我當前的年紀（虛齡三十二），出版這樣一部非常淺陋的著作，恐怕會被同行恥笑。不過以拋磚引玉的心態來看待此事，亦不失爲一種自我安慰。王賡武先生在給《五代時期北方中國的權力結構》寫再版序時說道：「希望有關於我所謂『五代世

紀』（the Wudai Century）的更多研究，因為這是中國歷史上最具轉折性意義的時代。」那麼，即便人微言輕，我也希望能有更多學者對楊吳政權進行研究，因為這個政權處於東亞世界最為劇烈的分裂時代（公元十世紀前後），以及南北要衝之地，無論如何，有其不可忽略的價值所在。

整理完書稿，掩卷沉思，不禁又回憶起整整十年前的 2007 年 1 月 17 日，剛開始涉足楊吳史的我所口占的一首打油詩〈憶昔吳王〉：「偉業從來起草莽，亂世風雲橫槊槍。初入江都援高駢，始進宣城取趙鍠。廣德南下擒孫儒，清口北拒破朱梁。西奔霸圖竄洞庭，東威具美縮錢塘。英雄卅六定淮陰，州域二十稱吳王。緣惜命短子非龍，空餘山河李南唐。」當時本擬仿照成都李開元《漢帝國的建立與劉邦集團——軍功受益階層研究》（北京：三聯書店，2000年）全面整理「楊行密集團」，但在翻過淡水何永成《十國創業君主個案研究——楊行密》（中國文化大學博士論文，1992 年）之後，最終打消了這個想法，只能就楊行密死後的楊吳政治進行關注。因此，關於楊氏家族及「楊行密集團」的內容，始終是本書的一個遺憾，有待日後彌補。

關於附錄二，雖然與本書所論楊吳政權無關，但與「家族」頗有聯繫。此文是受湖州師範學院江山周揚波老師之請，給其大著《從士族到紳族——唐以後吳興沈氏宗族的變遷》（杭州：浙江大學出版社，2009 年）寫的書評，也是我第一篇正式發表的學術書評。當時之所以答應撰寫書評，除了比較認同作者關於吳興沈氏在唐宋之際從士族到紳族轉變這一提法外，還有兩個私人因素：一是自 2007 年暑假在我老家德清縣莫干山上生平第二次旁聽學術研討會（2007 年浙江大學兩岸宋史青年學術研討會）時認識以後，周老師一直惠我良多，當思以報答；二是先祖母沈月琴女士即吳興沈氏後裔，她的慈愛深深印刻在我無拘無束的少年時光中，2007 年暑假在「花園橋小店」手抄《十國春秋》吳越國部分的畫面，至今記憶猶新。因此，我將此文收入本書，作為對過去的一種懷念。

最後，向三十年來出現於我生命中的所有愛我、憎我的親朋和師友致以謝意！

謹以此書，獻於金鵝山先祖母靈前！

丁酉清明

德清胡耀飛

長安城南無名堂